你可以这样教阅读

——走进假设导读法

黄桂林 著

教育科学出版社
·北京·

目　录

序　言

看着这本稚嫩的小书就要向老师们推介自己的教学方法——假设导读法，心中便有些惴惴不安。如今，名目繁多的教学方法和教学流派，常常令不少老师应接不暇，甚至无所适从。在这样的背景下，我的小书能为读者接受，我的方法能被同行认可吗？

随着时光的流逝，从事小学语文教育工作已经 30 多年。但是直到今天，我对语文的真正内涵似乎才有所把握。语文是民族文化的积淀、民族精神的体现、人类睿智的聚焦。语文向人们展示的是五彩缤纷的自然世界、纷繁复杂的情感世界、蕴涵丰富的哲理世界。理想的语文教学就是要带学生徜徉于这些神奇的世界中，去亲近民族文化，汲取民族精神，吸纳人类睿智，使每个学生都能享受语言吸纳和语言表达的快乐，使师生双方都能体验精神享用和心智拓展的愉悦。

尽管对语文的认识深感滞后，但从语文教学的第一天起，我似乎就自觉不自觉地朝着以上的理想去追求。然而，要真正带学生走进语文神奇的世界，并非易事。小语课文，虽多是文质兼优的佳作，编者选编时也都关注着阅读的主体——学生，但由于阅历、水平、认识能力等诸多方面的限制，阅读过程中学生难以走进文本、感受画面、亲近人物却是不争的事实。许多时候，课文内容很精彩，学生却提不起兴致；故事情节很感人，学生却动不了真情。为此，从 20 世纪 80 年代起，我就开始实践和研究，试图寻觅路径带学生凭借文本，步入语文世界，去学习语文，享受语文。终于，"假设"进入了我的视野，引起了我的关注；不久，便有了假设导读的雏形；继而，我开展的"假设导读的理论与实践研究"被列为江苏省教育科学"十一五"规划课题。这期间，两组专题系列论文先后被连载，与之相关的其他教学论文和教学设计也不断见诸报刊。

我想，作为一名语文教师，有必要把自己的研究成果做一些梳理，把它奉献给我挚爱的语文教育，奉献给我亲爱的同行们。有了这样的冲动，我便开始行动。历经两年多，几易其稿，终于有了呈现于老师们面前的这本小书。

本书共五章，第一章"实录：假设导读法的全貌展示"里，收录了《卖火柴的小女孩》等 3 篇课文的教学实录与点评，我的目的是想请老师们走进课堂，对假设导读法有个感性的认识。我觉得，在假设导读的课堂上，教者可以多借助假设这一神奇的纽带，去关联教师与学生，联系作者与读者，维系课内与课外，链接语文与生活。这样的课堂，能让人清晰地感受到：在老师的引领下，学生在阅读文本，却又像体验生活；在解读文本，却又像亲近人物；在课堂学习，却又像置身生活。整个教学过程，是师生牵手、对话文本、感受生活、享受语文的过程。其间的一切假设，都在于促使学生潜心于文本引领下的语言实践活动。这样的语言实践，充满了情趣，彰显着活力，显示着张力，学生能从中得到精神的滋养、语言的提升、个性的张扬。

为了验证假设导读法的普遍适用性，第二章"设计：假设导读法的教学思路示例"呈现了一组课文的教学设计，相较于第一章的范例，本章所选的课文，体裁多样，内容各异，有诗歌、童话，还有小品文；有叙事的、写人的，还有状物的；有低年级的、中年级的，还有高年级的；有的贴近学生实际，有的则呈现出更为广阔的世界。

这些教学设计的共同之处是，根据课文的基本特点，紧紧围绕教学目标，灵活而有效地借助假设，引领学生多角度地感受文本，全身心地拥抱语言，使文本呈现出丰富的形象、立体的画面，使课堂呈现出现实的场景、生活的情趣，从而促使学生在情境感受、真情对话、语言品味中，得到语言实践的有效参与、语言能力的全面提升。

特别需要指出的是，各种假设虽然散落于教学设计中，但这些假设，既有它们的共同特点，又有各自的独特价值。因此，教学设计中的每处假设，都可以说是教者的潜心之笔。为了让老师们了解假设导读法理论研究上的突破，本书第三章"教学有法：假设导读法的理论初探"，集中阐明了假设导读法的基本内涵、理论基础、独特价值、基本操作和使用原则。此外，本章还对假设导读中的教学优化、教学和谐等进行阐释，目的是想让老师们知道：运用假设导读，关注的是教学的优化，追求的是教学的和谐，前提是教师主导角色的扮演和学生主体角色的完善，而这些都是假设导读得以成功的重要条件。

第四章"教材研读：假设导读法的重要基础"着重介绍了运用假设导读法的重要基础——教材研读，旨在提示老师们：多角度地钻研教材，才能对教材有更全面、更深入、更灵活、更科学的把握，使教材钻研进入崭新的天地。语文教学的实践证明：着眼教材的运用，才能突出教材的目标指向，体现教材的本质价值；注重运用的灵活，才能彰显语文的自身魅力，确保运用的效益。因此，本章还具体介绍了假设导读的基本课型和特殊课型，强调了教材解读的价值在于运用，文本运用的秘妙在于灵活，试图让老师们从中把握教材运用的方法和规律。

当然，将假设零星地用于阅读教学，不少老师也许有着自己的尝试，但与假设导读中教材钻研、教学设计、课堂教学中的假设有着本质的区别，假设导读中假设的运用，是比较系统的、整体的、联系的。作为阅读教学的一种基本方法，它必须始终如一地遵循阅读教学的基本规律，同时也必须具备自身独特的操作体系。为此，本书第五章"从读到写：假设导读法在教学实践中的运用"，具体阐述了与之相关的系列问题：怎样借助假设，以语文的魅力诱发学习的内驱力，让情感教学走向无痕，让学生享受语文的美，借思维把语言活动引向高效，让学生成为会学习的人，把握语感训练这一核心,让情境促使语文与生活接轨,让提问成为语言活动的催化剂,以矛盾创设助力教学曲径通幽,追求读与写的自然融合,等等。上述问题的阐述,试图解决的是假设导读法走向教学实践的问题。

假设导读法——作为一种阅读教学方法,从当初的专题孕育至今天的成果梳理,虽花费了精力,耗费了心血,但它能否为老师们的阅读教学提供一定帮助,我心中还没有底。如果老师们读了本书,对假设导读法从感性到理性、从现象到本质,能有自己的见解,那我也就心满意足了;如果老师们对怎样联系自己的教学实际,考虑自己的教学风格,对假设导读法进行尝试甚至是创造性地运用,那我则是欣喜不已。当然,如果老师们能在联系解读、深度思考中,发现本书的不足,并思考完善的方法和策略,那更是我所期待的。

1 实录：假设导读法的全貌展示

　　一般教学方法，在课堂教学中都有自己的独特之处。假设导读的现场向人们呈现的是怎样的情境呢？本章向老师们展示的是3篇课文的教学实录和点评。"教学实录"直观地展示了课堂教学的原貌，旨在让老师们在亲近课堂的过程中，了解假设导读课堂中值得关注的一些现象：从目标提示到过程展示，从情境创设到情感领悟，从句义理解到词语品味，从内化吸收到外化表达，假设几乎是无处不在。"教学点评"通过对教学现象的分析透视，能让老师们明白：假设导读的课堂，是怎样运用假设引领学生走进无比神奇、无限开阔的语文世界，去享受语文学习的快乐，享受精神成长和语言发展的幸福的。阅读了这一章，老师们就可以在现象与本质的联系中，初步感受假设运用的目标、价值和方法。

叩响心灵的回音壁

——《卖火柴的小女孩》① 教学实录与点评

1. 能正确、流利、有感情地朗读课文。

2. 能借助想象，通过语言画面的还原、拓展和探究，与小女孩和作者进行心灵的对话，感受小女孩愿望的美好、命运的悲惨，激发学生对小女孩的同情，对今天幸福生活的热爱，培养他们的语言解读能力和表达能力。

3. 能联系语境，理解重点句子的含义，培养学生准确、具体、深刻地理解句子内涵的能力。

4. 能根据本文段落结构相似的特点，运用"默读，了解内容；轻读，体会含义；朗读，表达情感"的方法自读课文，培养学生的自学能力。

实录与点评

师： 同学们，生活在社会主义新中国是多么幸福啊！我们的每一天都是在快乐中度过的，特别是新年，那更是孩子的天下。那一家老小上街置

---

① 《卖火柴的小女孩》选自人教版课标本六年级下册。

办年货的情景，那全家团圆品尝年夜饭的气氛，那身着新装互祝新年的场景，真叫人难忘。大家想一想，如果大年夜你上街了，你会去干什么？

生：如果上街了，我一定是到商店里买我最喜欢的玩具，什么电动汽车啦，小熊猫啦，布娃娃啦！

生：我要去买自己最喜欢的服装和鞋袜，穿上那崭新的滑雪衫，雪亮的皮鞋，想到第二天拜年的情景，我别提有多高兴了。

生：我会跟家人去买鱼肉，买鸡鸭，还要买年画，买烟花，买喜欢的玩具。想到一家人围坐在一起吃年夜饭的情景，想到跟小伙伴放烟花的情景，我真是太高兴了！

师：是啊，在座的每个同学，不管大年夜上街去干什么，我们的心情都是——

生：（齐）高兴的。

【教学点评】新课伊始，运用假设，唤起学生的记忆表象，引起学生的美好回忆，以引导学生联系实际，构筑情境，形成与课文内容相对的画面，构成落差，引其生疑，为引导学生理解课文的语言内涵、感悟语言情感奠定基础。

师：是啊！可是你们知道吗，这也是一个大年夜，北风呼呼地刮着，鹅毛般的大雪纷纷扬扬地下着。天已经快黑了，在西方一条古老的大街上，一个小女孩正哆哆嗦嗦地向前走着，你看她光着头，赤着脚，一双小脚冻得红一块青一块的，冻僵的小手上捏着一把火柴。知道她是谁吗？她就是——

（生齐读课题——卖火柴的小女孩）

【教学点评】通过饱含深情的语言描述，促成画面转换，唤起情感体验，从而将学生引入课文的情境之中，形成解读语言、感受情境、感悟情感的基调。

师：如果你来到大街上，看到这样的小女孩，会对她说什么？

生：我会说：小女孩啊，为什么天这么冷，你竟光着头，赤着脚，为什么连一双鞋子都不穿呢？

生：小女孩啊，为什么大年夜你不回家过年，还在街上卖火柴呢？

生：我会对她说：小女孩啊，天快黑了，你本该回去了，为什么还待在街上？你想往哪儿走啊？

（其他学生发言略）

【教学点评】以假设引其入境，激其生疑，由疑定向，促进学生进其境，观其景，感其情，并通过真情的询问，表达对小女孩的关心，从而促进学生对语言情境的真切感悟。

师：是啊，为什么天这么冷，她竟光头赤脚？为什么大年夜她还要出来卖火柴？为什么天快黑了，她还不回家去？她要走到哪里去？结果会如何呢？这些问题读了课文就知道了。下面请大家自学课文，完成下列任务：（1）轻声读课文，读准生字字音，画出不理解的词；（2）查字典，联系课文理解词语的意思；（3）默读课文，用三五句话概括课文的主要内容；（4）给课文分段，并归纳各段的意思。

（生自学课文）

师：好，下面请谁将第一组词语读一下，注意加点字的读音。

（出示并指名读：围裙、火柴梗、叉、圣诞树、灵魂、搂）

师：读得很好，这些字中哪些要注意它的字意，哪些要注意它的字形？

生："梗"和"搂"要注意读音："梗"是后鼻音；"搂"读第三声；"裙"和"诞"要注意字形："裙"要注意"君"中间的一横出头，"诞"右边是"延安"的"延"。

师：分析得很好。请谁把第二组词语读一下，并注意这组词语的共同特点。

（出示并指名读：哆哆嗦嗦、蜷着腿、哧）

生："哆哆嗦嗦"、"蜷着腿"、"哧"，这三个词都突出了小女孩是感到非常寒冷的,前两个词直接写冷,"哧"是擦火柴的响声,小女孩要擦火柴,因为她太冷了,要擦燃火柴来取暖。

师:能联系理解,很好!下面谁把课文主要内容说一说。

(生归纳主要内容略)

师:这篇课文分几个部分,分别写什么?

生:课文可以分三部分,第一部分从开头到"风还是可以灌进来",是写大年夜下着雪,小女孩在街上卖火柴,天黑了她不敢回家;第二部分从"她的一双小手几乎冻僵了"到"也没有痛苦的地方去了",写小女孩几次擦燃火柴,产生幻觉;第三部分是最后两段,写小女孩悲惨地冻死了。

师:下面请大家自学课文第一部分,完成下列作业:(1)读、画:默读课文,画出写时间、环境以及小女孩生活的句子;(2)思考:你认为小女孩生活如何?表现在哪几个方面?(3)有感情地朗读课文。

(生自学课文)

师:知道事情发生的时间、地点以及当时的天气吗?你是从哪些句子知道的?

生:课文一、二、三句告诉我们事情发生在大年夜的傍晚,地点是大街上,天下着雪。

师:如果你是作者,为什么交代这些呢?

生:我这样安排,是为了进一步突出小女孩的悲惨命运。天是这么寒冷,可小女孩却光头赤脚;大年夜本是快乐的日子,可小女孩却在卖火柴;大街上是热闹的地方,可小女孩却到处被人欺负。

【教学点评】引导学生以作者的身份审视文本,解读语言,具体而深刻地感受语言的魅力,感受作者特定的时间安排、地点设计、天气描述对表现人物命运的作用。

师:说得很好!从第一部分你觉得小女孩的生活怎么样,从哪里可以看出?

生：我觉得小女孩非常寒冷，天这么冷，下着雪，小女孩却赤着脚，连一双鞋也没有啊！

师：好！（板书：寒冷）你是如何理解小女孩的"冷"的？

生：一是天气冷，二是穿的衣服太少。

师：真奇怪啊，为什么小女孩连双鞋也没有？课文哪里交代了原因？

生：（读）"她从家里出来的时候还穿着一双拖鞋，但是有什么用呢？那是一双很大的拖鞋——那么大，一向是她妈妈穿的。"

师：同学们，如果你就是那个小女孩，能告诉我为什么吗？

生：我根本就没有鞋，一年四季都光着脚，妈妈也只有一双拖鞋，我只好穿她的了。

生：我没有鞋啊，虽然穿在脚上嫌大，但要不是出来卖火柴，我还舍不得穿呢。

【教学点评】以假设转换角度，让学生充当小女孩，设身处地地揣摩描述小女孩家庭的境况，感受她生活的贫穷，理解她命运的悲惨。如此安排，能促使学生与小女孩走在一起，想在一处，促进学生的情感体验。

师：由此可以看出什么呢？

生：可以看出她家太穷了。这么冷的天出来卖火柴，自己连双鞋也没有，还要穿妈妈的，况且又是双拖鞋，根本不能挡寒。即使这样，这鞋也一向是她妈妈穿的。

师：理解得很深刻，还有什么地方突出她寒冷吗？

生："小女孩只好赤脚走路，一双小脚冻得红一块青一块的"也说明她冷。

师：这一句是怎样写出她冷的？

生：用小女孩被冻的程度来突出她冷。

师：好！还有哪些句子突出小女孩冷？各是怎样写出她冷的？

生："她又冷又饿，哆哆嗦嗦地向前走"，这句话以她被冻的样子来写她寒冷的。

生："她在一座房子的墙角里坐下来，蜷着腿缩成一团"，这也说明她冷，这也是由被冻的样子突出她冷的。

【教学点评】巧妙引导，让学生走出文外，通过角度的变换，让学生从语言画面中抽象出本质的东西。

师：可见，寒冷是小女孩生活悲惨的一个方面。之所以寒冷，是因为——

生：因为她光着头，赤着脚。

师：因为光头赤脚，所以她冷得——

生：她冷得一双小脚冻得红一块青一块的，她冷得哆哆嗦嗦地向前走，她冷得蜷着腿在墙角里缩成一团。

【教学点评】引导综合，让学生对寒冷形成总体印象，感受小女孩的命运的悲惨。这样引导，能有效地培养学生思维的条理性和深刻性。

师：小女孩生活悲惨还表现在哪些方面？你是从哪些地方看出来的？

生：我觉得小女孩非常饥饿，由"她又冷又饿"这句话可以知道。

师：你是如何理解她饥饿的？

生：因为她一整天没有吃东西，所以她饿。

师：你怎么知道她一整天没有吃饭？

生：因为一整天没有卖掉一根火柴，她哪有钱买吃的呢？

师：能联系起来理解，好！还有吗？

生：因为她非常饥饿，所以连自己美丽的长发也没注意。

师：谁把有关句子读一下。

生：（读）"雪花落在她的金黄的长头发上……她可忘不了这个。"

师：从她的外貌描写你知道什么？

生：知道小女孩长得非常漂亮。

师：为什么写她漂亮呢？

生：这进一步突出她生活的悲惨，虽然她长得这么美，可由于又冷又饿，她根本没有兴致、没有精力来注意自己的美貌。

【教学点评】引导关注文章细节，细心揣摩和解读语言，以读出语言丰富的蕴含，感受其中的情感，从而全面、具体、深刻地感受小女孩命运的悲惨。

师：小女孩啊，你长得这么美，为什么没有注意这些？你注意的是什么呢？

生：我这么冷、这么饿，哪有心思注意自己长得美不美呢？我现在注意的是街上飘着的烤鹅的香味，我是多么想吃上一点食物啊！

【教学点评】运用假设询问，自然而快捷地引导学生充当角色，体会小女孩的饥饿寒冷，体会作者描写小女孩金黄色头发的目的，在品味中透视语言的目的，感受文字的魅力。

师：理解得不错，还有什么地方能说明小女孩生活悲惨？

生：我觉得小女孩非常痛苦。

师：好！你是如何理解的呢？

生：这是大年夜，富人家都在忙着过年，可小女孩却在街上叫卖着火柴。

生：我也认为小女孩痛苦，这么晚了，她竟然还蜷着腿缩在墙角里，是那么冷、那么饿。

生：我认为小女孩非常孤独，课文这样叙述："她穿过马路的时候，两辆马车飞快地冲过来，吓得她把鞋都跑掉了。一只怎么也找不着，另一只叫一个男孩捡起来拿着跑了。"小女孩又冷又饿，富人不把她放在眼里，连小孩都来欺负她，她是多么孤独啊！

师：怎样读这句话呢？

生：要把小女孩的可怜读出来。

（指名朗读，体会并表达情感）

师：还有什么地方能突出她的孤独？你是如何理解的？

生："她不敢回家，因为她没有卖掉一根火柴，没挣到一个钱。爸爸一定会打她的。"这句话可以说明她孤独，别人不疼爱倒情有可原，为什么连爸爸也要打她呢？卖不掉火柴能怪她吗？

师：由此可见她爸爸怎么样啊？

生：我觉得她爸爸对孩子没有一点疼爱之心。

【教学点评】将学生引入"歧途"，以退为进。这样，能有效地促进学生对语言文字的深刻解读，促进学生对语言情感的真切感悟。

师：是啊，如果是你，你将如何对待小女孩呢？

生：如果是我，我绝不会让她出来卖火柴。

生：我绝不会让她光头赤脚地出来，小女孩卖不掉火柴我绝不会责怪，更不会打她。

生：如果是我，一定会让小女孩在家过新年。

师：是啊，你们这么疼爱小女孩，为什么她的爸爸竟不如你们呢？能怪他吗？

生：我认为不能怪她爸爸，因为她家里太穷了，你看她"家里跟街上一样冷。他们头上只有个房顶，虽然最大的裂缝已经用草和破布堵住了，风还是可以灌进来。"

师：可见，她爸爸之所以让她出来卖火柴，之所以她卖不掉火柴还要打她，是因为——

生：生活所迫。

生：无法可想。

生：无可奈何。

【教学点评】再次抓住认识的片面处，引导进入"歧途"，形成落差，为促使学生顿悟做铺垫。时机成熟，便巧妙追问，得出结论，这样水到渠成，学生恍然大悟。如此引导，课堂波澜曲折，富有磁性。

师：可能是哪些原因呢？

生：可能是家里有人重病在身，在等钱回家治病。

生：可能是家里一粒米没有，在等钱回家买米。

生：可能是家中欠人家的钱，在等钱回家还债。

师：是啊，这么贫穷，可能有这么多特殊情况，怎能怪爸爸发脾气呢？可见，小女孩的生活是多么悲惨！还有哪些内容说明她孤独呢？

生：我觉得这句话能说明她孤独："这一整天，谁也没买过她一根火柴，谁也没给过她一个硬币。"

师：如果将这句话改成"这一整天，她没有卖掉一根火柴，没有得到过一个硬币"，你觉得如何？

生：这样一改，虽然意思差不多，但句子表达的感情不同。改后的句子只是从小女孩的角度看，似乎没有卖掉火柴，没有得到钱与其他人没有关系。而文中的句子则更进一步告诉人们：在整个大街上，在整个世界上，没有一个人同情小女孩，她真是太孤独了。

【教学点评】运用假设比较，品味语言，加强语感训练，引导学生在细微的差别中，感受语言表达的奇妙，体会语言情感的真切。

师：现在，你知道为什么小女孩生活悲惨了吗？能用"因为……所以……"联句吗？

生：（齐）因为小女孩寒冷、饥饿、痛苦、孤独，所以她命运悲惨。

师：为什么她生活这么悲惨呢？能具体说明吗？

生：主要是因为她家很穷，她家穷得大年夜也要出来卖火柴。

生：她家穷得连双鞋也没有。

生：她家穷得房子只有一个房顶。

师：好，通过第一段的学习，如果你看到了风雪中的小女孩，你觉得她怎么样？为什么？

生：我觉得小女孩非常寒冷，因为寒冬腊月她竟赤着脚在街上走着。

生：我也觉得小女孩非常寒冷，你看她又冷又饿，哆哆嗦嗦地向前走。她在一座房子的墙角里坐下来，蜷着腿缩成一团。

【教学点评】以假设带学生进入情境，对小女孩的悲惨遭遇进行评析，能使学生整体地感受小女孩的悲惨生活，同时为促使学生以联系的观点理解小女孩的悲惨遭遇，理解一二部分之间的关系做好了内容上的铺垫。

师：是啊，小女孩非常寒冷。还有吗？

生：我觉得小女孩非常饥饿，因为她一整天没有吃上一点东西。

师：你是怎么知道的？

生：因为她一整天没有卖掉一根火柴，没有挣到一个钱，又哪有钱买东西吃呢？而且课文中也说，她又冷又饿。

师：对呀！小女孩非常饥饿。（板书：饥饿）还有吗？

生：我觉得小女孩非常痛苦。（师板书：痛苦）因为富人家都在忙着过年，可她直到天黑了还光头赤脚在大街上走着。

生：我觉得小女孩非常孤独。（师板书：孤独）因为富人不把她放在眼里，连小孩也来欺负她，把她的鞋拿着跑了。不仅如此，卖不掉火柴她爸爸还要打她。

师：同学们，小女孩是这么寒冷，这么饥饿，这么痛苦，这么孤独，在现实生活中她连起码的温饱也得不到。夜幕已经降临，她本该回家了，可她却蜷缩一团，靠在墙角里。同学们，如果你就是小女孩，你现在最需要的是什么啊？

生：我现在最需要的是温暖，因为我太冷了。

生：我最需要的是食物，因为这一整天我什么东西也没吃，我饿极了。

生：我最需要的是快乐，因为这世界所能给我的就是痛苦。

生：我最需要的是得到别人的疼爱，因为世界上所有的人都欺负我。

【教学点评】以假设引导学生充当角色，设身处地感受小女孩的悲惨遭遇，体会小女孩对美好生活的向往，有效地缩小了学生与小女孩之间的心理差和情感差，为阅读第二部分，理解小女孩对幸福生活的向往做好了铺垫。同时，又使上文的梳理与下文的阅读自然衔接，使课堂结构浑然一体。从学生发言看，假设有效地沟通了学生与小女孩的关系，小女孩的悲惨命运，引起了学生心灵的回响。

师：是啊，这么寒冷，这么饥饿，这么痛苦，这么孤独，谁不盼望温暖，盼望食物，盼望快乐，盼望得到别人的疼爱呢？大家都这么想，那小女孩又怎么想的呢？下面我们学习课文第二部分，这一部分主要写小女孩五次擦燃火柴后的幻觉。先看第一次擦燃火柴的情景，请大家按下列步骤自学课文：一是默读课文，画出句子，搞清楚小女孩是怎么擦火柴的，擦燃火柴后看到了什么，以了解内容。二是轻声读课文，想一想小女孩为什么这么擦，擦燃火柴后为什么会看到文中所写的东西，体会其含义。三是朗读课文，把课文中的感情表达出来。

（生自学课文）

师：谁能告诉我，这一段写什么？

生：这一自然段主要写小女孩第一次擦火柴后看到了大火炉，火柴灭了大火炉就不见了。

师：小女孩是如何擦燃第一根火柴的呢？谁把有关句子读一下。

（生读"她的一双小手……她终于抽出了一根。"）

师：读了这段话，你知道"敢"在这里实际是什么意思吗？感到奇怪吗？

生："敢"实际是说"不敢"，说明小女孩不敢擦火柴。真是奇怪，小女孩是出来卖火柴的，她手上抓着成把的火柴，为什么不敢擦呢？

师：是啊，火柴是自己的，为什么擦一根也不敢呢？如果你就是小女孩，能联系课文第一部分告诉我原因吗？

生：因为这一整天，我一根火柴没有卖掉，一个钱也没有挣到，爸爸就要打我了。如果我擦了火柴，爸爸更要打我了。

生：要知道，家里等着钱给生病的弟妹看病，等着钱还债，等着钱买粮过年。可我一个钱也没挣到，现在反而要擦火柴，我怕爸爸打我呀！

【教学点评】授之以法，重视了学法指导，并适时地以假设引导充当角色，联系课文第一部分理解小女孩不敢擦燃火柴的原因，进一步理解小女孩的悲惨命运。

师：既然这样，小女孩就不要擦了，为什么她又终于抽出一根呢？如果你就是小女孩，能告诉我为什么吗？

生：我是怕打，但你看我的一双小手几乎冻僵了，不管怎样，挨打总比冻死好啊，因此我下决心抽出了一根。

生：我也这样理解，现在连命也难保了，我也顾不上挨打了。

【教学点评】让学生充当角色，理解小女孩的矛盾心理和矛盾之中选定擦火柴这一举动的原因，进一步理解小女孩的寒冷。

师：上面这几句话会读吗？谁读一下。（指名读）

师：读得还可以。想一想，听了小女孩刚才的叙述，你自己朗读这几句话该把什么感情表达出来？该抓住哪些词语？

生：该把同情小女孩和小女孩盼望得到温暖的感情表达出来，对小女孩的同情主要表现在"冻僵"和"饥饿"这两个词上，小女孩盼望得到温暖主要表现在"终于"一词上。

【教学点评】以假设变换角度，由充当小女孩变为听小女孩的叙述，同样置学生于情境之中，并引导抓住重点词语通过朗读感受和表达情感，发挥了假设的语感训练效应，加强了语言基本功的训练。

师：好！不错，请大家齐读一遍。

（生齐读）

师：读得不错。小女孩擦燃火柴后看到了什么？为什么会看到呢？这说明什么呢？

生：小女孩擦燃火柴后看到了火炉。之所以会看到，我认为这是因为小女孩非常寒冷，说明她迫切希望得到温暖。

师：对了，因为小女孩寒冷，所以她看到了大火炉（板书：火炉），说明她迫切希望得到温暖。（板书：温暖）能用"因为……所以……"、"之所以……是因为……"联句吗？

生：因为小女孩寒冷，所以她看到了大火炉，说明她盼望得到温暖。

生：之所以小女孩看到大火炉，是因为她非常寒冷，说明她盼望得到温暖。

师：我真不明白，为什么只是擦燃了一根火柴，而课文中却说是"多么温暖，多么明亮的火焰"呢？为什么又说"这是一道奇异的光"呢？

生：我从第一段找到了答案。因为她"光头赤脚"、"一双小脚冻得红一块青一块的"、"她又冷又饿"、"蜷着腿缩成一团"，她冷得实在太厉害了，所以把一根火柴发出的光看得那么温暖、那么明亮，看成是一道奇异的光。

师：同学们，如果你就是小女孩，这么寒冷，看到这么温暖、这么明亮的火焰，看到这道奇异的光，看到大火炉，心情如何呢？为什么？

生：我可高兴了，因为这下我再也不会挨冻了。

师：能读吗？谁来试试看。

（指名读）

师：读得不错，请大家齐读一遍，想象自己就是小女孩，自己就在大火炉面前，把这种感情表达出来。

（生齐读）

【教学点评】运用假设，引导学生设身处地理解内容，体会感情，能有效地缩小学生与文中人物间的情感差。

师：结果又如何呢？谁把有关句子读一下。

（生读"哎……手里只有一根烧过了的火柴梗。"）

师：这几句告诉我们什么呢？

生：这几句写火柴灭了，火炉就不见了，告诉我们小女孩想得到温暖的希望是不能实现的。

师：该怎么读呢？

生：该把小女孩失望的感情表达出来。

（指名朗读，体会并表达情感）

师：通过这一段的学习，你们知道小女孩的感情是如何变化的吗？

生：擦燃前是盼望，擦燃后是高兴，火柴熄灭以后是失望。

师：说得很好，通过这一自然段的学习，你们掌握了什么样的学习方法？

生：先是默读课文，了解小女孩怎么擦，擦燃后看到了什么；接着轻声读课文，搞清楚小女孩擦燃火柴后为什么会看到有关事物；最后是朗读课文，把文中的感情表达出来。

师：归纳得很好，下面请大家运用"默读，了解内容；轻读，体会含义；朗读，表达感情"（依次板书上述方法）这种方法，自学小女孩第二次到第五次擦燃火柴的情景，搞清楚小女孩分别怎么擦火柴，为什么这么擦，擦燃后看到了什么，为什么会看到，结果如何，为什么，分别表达了怎样的思想感情，最后通过朗读把这种感情表达出来。

（生运用上述方法自学）

【教学点评】在渗透并尝试运用后引导归纳学法，再引导学生举一反三自学，以实现认识过程中的第二次飞跃。

师：下面请把自学的情况汇报一下，说说小女孩每一次是如何擦的，为什么这么擦，看到什么，为什么会看到，结果如何，为什么，再有感情地朗读课文。

生：第二次是"她又擦着了一根"，一个"又"字突出了小女孩迫切的心情。因为小女孩刚才擦燃火柴看到了大火炉，火柴灭了，火炉就不见了，她又赶紧擦火柴，想把大火炉留住，或者想看到更美的东西。

师：擦燃后她看到了什么呢？为什么呢？

生：她看到了肚子里填满了苹果和梅子的烤鹅，因为她一整天没有吃上一点东西，她盼望得到食物。

师：对呀！看到烤鹅（板书：烤鹅），是因为她饥饿，说明她盼望得到食物。（板书：食物）如果是你看到烤鹅，心情如何啊？

生：看到烤鹅，我别提有多高兴了，因为这喷香的烤鹅向我走来了，这下有吃的了。

师：火柴灭了情景如何？为什么呢？

生：火柴灭了，她面前只有一堵又厚又冷的墙，说明她的希望是不能实现的。

师：知道怎样通过朗读把其中的感情表达出来吗？

生：这一自然段的感情变化与上一自然段相同；擦燃前心情迫切，擦燃后心中高兴，熄灭后无限失望。

师：好，我们齐读一遍。

（生齐读）

师：读得还可以，但火柴熄灭后的一段读得还不够真切。想一想，你就是小女孩啊，这么饥饿，看到了肚子里填满了苹果和梅子的烤鹅，你是那么高兴，可是火柴灭了，什么都不见了，你心情如何啊？（稍停，让学生酝酿感情）好，我们再读一下。

【教学点评】运用假设引导学生体会小女孩看到烤鹅后的高兴。发现学生感情体会表达不到位，及时运用假设让学生充当角色，通过提示要点，强化感受，引导学生感受和表达小女孩火柴灭后的失望之情。

（生齐读最后一句）

师：读得很好。第三次小女孩看到了什么？为什么会看到呢？

生：小女孩看到了美丽的圣诞树，这棵圣诞树比她去年透过富商家的玻璃窗看到的还要大、还要美。翠绿的树枝上点着几千支明晃晃的蜡烛，许多幅美丽的彩色画片，跟挂在商店橱窗里的一样，在向她眨眼，这些使小女孩感到快乐。这说明，小女孩非常痛苦，盼望得到快乐。

师：好！因为小女孩痛苦，所以看到了圣诞树（板书：圣诞树），说明她盼望得到快乐。（板书：快乐）第三次火柴熄灭后情景如何呢？

生：火柴熄灭了，圣诞节的烛光越升越高，最后简直成了在天空中闪烁的星星。有一颗星星落下来，在天空中划出一道长长的红线。这说明，圣诞树的出现完全是小女孩的幻觉，小女孩想得到快乐的愿望是不能实现的。

师：看到星星落下来，小女孩说："有一个什么人快要死了。"听了这句话，如果你在场会对小女孩说什么呢？

生：小女孩啊，你知道吗，星星落下来，实际预示着你就快要离开这个世界了！

生：小女孩啊，这个快死的人实际就是你呀，你还不知道呢！

师：这一部分会读吗？谁读一下。（指名读）

师：第四次擦燃火柴又看到了什么？为什么？

生：她看到了她的奶奶，说明小女孩非常孤独，盼望得到奶奶的疼爱。

师：是啊，看到奶奶（板书：奶奶），说明她非常孤独，盼望得到奶奶的疼爱。（板书：疼爱）会读吗？

（指名读）

师：读得不错！可小女孩的话语感情表达还不够真切。同学们，你就是光头赤脚的小女孩啊！这么寒冷，这么饥饿，这么痛苦，这么孤独，你看到了奶奶——世界上唯一疼你的奶奶，你会如何呼喊啊？（稍停，让学生酝酿感情）让我们一起向奶奶哭诉，向奶奶呼喊吧——

【教学点评】小女孩的语言是她心中的呼喊，是她心灵的震颤，是小女孩感情的集中体现。但这一点学生往往难以把握，教者便运用假设让学生充当角色，并通过饱含深情的语言感染气氛，诱发情感，以促使学生与小女孩产生心灵的共振、情感的共鸣，从而深切体会文章的思想感情。

（生齐读课文）

师：读得太好了！最后一次她是如何擦燃的呢？

生：小女孩赶紧擦着了，要把奶奶留住。

师：小女孩啊，你为什么要赶紧擦一整把火柴呢？

生：你们知道吗，刚才我一次又一次擦燃了火柴，先后看到了大火炉、烤鹅、圣诞树，可是火柴一灭，什么东西都不见了。（师板书：不见了）现在我见到了奶奶——那么温和、那么慈爱的奶奶，我能让她离开吗？

师：这一次，她又看到了什么呢？说明什么呢？

生：她看到奶奶从来没有这么高大、这么美丽。奶奶把她搂在怀里，飞到那没有寒冷，没有饥饿，也没有痛苦的地方去了。这说明小女孩非常寒冷，非常饥饿，非常痛苦。

师：是啊，奶奶带小女孩飞走了，飞到了小女孩所向往的地方去了。（板书：飞走了）这一段用什么感情读呢？为什么？

生：这一段该用高兴的感情读，因为小女孩终于被世界上唯一疼爱她的奶奶带走了。

师：是啊！小女孩被奶奶带走了，想一想，奶奶真能够带她走吗？

生：奶奶已经死了，不可能将小女孩带走。

师：如果奶奶在世又怎么样呢？为什么？

【教学点评】巧设妙问，以引导学生思考，促使学生准确感悟语言情感，以接触问题的关键，透视语言的本质。

生：奶奶在世，也不可能带她到"没有寒冷，没有饥饿，也没有痛苦的地方"去，因为在小女孩所处的社会里，穷孩子想过上幸福的生活是不可能的。

师：对了！那课文中为什么这么说呢？

生：那是小女孩的幻觉，而事实并不真是这样。

师：那事实又如何呢？

生：奶奶带走小女孩，实际是说小女孩已经冻死了。

师：是这样吗？

生：暗示小女孩快要死了。

师：这一段该用什么感情读呢？

生：该用悲愤的感情读，一方面表达对小女孩的同情之情，一方面表达对当时社会的痛恨之情。

师：好！将这一自然段齐读一下。

（生齐读）

师：读得很好。现在请几个同学用"因为……所以……"分别将黑板上的词语连成句子。

生：因为小女孩寒冷，所以她看到了大火炉，说明她盼望得到温暖。

生：因为小女孩饥饿，所以她看到了烤鹅，说明她盼望得到食物。

生：因为小女孩痛苦，所以她看到了圣诞树，说明她盼望得到快乐。

生：因为小女孩孤独，所以她看到了奶奶，说明她盼望得到别人的疼爱。

生：因为小女孩寒冷、饥饿、痛苦、孤独，所以她看到了大火炉、烤鹅、圣诞树、奶奶，说明她希望到没有寒冷、没有饥饿、没有痛苦也没有孤独的地方去。

师：能用"之所以……是因为……"联句吗？

（生联句略）

【教学点评】引导学生运用关联词语，理解内容间的联系，进行语言训练，构建起这节课的知识网络，把握文本的知识联系，探究语言的深刻内涵。

师：小女孩的结局到底如何呢？请大家自学第三部分：（1）默读课文，想象情境，了解内容；（2）轻声读课文，体会每一句话的含义；（3）体会文章的思想感情，并通过朗读把这种感情表达出来。

（生自学课文）

师：这一段主要写什么？

生：主要写小女孩在大年夜冻死在街头。

师：如果你看到小女孩坐在墙角里冻死了，嘴上还带着微笑，你会对小女孩说些什么？

生：我会说，小女孩啊，你的命运实在是太悲惨了，虽然你嘴上带着微笑，可你又确确实实离开了这个世界。

生：这社会是多么不公平，为什么你竟冻死在街头呢？

师：从她脸上的微笑，你看到了什么呢？

生：我看到了小女孩对美好生活的向往。因为她擦燃火柴后，看到了许多她从来没有看到的东西，所以她笑了。

生：我从中看到了她命运的悲惨，虽然她脸上露出了笑容，而事实上她又死去了。

师：作者在这一段的第二、三句为什么点出大年夜，为什么又写出了新年的到来？

生：这样更能突出小女孩命运的悲惨，因为旧年的大年夜和新年的太阳升起来的时候，本是人们最欢乐的时候，可就在这时，墙角里却躺着小女孩的尸体，这是多么不协调啊！

师：是啊，读了这两句，我们好像听到了作者的控诉。看吧，作者就站在小女孩身旁，你听到作者在说什么呢？

生：我好像听见作者在说：这社会是多么不合理，在大年夜竟让小女孩冻死在街头。

生：我好像听到作者在说：这社会是多么黑暗啊，新年的太阳升起来了，可小女孩再也起不来了。

师：能读吗？请大家将这两句读一下。

（生齐读）

师：面对眼前的小女孩，人们本该如何？说明什么？

生：按理，面对小女孩如此悲惨的命运，人们本该表达对小女孩的同情，对社会的不平，可人们只是说了"她想给自己暖和一下"这一句，说明人们根本没把小女孩的死放在心上。

师：为什么会这样呢？

生：这说明在那样的社会里，人与人之间的关系是冷酷的，根本就谈不上互相同情。

师：是"冷酷"吗？

生：冷漠。

师：还有其他理解的吗？

生：我认为不能这么说，在那样的社会里，穷人之间还是互相同情的，但由于社会的黑暗，像小女孩这样的孩子不是一个两个，而是无数个，可能这条大街上就不止这一个。而穷人的命运都那么悲惨，他们是没有能力去关心他人的。

师：理解得很深刻。那作者由小女孩的微笑看到了什么呢？

生：由她的微笑看到了小女孩对美好生活的向往。

生：在作者看来，小女孩虽然是个穷孩子，但她有美好的向往，她由大年夜想到了许多美好的东西，要不然，她脸上怎么会带着微笑呢？

师：刚才同学们的理解很有道理。小女孩死了，人们说了"她想给自己暖和一下"这一句，当然可以理解为人们对她的不同情，但我认为最重要的还是刚才这个同学所说的，因为在那样的社会里，像小女孩这样的孩子实在是太多了，人们已经习以为常，这就进一步突出了当时社会的黑暗。而人们对这些可能难以理解，或者也不想去理解。但是作者却从小女孩的微笑中看到了她的内心，更从她的内心向往与现实之间的矛盾看到了社会的黑暗。作者也正是由小女孩的微笑与离去来集中揭露当时社会的黑暗的。他告诉人们：在那样的社会里，穷人的希望无法实现，只能破灭。（板书：希望破灭）这一自然段会读吗？谁读一下？

（指名读）

师：读得很好，大家想一想。课文读完了，但我们感到文章结尾作者还有话没有说完，能补充吗？

生：她曾经多么幸福地跟着她的奶奶一起走向新年的幸福中去，而现实又如何呢？

生：小女孩的希望是多么美好，而现实又是多么残酷。

师：好，让我们把最后一个自然段齐读一下，把作者复杂的感情表达出来。

（生齐读）

师：读得很好。下面再请大家将课文默读一下，思考下列问题：（1）这篇课文写什么，表达了作者什么样的思想感情？（2）小女孩擦燃火柴真的看到了那么多东西吗？你是如何理解的？

（生默读思考后交流）

生：这篇课文通过卖火柴的小女孩大年夜冻死街头的事，反映了小女孩的悲惨命运，表达了作者对小女孩的同情，对当时社会的痛恨。

师：只是反映小女孩的悲惨命运吗？

生：反映了小女孩所处的社会里穷孩子的悲惨命运。

师：小女孩擦燃火柴后真的看到了那么多东西吗？

生：这都是小女孩的幻想。

师：作者为什么写这些呢？

生：这实质是作者所想象的，是用来表达中心思想的。

师：你是如何理解的？

生：小女孩之所以看到那么多东西，就因为她生活悲惨而向往美好的生活。结果火柴灭了，什么都不见了，最终竟惨死了，这说明在那样的社会里，小女孩的愿望是不能实现的，这就能激起人们对小女孩的同情，对当时社会的痛恨。

师：同学们，课文读完了，可怜的小女孩仍然在我们眼前浮现，小女孩冻死街头的情景更叫我们难以忘记，我们是多么想对着小女孩发出心中的呼唤：小女孩来吧！到我们中间来吧！想一想，如果小女孩赤脚来到我们中间，情景会如何呢？你会如何对待她呢？

生：如果小女孩来到我们中间，我一定把家中最好的衣服送给她，因为她太冷了。

生：我一定把她领回我家，给她吃最好的，因为她太饿了。

生：我一定把我最心爱的玩具送给她，还要带她去游公园，逛娱乐场，让她得到快乐，因为她太痛苦了。

生：我一定带她到我家中，让她得到我爸爸妈妈的疼爱，因为她太孤独了。

……

师：听了你们的表白，老师真是感动。同学们，生活在新中国，我们无忧无虑，我们幸福无比，这是我们的自豪。但是，在幸福之中，我们要永远记住这样的孩子（指课题）——

生：卖火柴的小女孩。

师：下课。

【教学点评】运用假设引导想象，构筑画面，想象情境，再次构筑与课文相对的情境，以激发学生对小女孩的同情，让心里的同情转化为真实的行动，以倾听学生心灵回音壁上的强烈回声。这样的引导，促进了学生对语言内涵的深刻理解，升华了他们对文本情感的体悟。

附板书：

卖火柴的小女孩

寒冷　饥饿　痛苦　孤独

火炉　烤鹅　圣诞树　奶奶

温暖　食物　快乐　疼爱

不见了——→希望破灭←——飞走了

综合点评

借助假设，凭借文本，叩响学生心灵的回音壁，倾听他们心中的最强音，这是《卖火柴的小女孩》假设导读教学的显著特点。

一是运用假设，创新教法。教学中，教者根据教材特点和学生认知心理特点，巧用假设，创新教法，引导学生充当角色，进入情境，理解内涵，体会感情。如：以"如果你看到了风雪中的小女孩，你觉得她怎么样"引导学生体会作者对小女孩的同情之情;以"如果你是小女孩,现在最需要的是什么"引导学生体会小女孩对美好生活的向往之情;以"你看到了奶奶——世界上唯一疼你的奶奶,你会如何呼喊啊"引导学生体会小女孩心中的呼喊、心灵的震颤。这样运用假设,为角色的扮演、情境的引入、情感的体会、内涵的感悟提供了条件,达到了语言形象、语言情境、语言内涵、语言情感的高度融合。

二是把握相似,授予学法。《卖火柴的小女孩》中,写小女孩五次擦燃火柴的结构相似,为引导学生自我阅读,自我领悟,教者以第一次擦燃火柴的内容为例,教给了学生"默读课文,了解内容;轻读课文,体会含义;朗读课文,表达感情"的方法,并让他们运用上述方法自学其余内容,这就有效地发挥了学生学习的主动性和积极性,培养了学生独立学习的能力。

三是抓住联系,引导探究。课文中的幻想部分,与写小女孩悲惨命运的内容紧密相连。教学中,教者紧紧抓住它们间的联系,引导思考、启发、探究。这样,不仅能使学生深切感受和深刻理解小女孩的遭遇,而且能使他们具体理解想象的基础性、合理性和联系性,从而培养了学生合理想象的能力。

假设的合理运用,缩小了学生与文本、与文中人物的诸多差异,使他们顺利走进了语言情境,具体感受了语言情感。小女孩的寒冷、饥饿、痛苦、孤独,唤起了学生对她的无限同情;小女孩对美好生活的向往,成了学生心中的呼喊。这就是作者的情思和情感撞击学生的心灵回音壁产生的强烈反响。这样引导,学生的语言发展与精神提升就和谐统一了。

让愿望在瞬间变为现实

——《真想变成大大的荷叶》① 教学实录与点评

（第二课时）

教学目标

1. 能正确、流利、有感情地朗读课文。

2. 能借助想象走进语境，通过语言画面的展示和拓展，引领学生感受大自然的美好，体会亲近自然的愉悦，激发他们对大自然的热爱和向往。

3. 能通过课文的朗读、画面的想象，感悟语言的形象内涵和情感内涵，培养学生的语言感悟能力和表达能力。

实录与点评

师：小朋友们，今天我们继续学习《真想变成大大的荷叶》。通过上节课的学习，你知道了什么呢，能告诉大家吗？

生：《真想变成大大的荷叶》写了小朋友们的希望。

生：我知道，课文主要写了小朋友的美好希望，希望自己变成大大的

---

① 《真想变成大大的荷叶》选自苏教版国标本二年级下册。

荷叶。

　　生：文中的"我"有很多愿望，最后想变成大大的荷叶。

　　生：我知道，变成大大的荷叶真有意思。

　　生：我知道，夏姐姐问"我"想变什么，"我"就想变成大大的荷叶。

　　师：小朋友们说得不错，课文中的"我"先后有哪些愿望，最后为什么想变成大大的荷叶呢？下面我们继续学习课文。

　　【教学点评】让学生在初读中对课文内容有所把握，这是低年级语文教学有所忽视的。一般说来，不少教师认为低年级孩子能力有限，读了课文后难以整体把握课文内容。因此，第一课时重点完全放在字词教学上，而字词教学只是低年级语文教学的重点之一。让学生逐步学习把握内容的方法，是很有必要的。上述教学环节，通过引导回忆课文内容，谈自己的阅读收获，可促使学生整体把握内容，为内容的理解和情感的感悟奠定基础。

　　师：小朋友们，你们看，夏天来了，夏姐姐来了——（课件展示：夏姐姐与同学们打招呼："小朋友们好！"学生热烈鼓掌）小朋友们，看到夏姐姐，你想对她说点儿什么？

　　生：夏姐姐，你好！

　　生：夏姐姐，欢迎你到我们这儿做客！

　　生：夏姐姐，你长得真美。看到你，我们真高兴！

　　（引导阅读夏姐姐询问的话语，体会她的热情亲切）

　　【教学点评】借助课件，展示形象，创设情境，并引导学生进入情境，与人物进行对话。这样，语言文字就变成了活的画面，课堂教学就变成了真实的生活。这不仅激发了学生的学习兴趣，而且建立起生活与语文的联系，为学生提供了生活交流和现场交际的活的情境，这能有效地促进学生语言的发展。

师：小朋友们，夏姐姐可真是热情，她是怎么问的呢？谁来读？

（指名读）

师：这位夏姐姐非常热情，你看她读得真好！谁再来试一试。

（指名读）

师：夏姐姐待人非常热情，说话非常亲切。夏姐姐就在我们的身边呀！能把她的热情和亲切读出来吗？

（指导读）

师：小朋友们，你就是夏姐姐，来热情地问一问"我"吧！

（生齐读）

【教学点评】 通过朗读再现形象，感悟情感，是朗读指导的重要目标。如果朗读指导停留在朗读技巧的点拨上，学生对情感的体会就可能是肤浅的，对情感的表达也可能是虚假的。上述指导中，教者借用假设，引导学生进入情境，充当角色，变情感的体会为语言的交流，变朗读表达为情感的表达，能使学生与文中人物融为一体。这样，心相通，情相融，朗读指导就能达到理想的境界。

师：想变点儿什么呢？轻轻地读一读第二自然段，看看"我"是怎么回答的，边读边想象，在你眼前出现了怎样的画面？看到这样的画面，你有什么样的感受？

（生细读课文，想象画面，自我感受）

师：谁说说，"我"有什么样的愿望？为什么有这样的愿望呢？

生："我"想变成透明的雨滴，要睡在一片绿叶上；还要变成一条小鱼，在清凌凌的小河里游水。

生："我"想变成雨滴，在绿色的叶子上美美地睡觉；想变成一条活泼的小鱼，在清凌凌的小河里游泳。

师：小朋友们读得真认真！大家再想一想，如果"我"的愿望实现了，在你眼前会出现怎样的画面呢？

生："我"仿佛看到一个明亮的小水滴在绿叶上甜甜地睡觉，又好像看到一条活泼的小鱼在清澈的小河里游着，真是快活。

生：我好像看到水晶一般的水滴在绿叶上滚来滚去，好自在呀！

生：我好像看到小鱼那轻巧的身子在水中自由自在地摆动着，真是好看！

（其他学生发言略）

【教学点评】提倡尊重学生的独特体验，必须给学生开放独特体验的时空。在学生接触语言文字的时候，让他们一边读一边想象，把语言文字变成具体的形象，能使学生心中形成独特的形象，也能促使学生心中形成独特的感受。在此基础上，让学生表达感受，就可以看出他们从语言中获取的形象和感受都有一些独特的东西。这样，引导学生进行深入的阅读感悟，才有了一定的基础和可靠的依据。

师：小朋友们想象真是丰富。是啊，课文中的"我"先想变成雨滴，雨滴是什么样子呢？能想象吗？

生：雨滴是晶莹的。

生：雨滴是亮晶晶的。

生：雨滴像珍珠一样，闪闪发光。

师：真的是这样，你们看——（课件显示：花草、绿叶上闪烁的雨滴，让学生仔细观察）小朋友们，如果你就是一颗小雨滴，能向大家介绍自己吗？

生：我是一颗小雨滴，我滚圆滚圆的，亮晶晶的，真美！

生：我是一颗小雨滴，圆圆的身子，在太阳下亮光闪闪，别人还以为我是颗珍珠呢！

（其他学生发言略）

【教学点评】在自主阅读感受的基础上，引导学生进行深层的阅读感悟，但这种感悟切不可包办代替。为引导感受"水滴"的美好形象，教者先让学生想象描述，进而出示课件，展示画面，让学生观察。这样，课件运用就是及时的，就不会因为过早出示而限制学生的思维。为让学生真切地感受水滴的美好，在课件展示后，让学生扮演角色，充当水滴，介绍自己。这比直接让学生介绍水滴的难度要大，但也增加了学习的趣味。

师：小朋友们，你就是这透明的雨滴呀，睡在绿叶上（课件显示：雨滴在绿叶上）有什么感受呢？

生：我浑身晶莹透亮，睡在这绿叶上更美了！

生：我睡在大大的荷叶上，好快乐呀！这绿叶真像一张舒适的床，我就在上面美美地睡上一觉吧！

生：这绿叶还可以让我当滑梯呢！我随着风在上面滑来滑去，多有趣呀！

生：这绿叶就像一个无边的运动场，我在上面尽情地玩耍，真是有趣。

师：多么舒服，多么有趣呀！能把这种感受读出来吗？

（指名读）

【教学点评】感受和表达语言的情感内涵，是培养学生阅读感悟能力和表达能力的重要方法。如何将语言的内化与外化有机结合起来呢？在上述教学环节中，教者直接让学生充当水滴的角色，进入情境，叙谈感受，就促使学生把对事物形象和对自我感受的想象描述有机结合，以促进内涵的具体而真切的感悟。在充分感受形象和情感的基础上，引导学生朗读表达，可谓水到渠成。这样的朗读，就不是文字向声音的简单转换，而是文字向形象、向情感的自然转换。

师："我"又想变成一条小鱼，游入清凌凌的小河。在你看来，清凌凌的小河是什么样的？

生：一定是清澈的。

生：水很清，可以看到水底的水草，鱼虾。

生：水很清，就像一块透明的玻璃。

（其他学生发言略）

师：小朋友们对"清凌凌"理解得真好，的确是这样，你们看——（课件展示：小鱼在清凌凌的水中游动）仔细看一看，"清凌凌的小河"是什么样的？

生：河水真清，可以倒映出天上的白云和岸边的柳树。

生：河水像一面镜子，把天上的白云、鸟儿都倒映在里面。

【教学点评】在学生想象描述的基础上，出示课件，展示形象，能有效地提高学生具体感受事物、具体描述事物的能力，从而在想象与现实的结合中，培养学生良好的思维品质。

师：小朋友们，如果你就是这条小鱼，游在这清凌凌的小河中，你会怎么想？

生：这河水多么凉爽，在里面游泳太舒服了。

生：河水真清，我要在里面好好地洗个澡。

生：在这样的河里游来游去，可真是自由、快活！

师：在这么美的景色中，"我"早已被陶醉了。自己再来读一读，感受一下那种舒适、自由和快乐吧！

（各自练读后指名朗读，评议）

师：谁来读？其他小朋友闭上眼睛想一想透明的雨滴睡在绿叶上，小鱼游在清凌凌的小河中是什么样的。

（指名朗读体会）

【教学点评】为引导学生感受情境，体悟情感，让学生充当角色，进入情境，这就缩小了学生与课文的差距，激发了学生的阅读兴趣。他们好像真的变成了小鱼，在河里愉快地游着。学生的表述，语言是真实的，情感是真切的。

师："我"还想变什么呢？自己读一读第三自然段，读了这一自然段，你好像看到了什么？

（生朗读想象）

师：把自己看到的情景告诉你的同桌。

（生互相交流朗读课文时所看到的）

师：谁把自己看到的情景说给大家听一听。

生："我"变成了一只蝴蝶，在花丛中飞呀飞呀，多么美丽的花儿啊！

生："我"也变成了一只美丽的蝴蝶，在花丛中飞着，看看这朵花，很美，看看那朵花，也很美。我觉得自己好像也变成了美丽的花儿，心里真是高兴！

师：你看到了什么花呢？能具体说说吗？

生：我看到了五彩缤纷的月季花，还看到了金灿灿的迎春花。

生：我看到了非常高贵的牡丹花，她太美了！

（其他学生发言略）

师：你看到的花是什么颜色的？能说说吗？

生：我看到了雪白的杏花。

生：我看到了粉红的桃花，还看到了雪白的牡丹花。

（其他学生发言略）

师：你看到的花儿是什么样子的？

生：我看到的花儿有的还是花骨朵，有的全开放了。

生：我看到的花儿才开了几个花瓣儿，好像不好意思。

（其他学生描述花儿略）

师：如果你是一朵花儿，这时会怎么想？

生：你看我是多么漂亮啊，你们好好欣赏吧！

生：我真美，你们放心地欣赏吧！但千万不要摘，我要让所有来这里的人都能欣赏到。

（其他学生发言略）

师：多么美妙的花儿啊，我们简直到了花的世界，能通过朗读把花儿的世界展现在人们的面前吗？

（指名朗读）

【教学点评】语言解读中的话题很多，只要合理地去挖掘，就能随时随地地给学生提供语言表达的机会。在这里，教者由花儿延伸开去，让学生从花的种类、颜色、姿态和花的"心理语言"中，在具体的形象中感受到了花丛的美妙。

师："我"还想变成什么？又要干什么呢？

生："我"变成了一只蝈蝈，在唱着美丽的歌儿。

师：能把自己唱的告诉大家吗？

生：我们的生活真快乐，我们的生活真美好！

生：我们的学校真可爱，我们的老师真亲切！

师：多么动听的歌儿！接着唱下去。

生：我们的同学多么友好，我们的朋友多么友爱！

生：我们的自然多么美妙，我们的生活充满阳光。

（其他学生发言略）

【教学点评】借助课文语言，引导学生进入画面，充当角色，去感受。把课文的语言变成了具体的形象，把具体的形象变成了生活的情景，进而抓住"穿梭"和"唱歌"引导想象，去感知花儿的美丽，去歌唱生活的美好。如此引导，拓展了语言空间，促进了学生想象能力和表达能力的提高。

师：夏天迷人的东西真是太多了，"我"不仅想把自己变成身边可爱的事物，还想把自己变成天空中的星星和月亮呢！自己读一读第四自然段，读了这一自然段你好像看到了什么？读了以后，把自己看到的情景在四人小组内交流交流，并通过朗读，把自己的感受表达出来。

（自读想象，小组交流；指名朗读，适时点拨；课件展示，引导描述）

师：最后我变成了大大的荷叶，多有趣啊！大家一边读一边想象，把自己看到的情景告诉你的同桌，再通过朗读把自己的感受读出来。

（生自由朗读、想象、交流）

师：如果你变成了荷叶，看到小鱼来了，会怎么说？小鱼又会怎么说？同桌一人做荷叶，一人做小鱼，互相说说。

（学生练说后选择同桌互说）

生：小鱼呀，我为你撑起了大大的伞，到我这里来吧！

生：绿叶大姐，谢谢你！我这就来。

生：小鱼呀，我是大大的荷叶，是雨伞，又是遮阳伞，下雨不怕，太阳不怕，你快来吧！

生：太谢谢你了，现在太阳真厉害，我到你那儿乘凉。

【教学点评】课文无非是个例子，我们要凭借这个例子，对学生进行语言训练，提高学生的语言能力。这一教学环节，借助课文语言环境，通过延伸拓展，创设对话情境，既加深了学生对语言形象的感受，又促进了学生对语言情感的感悟。

师："我"变成了荷叶，小鱼来了——

生：在荷叶下嬉戏。

师："我"变成了荷叶，雨点来了——

生：在荷叶上唱歌。

师：（出示句式：谁来了，干什么）你知道还可能有谁会来？会干什么？

生：青蛙来了，它一下跳到荷叶上，坐在上面"呱呱"地叫个不停。

生：蜻蜓来了，扑打着薄薄的翅膀，一会儿到荷叶上休息，一会儿又在空中飞着。

生：蝴蝶来了，它扇动着翅膀，一会儿飞到荷叶上休息，一会儿又在空中盘旋。

生：小朋友来了，他们摘下一片荷叶，顶在头上当太阳伞。

（其他学生发言略）

【教学点评】语言的空间是广阔的，我们要善于去挖掘。但这种挖掘不是游离于文本的胡思乱想，而是紧扣文本的合理延伸。上述教学环节，就在于充分挖掘教材内涵的情感因素和语言因素，通过句式引导学生延伸拓展。这样的训练，贴近学生生活，学生有话可说。

师：小朋友们，如果你是一片荷叶，在人们需要的时候，你想为他们做些什么呢？

生：老师，你上班路上下雨了，我就为你遮雨。

师：谢谢你！谢谢你！

生：不管是谁，在半路碰到了雨，我都为他们遮雨。

师：我代表你想要帮助的人，向你表示感谢！

生：看到民警叔叔在烈日下值勤，我就为他们挡太阳，他们辛苦是为了交通的安全，我要为他们做点儿事。

师：我代表民警叔叔，向你表示感谢！

生：看到农民伯伯在太阳下卖西瓜，我就去为他们遮太阳。

师：我代表卖西瓜的农民伯伯，向你表示谢意！

（其他学生发言略）

【教学点评】提升学生的精神境界，丰富学生的语言系统，是语文教学人文性和工具性融合的重要目标，怎样在语文教学中，把上述两方面结合起来呢？在学生充分想象拓展后，教者再次运用假设，合理延伸，把文本与生活有机联系起来，让文本语境与生活情境有机结合，为学生提供了想象驰骋的广阔天地，提供了语言训练的有效空间，有效地促进了学生精神的提升，语言的发展。

综合点评

语文与生活关系密切，生活是语文的原型和资源，语文是生活的展示和浓缩。可以这样说，生活离开语文，将黯然失色；语文离开生活，将枯燥无味。随着课改的深入，拓展学习时空，丰富学生生活，已成了诸多教师的共识。但生活空间如何与语文学习构成联系，生活资源怎样与语文学习形成交互，如何在精彩学生生活的同时，让语文学习因生活而精彩呢？教者在《真想变成大大的荷叶》的教学中进行了有益的尝试。教者借助假设，沟通联系，让语言变成画面，让课堂再现生活，进而带学生走进生活画面，步入生活情境，去感受语言，享受生活。

一是活化语言，显示生活画面。为展示语言形象，显示生活画面，教者多次以"读了这一自然段，在你眼前出现了怎样的画面呢？能把自己看到的说给大家听听吗"，引导学生通过朗读想象，还原语言描述的具体画面，再现语言描述的生活形象，使学生产生如见其人、如见其物、如闻其声的心理图像，并提供他们语言表达的机会，从而促进了"语言文字——语言形象——语言文字"的转换。而这种转换中，必然加入了学生生活中的相关表象，使得语言的形象更丰富、更充实了。在此基础上，借用课件、活用假设、动化语言、创设情境，使语言文字变成了活的画面，并引入画面，使学生与文中的夏姐姐、雨滴、荷叶等人与物亲密接触，这就增强了语言的诱惑力和感染力，激发了阅读兴趣，促进了学生的形象感悟。可见，对语言形象丰富的课文，可通过引导想象，构筑形象；通过图片展示，再现形象；通过课件动态化，活现形象。将语言变成活的画面，将课堂变成活的生活。这样，学生一定会获取语文学习的无穷乐趣。

二是扮演角色，活现生活场景。语文蕴涵的形象丰富，情感真切，学生对语文学习理应乐此不疲、兴趣盎然。可事实并非都是如此，重要原因之一就是狭隘的教材观，使得这门植根于生活的课程远离了生活。我们知道，小学语文教材所选课文，大多是客观生活的描述，如果想办法让生活场景活现，让生活情趣凸显，变语言解读为生活解析，变语文学习为生活感受，那么语文教学便会步入理想的境界，语文学习便会进入快乐的天地。在引导"大胆想象，还原形象；运用课件，展示形象"的同时，教者通过合理的点拨，让学生充当角色；通过适时的引导，让学生进入生活，学生一会儿变成雨滴，表述自己的美丽，叙述在绿叶上的感受，一会儿变成小鱼，叙述眼前清澈的河水，讲述水中游玩的乐趣……这种多角色的扮演，使课堂欢声不住，笑语不停。但这决非无谓的调侃，而是始终指向语言内涵的感悟和学生语言的发展这一目标。

三是相机拓展，同构语言精神。为实现语言发展与精神提升的统一，教者带学生走进教材，以课文情境和情感、作者情感和情思、课堂情境和情趣，撞击学生心灵，从而融情境的感受、情感的感悟、语言的发展于一体。像"谁来了，干什么"的句式拓展，想象描述荷塘美景，使学生感受到自然的美妙，自然的和谐；想象叙述自己变成荷叶后想为人们干些什么，使学生加深了对"我"变成荷叶内涵的理解。这样引导，培养了学生的想象能力、语言能力，提升了他们的精神境界，达到了语言与精神的和谐同构。

假设，展示了生活画面；假设，构筑了生活情境；假设，使得愿望在瞬间变成了现实。只有在这样的情境中，学生情思才能如流淌的溪水，学生语言才能如淙淙的流水；也只有在这样的情境中，学生才能够有一种摆脱了课堂情境之后的自由解放感和超越狭窄应试圈之后的广阔无垠感。

走近金字塔去感受

——《埃及的金字塔》① 教学实录与点评

教学目标

1. 能正确、流利、有感情地朗读课文。

2. 能通过语言画面的想象和探究，懂得金字塔的建造既反映了古埃及人民的勤劳和智慧，也给他们带来了灾难，以培养学生全面、深刻、辩证理解语言的能力。

3. 弄清课文是怎样运用"列数字、举例子"的方法有目的、有重点地介绍金字塔的，并能尝试运用这样的方法介绍自己的家庭。

实录与点评

师：（板书：埃及的金字塔）对埃及和金字塔，同学们并不陌生。面对金字塔，你有什么想说？最好与中国联系起来。

生：埃及和中国都是四大文明古国。

生：埃及的金字塔是世界七大奇迹之一，中国的长城也是世界七大奇迹之一。

---

① 《埃及的金字塔》选自苏教版国标本五年级下册。

生：金字塔和长城都很高大。

生：金字塔凝聚着古代埃及人民的智慧，长城凝聚着古代中国人民的智慧。

生：金字塔是埃及文明的象征，长城是中国文明的象征。

【教学点评】借助联系，把握金字塔与长城的共同特点，感受古代劳动人民的智慧，为课文深度感悟奠定了基础。

师：长城和金字塔都是古代人民智慧的结晶，请认真读读课文，想一想：你从哪里感受到了古埃及人民的智慧。

（读后交流，学生把握了"高大宏伟"、"设计精巧"、"方法巧妙"三个方面）

师：作者是怎样描写金字塔高大宏伟的呢？请默读一、三两个自然段，画出有关词语，体会体会。

（生默读思考）

师：（出示：在埃及首都开罗西南面金黄色的沙漠中，可以看到一座座巨大的角锥形建筑物。它们巍然屹立，傲对碧空。这就是举世闻名的埃及金字塔。）联系这句话谈谈你对"巨大"的理解。

生："巨大"写出了金字塔的高大，无边的沙漠与巨大的金字塔交相辉映，更显示出金字塔的雄伟。

生："巍然屹立"写出了金字塔的宏伟，只有很高的事物才能用"巍然屹立"。

生：我从"傲对碧空"看出了金字塔很高，它骄傲地对着蓝天。

师：如果你是金字塔，骄傲地对着蓝天，会说什么呢？

生：你看我是多么高大，简直可以与你蓝天比高低了。

生：我是多么高大，几乎要把你刺破了。

【教学点评】透视"巨大"、"巍然屹立"、"傲对碧空"的形象内涵，借助假设，展示"金字塔"的"心理语言"，以感受金字塔的宏伟。

师：是啊，"巍然屹立"、"傲对碧空"等都写出了金字塔的高大宏伟，谁用"巍然屹立"、"傲对碧空"说说我校的教学楼。

生：（学生面面相觑，一学生举手）我校的教学楼巍然屹立，傲对碧空，显得那样高大。

（众笑）

生：我觉得五层的教学楼不能用"巍然屹立"、"傲对碧空"。

（其他学生点头赞同）

师：怎样的建筑能用呢？

生：上海"东方明珠"塔巍然屹立在黄浦江畔，它高大宏伟，傲对碧空，吸引了来自五湖四海的游客。

生：高23层的泰兴人民医院门诊大楼，巍然屹立在泰兴市国庆路南侧，它非常高大，傲对碧空，是我市最高的建筑。不过，还没有举世闻名。（众笑）

【教学点评】把"巍然屹立"、"傲对碧空"与五层教学楼联系起来，引其出错，超前调控，促进了学生对词语的准确理解和运用，学生对金字塔的高大宏伟也有了更具体的感受。

师：几个词语，就把金字塔的高大宏伟凸显了出来，谁来读读，表现出它的高大。（指名朗读）读得不错，这一自然段写了金字塔的高大，为什么第三自然段还写呢？

生：这一自然段是概括写，第三自然段是具体写。

师：是啊，请细细读读第三自然段，面对这样的金字塔你有什么想说的呢？

（读后交流）

生：这座金字塔真是宏伟，它高146米多，有40层楼房那么高，人民医院门诊大楼23层就叫人咋舌了。在那遥远的古代能建造这样的金字塔，古埃及人民真了不起！

生：这座金字塔实在宏伟，沿四周走一圈有1千米，简直叫人匪夷所思！四五千年前能建造如此高大的建筑，古埃及人民真不简单！

生：这座金字塔真的很宏伟，建造它的巨大石块竟有 230 万块，这些石块平均重量达到 2.5 吨，重的肯定有好几吨，甚至几十吨，真不知石块是怎么凿成、怎么磨平的，古埃及人民的智慧令人震惊。

【教学点评】运用假设，引导与金字塔对话，促进了学生对金字塔的亲近、感受和评价，这是语言理解与情感表达的融合，有助于学生深刻地解读语言，真切地感受和表达情感。

师：下面这段话也写金字塔，与第三自然段比较你觉得怎样？

（出示：这座金字塔真高！你看，大雁从它身旁擦过，白云从它腰间掠过。倘若登上塔顶，举头可以触到太阳，伸手可以摘到星星。）

生：虽然也写了金字塔的高大，但没有第三自然段具体。

生：虽然写了金字塔的高大，但读了文中的句子，宏伟给人的感觉更清晰。

师：由此，你明白了什么呢？

生：我明白了，能用数字描述的还是用数字描述好。

师：老师想让你们写写这一座金字塔（出示画面），请你们也用上数字。

生：只有画面，不知道它的具体数据，写它没有数字可用。

（其他学生点头赞同）

师：是啊，如无法得到金字塔的数据，上述句子也能形象地表现出它的高大。可见，如果不了解相关数据，或者无须对事物进行精确的描述，进行形象化的描写也是一种很好的方法。

【教学点评】如此引导可让学生明白：运用数字可把事物特点表述清楚，给人具体的感受，但运用数字并非是描写事物的唯一方法。

师：张晶同学想写个反映家中变化的片段，他采访了爷爷，可写片段时却放弃了一些数据，你觉得该不该？（出示材料，读后交流）

【材料】

爷爷小时候

张晶：爷爷，你小时候住房怎样？

爷爷：我10岁时，曾祖父、曾祖母都80多岁，爷爷、奶奶60多岁，一家8口人住两间小得可怜的屋子。

张晶：家中的摆设又怎样呢？

爷爷：什么摆设，一张小方桌，两张木板床，一个锅灶，还有钉耙、锄头、扁担等简单的农具，其他就没什么了。

【片段】

爷爷小时候，一家8口人挤在巴掌大的两间小屋里，除了一张方桌、两张木板床和几件必备的农具，其他几乎一无所有。那日子真够苦的！

生：写年龄的数字与家庭条件没有关系，还是不用好。

生：短文里，写锅灶、家庭必备农具也省去了不少，这样反而让人感到简洁。

师：由此你明白了什么呢？

生：说话写文章时，运用数字要有目的、有选择。

师：（出示资料，引导练笔）请根据下面的材料，运用数字写出张晶家现在的变化。

【材料】

张晶小时候

人口：爷爷76岁，奶奶75岁，爸爸38岁，妈妈36岁，张晶10岁。

住房：3间三层楼房。客厅就有40平方米，比爷爷小时候住的两间小屋还大。

电器：4个房间都是29寸彩电和壁式空调，客厅是48寸液晶电视和立式空调。

交通工具：两辆自行车、两辆电瓶车、两部摩托车和一辆小轿车。

通信工具：每个房间都有电话，除了张晶，其他人都有手机。

家具：席梦思床4张、沙发两套、椅子12张。

（练笔后交流评议，促使学生有选择地运用数据，表现家中的变化）

【教学点评】通过"原始材料"与"所写片段"的比较，学生就能明白：数字运用要注意选择性。接着提供数字，迁移运用，从而避免了语言解读的浅显和表面，习作迁移的简单和粗糙。

师：作者是怎样写出金字塔的精巧的呢？（出示：这些石块磨得很平整，石块与石块之间砌合得很紧密，几千年过去了，这些石块的接缝处连锋利的刀片都插不进去。）请细读句子，联系加点的词边读边想：读了这句话，你有什么想对古埃及人民说的？

（学生细读思考后交流）

生：古埃及人民太聪明了，石块与石块之间砌合得如此紧密，经过了几千年，竟然连锋利的刀片也插不进去，简直难以想象！

生：就是今天的许多建筑，几千年后肯定也早就倒塌了。可是金字塔经过几千年却巍然屹立，古埃及人民真不简单！

【教学点评】引导学生与古埃及人民对话，融语言理解和表达于一体，通过文本语言的解读，感受金字塔的精巧，表达对古埃及人民的赞叹和敬佩之情。

师：（在"几千年"下面加点）由"几千年"你仿佛看到了怎样的画面？

生：我仿佛看到，风呼呼地刮着，好像要把金字塔吹倒。然而，岁月流逝，金字塔始终巍然屹立。

生：我仿佛看到，狂风怒吼，飞沙走石，似乎要把金字塔摧毁，但金字塔依然挺立着。

师：（出示）请在括号里填上合适的词语。

（学生填写后交流）

> **【片段】** 烈日（曝晒），风沙（肆虐），它巍然屹立，纹丝不动；雷电（袭击），暴雨（冲刷），它傲对碧空，岿然不动……几千年过去了，石块与石块的接缝处连锋利的刀片都插不进去。

【教学点评】 抓住重点词语，引导学生想象描述，感受金字塔的"巍然屹立"、"坚不可摧"，这样理解具体而形象。而引导学生填词，既是形象的梳理，又是词语的积累和运用。

师：人们对金字塔多是赞叹，这无可厚非，但老师觉得金字塔也有令人叹息之处。请认真读读第二至五自然段，看能不能找到答案。

（读后交流）

【教学点评】 抓住"叹息"引导学生解读和领悟，突破了传统教学唯书、唯上的束缚，体现了教材解读的主体意识，对培养学生语言解读的全面性、深刻性和批判性很有帮助。

生：我从第三自然段读出了劳动人民的不幸，那么多人在烈日曝晒下劳动，而且整整建造了30年，真是悲哀！

师：（出示：为了建造这座金字塔，经常有10万人在烈日曝晒下干活儿。全部工程用了整整30年时间。）仔细读读，你读出了怎样的画面？

（生朗读想象后描述）

生：我仿佛看到，在烈日下，沙漠闪着金光，刺得人睁不开眼，不计其数的奴隶，光着膀子，顶着烈日，抬着沉重的石块，艰难地行走着。

生：我看到人群中，有上了年纪的老人，有未成年的孩子，甚至还有病人，一个个气喘吁吁，汗流浃背，但谁也不敢歇一歇。

生：一个青年人，虽然身强力壮，但还是被沉重的石块压弯了腰，脸上写满了痛苦和无奈。

（其他学生描述略）

师：（走近一学生）请问你，小伙子，法老征召你来建金字塔，你愿意吗？

生：谁愿意来干这苦差事！长年累月地在这里担石头，简直比犯人还要难受。

师：（朝另一学生）老人家，这么大年纪了，为什么也来啊？

生：有什么办法呢？我这么大年纪了，这么重的活儿根本吃不消。但人家逼你来，你不得不来。哎！

（采访"少年"和"病人"略）

师：（走近一学生）年轻人，金字塔将来可能成为世界奇迹，你应高兴才是，为何愁眉苦脸呢？

生：什么奇迹不奇迹，与我们有什么关系？

师：（对另一学生）你说说，你们可能创造人间奇迹，高兴吗？

生：我才不高兴呢！这么多人干这么重的活，只是为法老们建造坟墓，有什么意义？

【教学点评】引导从语句中读出形象，并借助形象感受建造金字塔给人们带来的苦难，进而通过现场采访，显化人物心理，感受人物内心的痛苦和命运的悲惨。

师：可见，金字塔值得赞叹的是智慧，令人叹息的呢？（生说是"血汗"、"命运的悲惨"等）作者怎样评价？——齐读最后一个自然段，说说你的看法。

（齐读后引导表述）

生：作者对金字塔的评价是正确的，提到金字塔，人们自然想到埃及，所以它是埃及的象征；提到金字塔，人们就想到了古代埃及人民的智慧。

生：金字塔矗立在沙漠中，在告诉人们：古代埃及人民是勤劳而富有智慧的人民。

生：我觉得，如果全面评价金字塔，还得考虑金字塔凝聚着劳动人民的血汗这一点。

生：我读过课文《长城》，里面是这样评价的："多少劳动人民的血汗和智慧，才凝结成这前不见头、后不见尾的万里长城啊！"这样评价长城，比课文中对金字塔的评价要全面。

师：是啊，读读著名学者吴稼祥的话，也许能更清晰地看出这一点。（出示并引导朗读：秦始皇留下了长城，隋炀帝留下了运河，文景繁荣了文学，贞观培育了诗歌。暴政能创造工程上的奇迹，仁君则能丰富一个民族的灵魂，从未经历暴政的民族很难宏伟，但不能结束暴君的民族不能久远。——吴稼祥）如果你去参观金字塔，主人让你留言，你想写些什么呢？请用简洁的语言表述。

（生练笔后交流）

生：金字塔，既是古埃及人民勤劳智慧的象征，又是古埃及人民悲惨命运的写照。

生：金字塔＝智慧＋血汗

生：勤劳和智慧的结晶，心血和汗水的产物。

（其他学生发言略）

师：老师也写了两句，请大家读一读。（出示朗读：工程史上的奇迹，生命史上的悲哀。野蛮社会，殃及劳苦大众；文明时代，惠及千家万户。——黄桂林）

【教学点评】引导为金字塔"留言"，全面地评价金字塔，既能培养阅读感悟的深刻性和全面性，又能培养阅读感悟的独特性和合理性，从而提高学生的语言解读能力和表达能力。

综合点评

《义务教育语文课程标准（2011 年版）》（以下简称《语文课程标

准》）指出："语文课程是实践性课程，应着重培养学生的语文实践能力，而培养这种能力的主要途径也应是语文实践。"可见，学生的语言能力，只能在语言实践中形成。为此，教学《埃及的金字塔》时，教者凭借教材，巧用假设，引导学生走近金字塔去感受，让他们在与文本、人物的对话中，得到情感的熏陶和语言的发展。

一是联系中直觉感知。新课伊始，教者凭借课题，让学生谈自己眼中的埃及和金字塔，并与中国相联系。这样调动积累，借助联系，使学生顺利地把握了金字塔、长城"高大宏伟"的外形和"智慧结晶"的内涵，培养了学生凭借直觉透视文题、把握内容、感悟情感的能力。

二是表述中深度解读。课文第一自然段，"巨大"、"巍然屹立"、"傲对碧空"等词凸显了金字塔的高大，为让学生感受其丰富的形象和鲜明的情感，教者引导学生凭借词语，想象描述。这既是对高大的感受，也是对高大的赞叹；既是语言的解读，也是情感的表述。课文第三自然段，借数据突出金字塔的高大和精巧，教者让学生与金字塔、古埃及人民对话，以提炼特点，叙谈体会，表达情感，使文本语言转化为融入学生见解和情感的心灵语言。这既是语言解读，又是语言运用；既是叙谈感受，又是抒发情感。这能有效地培养学生透视语言、深刻感悟、运用语言表情达意的能力。

三是挑战中深入感悟。本文借金字塔的宏伟和精巧，赞扬了古埃及人民的勤劳和智慧，文中的"60个车皮"、"10万人"、"30年"等，都集中表现了它的高大宏伟。而教者并未止于此，而是在赞叹金字塔、感受古埃及劳动人民智慧的同时，引导变更角度，挑战文本，从石块巨大、环境恶劣、工具简陋、时间漫长等方面，感受建筑的艰难，进而从建筑目的看它的价值，感受劳动人民的悲惨命运。此后，又引用著名学者吴稼祥的名言，这既是一种佐证，更是一种升华。这样引导，能培养学生全面理解、深刻感悟的能力。

四是品味中促进运用。理解金字塔的高大雄伟，了解了"巍然屹立"、"傲对碧空"对高大宏伟的凸显功能后，通过引导出错，超前调控，让学生准确运用"傲对碧空"描写事物；在了解了使用数字对事物特点的突出作用后，即通过相关片段的呈现和比较，既让学生把握数字在描述事物中的作用，又让他们明白数字运用的必要性、可行性和选择性，既而迁移运用，让学生通过对"原始数字"的解读和选用，表现张晶家今日的变化，促进了语言形式的准确理解和灵活运用。在感受金字塔给人民带来的不幸后，引导对金字塔进行评价，既提升了学生的语言能力，还培养了他们的辩证思维。这样，融语言品味与语言运用于一体，凸显了语文学科的本质特征，使语文的课堂始终弥漫着浓浓的语文味。

　　假设导读中，假设是关联学生与文本、教师与学生、语文与生活、语言与精神的纽带。精彩的课堂教学来自精到的教学设计，如何以假设导读法指导教学设计，怎样针对不同学段、不同体裁、不同题材的课文，合理而巧妙地运用假设，让假设成为贯通教学始终、清晰教学主线、凸显教学目标的有效手段呢？这一章，向老师们呈现的便是多种类型课文的教学思路示例，从上一章的教学实录到这一章的教学设计，所选课文从体裁、学段到内容，都具有典型性和代表性。如此安排，为的是让老师们能从特殊走向一般，最终对那些特点并不鲜明的课文也能触类旁通，巧用假设。可见，不管学段怎样，文本如何，都能凭借假设，通过对教材的准确解读、科学处理和巧妙呈现，让教学设计成为精彩课堂的理想蓝图。

带学生亲近春雨的色彩

——《春雨的色彩》① 教学建议

　　《春雨的色彩》是小鸟们谈论春雨色彩的童话故事，小燕子说春雨是绿色的，麻雀说春雨是红色的，小黄莺说春雨是黄色的。"春雨到底是什么颜色呢？"这是文后留下的思考题。其实，问题的答案并不重要，重要的是让学生带着上述问题在读书中想象，在想象中表达，感受春雨给万物带来的色彩，感受作者对春雨的喜爱，从而在对春雨色彩的亲近中得到语言的训练、情感的提升。本单元的主题是"多彩的春天"，阅读本文，既能借助《识字一》《柳树醒了》，促进春雨的形象感悟，也能为阅读《邓小平爷爷植树》和《古诗两首》提供形象支撑，奠定情感基础。指导阅读，可运用假设，凭借学生头脑中关于春天的记忆表象，构筑心中的春雨形象，进而带学生亲近春雨的画面，描述春雨的色彩。

一、在春天的唤醒中走进春天

　　一年级孩子对春天都有记忆表象，可引导回忆，让春天的画面在眼前呈现，以引领他们走进春天的怀抱，感受春天的气息。可这样引入：①小朋友们，看到"春"字，你好像看到了怎样的情景呢？——引导描述春天：可以是春天的暖风，春天的细雨；可以是春天的蓝天，春天的太阳；可以是春天的田野，春天的河流；可以是春天的花草，春天的树木，等

---

① 《春雨的色彩》选自人教版课标本一年级下册。

等。②春雨是春天的一景，听，春雨下起来了，你耳边出现了怎样美妙的声音？（沙沙沙、滴答滴答、淅沥淅沥……）你觉得春雨怎样呢？——让学生自由表述，说说心中的春雨。

二、在语境的感受中走进春雨

想象感受春天后，可这样引导：小朋友们，春天实在是太美了！今天，我们不去感受春天那又轻又暖的风，又香又美的花，而去欣赏春天里最为常见的雨。

1. **借助课件，感受春雨**

一年级孩子对春雨虽不生疏，但让他们描述却比较困难。为此，可运用课件展示课文内容，并借助问题让学生边看边说，借助形象展示，促进内容感受，训练语言表达。

①小朋友们，你看——（课件展示）：春雨，像春姑娘纺出的线，轻轻地落到地上，沙沙沙，沙沙沙……你眼中的春雨是怎样的呢？——引导说说春雨：细细的，长长的，声音很动听，感受春雨的"细"、"长"、"动听"等特点，并尽量使叙述具体一点，如：春雨真轻啊，落在地上只听见细微的声音；春雨真长啊，从天上一直挂到地上；春雨真细啊，就像一根根丝线从天上挂下来；春雨真软啊，风一吹，细细的雨丝就在天空中飘动……

②你们看（课件展示）：田野里，一群小鸟正围绕春雨争论呢，它们会争论什么呢？——引导推测：可以说春雨好不好看、春雨有什么用、春雨为什么这么细，等等。学生充分表达后，教者提示：原来，小鸟争论的问题是："春雨到底是什么颜色的？"你觉得春雨是什么颜色？——自由表述。说说春雨的颜色，并说说自己的理由。

③再看——（课件展示春雨让小草和柳树变绿的画面）：小燕子正在说春雨给大地带来的变化呢！它会怎么说呢？——自由表述。可这样说：春雨让小草变绿了，让柳树也变绿了；也可这样说：在春雨中，小草变绿

了，柳树也变绿了！

④小朋友们，你们看——（课件展示春雨让桃花和杜鹃花变红的画面）小小的麻雀看到这些，也在说春雨带来的变化，会说什么呢？——自由表述。可这样说：春雨让桃花变红了，让杜鹃也变红了；也可这样说：在春雨中，桃花变红了，杜鹃也变红了。

⑤小朋友们，再看——（课件展示春雨让油菜花和蒲公英变黄的画面）小黄莺也在说变化，它会怎么说？——自由表述。可这样说：春雨让油菜花变黄了，让蒲公英也变黄了；也可这样说：在春雨中，油菜花变黄了，蒲公英也变黄了。

⑥春雨听了大家的话，又怎么样呢？你们看——（课件展示春雨淅淅沥沥的画面）它们也一定在说话呢，会说什么呢？——大胆想象，自由表述。

2. 听读想象，感受春雨

教者范读课文，让学生闭着眼睛，一边听一边想象课文描述的画面，通过语言向画面的转换，促进学生对课文内容的感受。听读后，让学生说说春雨给哪些事物带来了变化，带来了怎样的变化，使学生能整体感受课文。

3. 自由朗读，感受春雨

自由朗读课文，读准生字字音，努力把课文读正确，读流利，读出感情。教者巡视，对学生进行个别指导，力求让每个学生都能把课文读通、读好。接着指名朗读课文，教师适当引导，让学生过好读书这一关。朗读后，引导学生说一说：读了课文，你知道春雨有着怎样的颜色吗？以促进学生对课文的整体感知。

三、在词语的运用中描述春天

为让文中的词语给学生直观形象的感受，可借助词语丰富的形象内涵，促使学生去表达，去感受，从而借助词语感受春天，描述春天，训练表达。读通课文后，可引导学生选择下列词语，借助课文内容，说说看到的画面。词语选择可多可少，句子叙述可长可短。

线　淋　洒　滴　落

如：春雨，淅淅沥沥地下着，淋在柳树上，洒在桃树上，滴在杜鹃上，落在油菜花上，给它们染上了色彩。

论　趣　题　底　颜

如：春雨在沙沙地下着，一群小鸟正在争论着："春雨到底是什么颜色呢？"他们争论的问题真有趣！

感知课文内容后，可由课文延伸开去，让学生选择上面的词语说说春天里的其他事物，从而让课文背景丰厚起来，训练空间开阔起来，以促进词语的积累和运用，提升学生的语言能力。

四、在语言的亲近中感受春雨

1. 朗读想象中亲近

要重视朗读指导，让学生在朗读想象中谈所见，叙所闻，话所感，以提升他们的语言能力。

第一部分可这样引导：小朋友们，读了第一句，你眼前出现了怎样美好的画面，耳边响起了什么美妙的声音？——引导描述后，让学生借助朗读展示画面，重点指导"沙沙沙"的朗读，力求通过朗读把人们带到那美妙的情境之中去。

第二部分可这样引导：小朋友们，如果你就是可爱的小鸟，你参加了小鸟们的争论，你怎样借助朗读，把春雨的颜色表达出来呢？——让学生自由朗读，感受形象，进而分角色朗读，比比谁读得好，能把人带到春雨中去，让人们好像看到春雨给自然带来的变化。

第三部分可这样引导：如果你是春雨，听了小鸟们的争论，知道自己是五颜六色的，给大地带来了变化，会想些什么，说些什么？——让学生自由表述，进而借助朗读，读出那种"言虽尽，意未了"的意境，感受并表达春雨心中的诸多话语。

2. 变更描述中亲近

可通过语言与形象的转换，将形象感受、情感感悟与语言表达融为一体，借助句式变更引导进行描述，着力提升学生的语言能力。

第一句可这样引导：看到雨丝从天上飘落下来，你会怎么想？如果你是雨丝，你沙沙地落下的时候，想到哪里去，又去干什么？——想象描述，叙谈愿望。

小鸟争论部分可这样引导：知道春雨给大地送去各种颜色，如果你就是一丝春雨，向大地飘洒时，是怎样想的，能把想法告诉大家吗？——自由表述，叙谈愿望。如果你是小草和柳树，当春雨让你变绿的时候，你肯定会向春雨表示感谢，会怎样感谢呢？——自由表述，表达真情。

学生自由而充分地表述后，可出示下列片段，让学生自由朗读，体会春雨的美好愿望与小草的由衷感激。

> 春雨一边飘着，一边大声地说着："我是一丝春雨，春天来了，我要用自己的彩笔去描绘大地的色彩，我要落到草地上，让草地变绿；我要淋到柳树上，让柳树也变绿。"
>
> 小草看到自己变绿了，对春雨说："感谢你，春雨，是你给我披上了绿装。你瞧，转眼之间，我就变成绿色的了。"
>
> 柳树笑着对春雨说："你们看，在春雨的帮助下，我变成了绿色。感谢你啊，春雨，你也给我披上了绿色的衣裳。"

朗读上述片段后，让学生自由选择其他段落，模仿老师提供的例句说一说，尽量让语言表达具体一些，形象一些，生动一些。

3. 梳理延伸中深化

文后有这样一道题："春雨到底是什么颜色呢？"此题旨在引导学生在课文与生活的联系中，感受春雨的五颜六色，魅力无比。为此，可借用文中的语言方式延伸拓展，加深感受，强化训练。

　　一是引导模仿，转换句式。根据"小燕子说春雨是绿色的，它让草地和柳树变绿了"，将其他两句话进行口头改写"麻雀说春雨是红色的，它让桃树和杜鹃上都开出了红花"，"小黄莺说春雨是黄色的，它让油菜和蒲公英都开出了黄花"。

　　二是引导拓展，丰富内容。说说还有哪些鸟儿会参加讨论，叙说春雨让有关事物染上了颜色，可用文中小鸟争论的句式，也可用变更后的句式。

在语言实践中感受声音的奇妙

——《听听，秋的声音》① 教学建议

　　《听听，秋的声音》是一首现代诗，作者抓住秋天里大自然的一些声响，用诗的形式，赞美了秋天的美妙，表达了对秋的喜爱。本单元的主题为"心中的秋天"，通过《古诗两首》《秋天的雨》《风筝》的阅读，学生对秋天的景、秋天的事、秋天的情已经有了一定的积累，对相互间的关系有了朦胧的感受。对三年级孩子而言，他们对秋天的景色已积累了较多的感受，对秋天的声音也有些朦胧的记忆，诗句又给他们预留了极其广阔的想象空间。为此，阅读本文，可借助假设，激活学生有关秋天的印象，沟通文本语言与生活画面的联系，以引导凭借语言文字，利用语言空白，想象秋天景象的美好，感受诗句情感的美妙，体会诗中浓浓的秋情，在朗读、想象、表述中，训练学生的语言能力，在语言实践中感受声音的奇妙。

一、凭借录音，唤起生活形象

1. 借助录音，引导表述

　　三年级孩子，对自然界的声音已有了足够的储备，很多熟悉的声音，能使其产生丰富而真切的联想。为此，可借助录音引导回忆生活，展示形象，叙谈感受，感受声音带来的乐趣，训练学生的语言能力。可这样引导：同学们，生活是一曲美妙的交响乐，几乎每时每刻，我们耳边都能听

――――――――――
　　① 《听听，秋的声音》选自人教版课标本三年级上册。

到各种各样的声音，其中的很多声音，能给人美的享受。请大家仔细听听，从录音中你听到了什么，仿佛看到了什么，有怎样的感受？——播放"鞭炮"、"鸟叫"、"鸡叫"、"溪水"等声音，让学生说说自己听到的声音，看到的画面，产生的联想，为课文语境的感受奠定基础。

2. 凭借课题，引领表述

借助录音想象表述后可这样引导：自然界真是奇妙，各种声音随时与我们相伴，很多声音能让我们感受到它的奇妙，它的魅力。本文写的是什么声音呢？——齐读课题。继而引导：看到题目，也许你已经听到了秋天那美妙的声音，能说一说吗？——自由描述，教者适当引导，具体描述秋天里特有的声音，感受声音的奇妙。

二、朗读想象，展示语言情境

1. 自由朗读，想象描述

为促进语言向形象的转换，揭示课题后让学生自读课文，把课文读正确，读流利，读出感觉。接着，让学生边读边想象：读了课文，你分别看到了怎样的画面？听到了怎样的声音？——让学生自言自语，把看到的、听到的说一说。

2. 互相朗读，想象描述

自由朗读、想象描述后，让学生把课文读给同桌听一听，努力读正确，读流利，尽力展示其中的形象，读出其中的情感，进而把自己看到的、听到的跟同桌说一说。同桌之间可以互相补充，力求把每段话中的形象说清楚，说具体。这样引导，旨在让学生在自由朗读、自主想象、互相交流中，感受秋天的声音，感受语言的内涵。

三、引导表述，丰富文本内涵

课文虽通俗浅显，但蕴涵极其丰富，须引导学生潜心阅读，读出语言中丰富的形象，真切的情感，并借助语言对其形象进行描述，对其情感进行表达，促进学生对课文内容理解、情感感悟与语言训练的融合。

1. **展示范例，朗读想象**

先指名朗读第一自然段，并说说从文字中看到了什么，听到了什么，想到了什么，既而出示下列片段，让学生反复朗读，体会诗句与片段之间的联系，感受片段对诗句的形象描述：

> 听听，耳边传来了秋的声音。你瞧，大树挥了挥长长的手臂，饱含深情地说："孩子啊，秋天来了，该是告别妈妈的时候了，你们离开妈妈，投入大地的怀抱吧！"
>
> 听到了妈妈的呼喊，一片片黄黄的树叶抖了抖身子，纷纷从树上飘落下来，它们一边飘着一边喊着，一个说："再见了，妈妈，我要到大地的怀抱里去了！"一个说："感谢您呀妈妈，是您给了我安全，给了我温馨。"一个说："忘不了您呀妈妈，春天里您给我温暖，夏天里您给我凉爽！"有的说："衷心地感谢您，我的好妈妈，我们永远在您的身边陪伴您！"
>
> 大树挺了挺身子，挥了挥手，高兴地说："孩子啊，再见了！你们永远在妈妈的心中！"

这样引导，简单的诗句，就变成了有趣的故事；简单的语言，就变成了具体的形象，通过朗读感受，学生对秋天的声音蕴涵的形象就能有更具体的感受；对声音中蕴涵的情感，也就有更真切的感悟。

2. **根据范例，想象描述**

让学生自由选择第二至四自然段中的一段，仿照上述范例，自由朗读，借助丰富的形象、有趣的故事，呈现蟋蟀与阳台的告别、大雁对白云的叮咛、秋风为田野的歌吟，让语言形象丰富起来，让语言情感明晰起来。

朗读表述后，让同桌互相交流，既而引导全班交流。交流中，教者抓住重点词语，引导显化秋的声音，感受声音中的温馨和真情，促进学生对诗句理解的准确和深刻。第二自然段引导抓住"与阳台告别"，叙述蟋蟀与阳台互相感谢对方的信任和陪伴，阳台感谢蟋蟀为自己无偿演奏，蟋蟀感谢阳台为自己提供舞台，从而体会蟋蟀与阳台之间的真挚情感。第三自然段，一是抓住"叮咛"，引导学生想象叙述大雁追赶白云，要白云或者好好过冬，或者好好游玩，或者好好休息，或者注意身体，等来年再次相会，还要想象白云感谢大雁的叮咛，感谢大雁的关心；二是抓住"歌吟"，想象描述秋风下田野的声响，想象田野看到丰收在望的喜悦，想象农民伯伯传递丰收喜讯的兴奋，想象秋风和田野的共同欢乐。在此基础上，让学生说说秋风要把歌吟献给谁，使其明白：秋风可能把歌吟献给农民伯伯，让他们品尝胜利的果实；可能献给田野，让他们分享丰收的喜悦；可能献给老师和同学，让我们帮助传递丰收的喜讯……

这样引导，诗句变成了生动形象的画面，词语显化为情真意切的话语，就能让学生从秋天的声音中，感受到秋天里万物之间的相互依恋，人物之间的真诚关心，从秋天的声音中感受那一份祥和，一份温馨，一份真情。

四、拓展延伸，引导想象表述

秋天的景象无处不在，秋天的声音无时不有，这些是简短的诗句难以涵盖的。作为三年级的孩子，对秋天的景色比较熟悉，对秋天的声音更不陌生。这是引导感受课文语境、拓展语言情境的重要基础，而课文第五、第六两个自然段又给学生预留了无限广阔的空间。为此，可凭借教材，引导学生仔细阅读，细心揣摩，拓展想象，从语言中品出更为丰富的形象，品出真切感人的情感。

对于第五自然段，可这样引导学生朗读想象：①作者说"秋的声音在每一片叶子里，在每一朵小花上，在每一滴汗水里，在每一颗绽开的谷粒里"，秋风吹动着叶子，他们会发出怎样的声音？会说些什么？——自由想象，自由表达；②秋天来临，叶片色彩斑斓，秋风吹在每一张叶片上，会发出怎样的声音？会说些什么？——赞赏叶片的色彩斑斓，赞美叶片的无私奉献；③秋风吹起，小花五彩缤纷，会发出怎样的声音？会说些什么？——赞美花儿的五颜六色，关心花儿的防寒保暖；④秋天里，汗水闪烁，谷粒饱满，在秋风中汗水会说些什么？谷粒会说些什么？——感谢农民的辛苦，送出珍贵的礼物。

对第六自然段的朗读想象，可引导学生回忆生活，展示形象，再现声音，展示声音的内涵。学生想象表述中，教者要引导学生打开思路，让他们想象秋风吹过小溪、吹过山冈、吹过树林、吹过果园等发出的声响，并从声音中再现具体的形象，叙述人物的话语，以感受事物与事物之间的紧密联系，感受人物与人物之间的亲密关系，让语言能力的训练与健康情感的培养融为一体。

五、拓展阅读，提升教学效果

课文阅读后，可让学生阅读《秋姑娘的信》（苏教版国标本一年级上册）、《小动物过冬》（苏教版国标本二年级上册），虽然内容都很浅显，但与本篇课文的内容联系紧密，结合自然。在引导阅读、了解内容后，让学生融合三篇课文的内容，说说自己心中的秋姑娘的声音，并说说自己的感受，以拓展内容空间，掘进情感深度，提升阅读效果。

愿爱的颂歌在心中唱响

——《燕子专列》① 教学建议

《燕子专列》写的是，成千上万的燕子迁徙遭遇寒潮袭击时，人们积极响应政府号召，想方设法地救助它们，并用专列送它们前往温暖的南方，表达了人与鸟的眷眷深情。本单元的主题是"爱护周围环境"，就《燕子专列》而言，它表达的情感比前面的《翠鸟》有了升华，它叙述的故事与后面的《一个小村庄的故事》构成相对比较，与《路旁的橡树》形成相似联系。在孩子心中，燕子声音清脆，身姿轻盈，小巧伶俐，美丽可爱，同时燕子是春天的使者，是人类的好朋友，人们也都比较熟悉。无疑，当燕子遇到灾难性天气，面临死亡威胁时，人们心中涌起的肯定是焦急。而课文表达的情感，既蕴涵于语言描述的画面，也隐含于语言潜藏的形象。为此，可运用假设，引领学生想象还原和拓展创造语言画面，并进入画面，充当角色，叙谈感受，体会人们对燕子深深的爱，抒发自己对燕子浓浓的情，让爱的颂歌在孩子们的心中唱响。

一、揭示课题，调动记忆，初知人鸟之情

1. 形象描述，启发认知

为缩小学生与课文的距离，让他们尽快走进文本，新课开始，可引导学生调动记忆，借助生活，感受人鸟之情。可这样引导：同学们，你喜欢燕子

---

① 《燕子专列》选自人教版课标本三年级下册。

吗？（板书：燕子）能说说原因吗？——引导学生借助从生活经验、影视观赏和课外阅读获得的有关知识，从漂亮的外形、清脆的鸣叫、庄稼的卫士等方面叙述，初步了解人与燕子的情义，为课文的阅读感悟奠定基础。

2. 揭示课题，引发生疑

课题"燕子专列"，既交代了事情，又隐含了情感；既富有情趣，又具有悬念。它给了学生质疑和想象的空间。在引导回忆生活、初知人鸟之情后可这样引导：今天所学的《燕子专列》（板书：专列）写的就是人与燕子间的一个真实而感人的故事。看了课题，你感到奇怪吗？为什么？（让学生充分发表意见，提出疑问：以往所说的专列都与人有关，怎么会有什么"燕子专列"？燕子为什么乘坐专列？它们要去哪里？要去干什么？是谁在什么情况下安排它们坐专列的？）

二、初读课文，把握内容，感知人鸟之情

1. 自由朗读，读通课文

让学生自由朗读课文两到三遍；进而分节指名朗读，促使学生把课文读正确，读通顺。

2. 朗读思考，整体把握

让学生轻声读课文，边读边思考："燕子专列"是在什么情况下安排的？为让燕子登上专列，人们做了些什么？你从中感受到什么？自读思考后指名回答，先一个问题一个问题地说，然后连起来说一说，以促使学生整体把握课文内容，初步感知人鸟之情。

三、凭借语言，想象描述，感受人鸟之情

引导学生从语言文字中读出画面，并带他们进入画面去感受，是促使学生与文本、与人物深度对话，提升学生语言能力的有效方法。为此，可抓住语言形象与语言情感的聚焦点，引导学生想象画面，描述情境，感受人鸟之情。

1. 由凄惨的画面感受同情之情

阅读第二自然段，可让学生边读边想：如果你来到现场，你看到了怎样的画面？能具体描述吗？——引导抓住"很疲劳"、"饥寒交迫"、"濒临死亡"等词语，运用假设，以"我来到_____，看到_____，听到_____，我想_____。"的句式描述，从而促使学生漫步小路，攀登山崖，走进树林，想象描述大雪漫天飞舞，燕子横七竖八的惨不忍睹的画面，抒发自己看到画面时内心的沉重、焦虑，感受人们对燕子的同情之情，为下面的阅读想象奠定基础。

2. 由政府的呼吁感受关切之情

课文第三自然段有这么一句："于是，政府通过电台和广播呼吁人们立即行动起来，寻找燕子，把它们送到火车站。"这是课文的承启句，既是上述凄惨画面的结果，又是下述感人情境的起因。句中的"呼吁"，为学生提供了语言活动空间。可这样引导：面对这么多可怜的燕子，相信每个人心里都很焦虑。就在人们焦急万分的时刻，电台、广播向人们发出了怎样的呼吁呢？你能想象叙述"呼吁的内容"吗？——让学生灵活运用第二自然段提供的语言材料，对"呼吁的内容"进行想象叙述。想象叙述后，可出示下列范例，引导阅读。

告全国人民书

同胞们：

面对突如其来的风雪袭击，成千上万的燕子饥寒交迫，濒临死亡。看到一只只燕子在风雪中挣扎，在寒冷中鸣叫，大家一定心急如焚。想方设法救燕子于危难之中，解救燕子于危急之时，这是人类的责任和使命。为此，政府号召全国人民，伸出温暖的双手，献出自己的爱心，齐心协力救助燕子，把它们送到离自己最近的火车站，政府将派专列把它们送到温暖的南方。

瑞士联邦政府

×年×月×日

例文阅读后可这样引导：如果你是瑞士的一名小学生，在你为燕子担忧的时候，听到了政府的"呼吁"，你心情怎样？想对政府、对燕子分别说些什么？想对自己的伙伴、对全国人民分别说些什么？让学生自由叙述，表达内心的激动，进行积极的鼓动，以设身处地地感受人们对燕子的真切关心。

3. 由典型的人物感受真切情感

课文重点叙述了居民们顶风冒雪寻找燕子、小姑娘从早到晚救助燕子的情景。前者是面，概括地写；后者是点，具体地写。引导学生走进文本，再现形象，拓展文本，丰富形象，可促进学生对语言内容的理解、语言情境的感受和语言情感的感悟。为此，可先引导朗读居民们救助燕子的句子，让学生想象描述：读了这段话，你眼前出现了怎样的画面呢？——引导学生抓住"纷纷"，想象男男女女齐上阵、老老少少齐出动的情景；抓住"冒着"、"顶着"想象人们顶风冒雪抗严寒、想方设法救燕子的情景；抓住"四处"引导学生想象人们在田野里寻找，在小河边行走，在树林里穿梭，在山崖上攀登的情景，从而借助形象的想象描述，感受人们竭尽全力救助燕子的场景，感受人们救鸟心切，助鸟心诚。在此基础上，让学生充当某一角色，教师（也可让学生）以下列问题（可灵活设计）做现场采访，借助心理外化，体会人物情感：

①小朋友，春寒料峭，大雪纷飞，你也加入了救助的行列，不怕寒冷吗？

②老奶奶，您年岁这么大了，天又这么冷，在家休息就行了，为什么也出来救助燕子呢？您不出来，谁也不会责怪的！

③小伙子，你腿脚不便，理应在家休息，为什么也出来呢？实在难为你了！

④大伯，你身体不佳，让别人救助就行了，为什么也要出来呀？
……

对孩子的描述是课文的重点，引导感受其画面，是体会人鸟之情的主要环节，可引导学生细读想象：读了这一段，你看到了怎样的小女孩，令你感动的是什么？为什么感动？——让学生说出看到的画面，说出自己的感动，交代感动的原因。在此基础上引导想象：同学们，如果你是小女孩救助的燕子，能告诉大家你是怎样获救的吗？——让学生从小鸟的角度，具体想象叙述救助燕子的一个细节：如攀上陡崖救助，爬上小树救助，走上冰面救助等，从而在细节的想象描述中，感受小女孩为救助燕子付出的辛苦，感受她对燕子深深的爱。

四、凭借语言，创造画面，升华人鸟之情

课文结尾，简单叙述了燕子与人们告别的情景，具有很大的拓展空间，为升华学生对人鸟情感的感悟，可引导学生依据结尾想象描述：

①同学们，经过紧张的抢救，一只只濒临死亡的燕子，终于安全地来到了人们为它们安排的专列上。此时此刻，如果你是其中的一只燕子，在危难之中得到了人们的救助，现在就要与人们告别了，你心情怎样，想对人们说些什么？——从燕子的角度，叙述对人们的衷心感激和依依惜别之情，表达自己在春天真正来临重返故土后，为人们服务的愿望。

②如果你参与了救助燕子的活动，看着一只只在空调列车上叽叽喳喳的燕子，你心情怎样？想对它们说些什么？——从救助者的角度，叙述对燕子的依依不舍和良好祝愿，表达自己在真正的春天来临后迎接燕子，与它们团聚的美好愿望。

引领学生经历一次灵魂的洗礼

——《可贵的沉默》① 教学建议

《可贵的沉默》写的是老师引导孩子感受并回报父母的爱的故事，启发学生在享受关爱的同时要学会关爱，学会感恩。面对老师意外的提问，孩子以"沉默"表示心中的愧疚和不安，老师以"沉默"感受孩子的淳朴和真诚。本单元的主题"可贵的亲情、友情"，指导阅读好《可贵的沉默》，从"可贵的沉默"中感受孩子们心灵受到的震撼，体会亲情在他们心中的位置，对阅读后续的《她是我的朋友》《七颗钻石》《妈妈的账单》，加深对亲情、友情的感悟颇为重要。而在关心父母、关爱他人方面，几乎每个孩子都有自己的"沉默"，这是学生感受语言情境、感悟人物情感的重要基础。为此，可以"沉默"作为沟通学生与文本的桥梁，以假设作为联系人物与人物的纽带，引领学生走进人物的心灵深处，从而在情境感受、心理揣摩、情感感悟中经历一次心灵的洗礼，得到精神的提升和语言的发展。

一、创设情境，促其"沉默"，增强情感体验

只要学生课前自读了《可贵的沉默》，父母的生日对他们来说便不再是秘密，然而，在关爱父母、关爱家人方面，他们的很多"沉默"是难以在短时间内消失的。为此，新课开始，可创设情境，促其"沉默"，增强

---

① 《可贵的沉默》选自人教版课标本三年级下册。

他们的情感体验：①同学们，六一节或其他什么时候，爸爸妈妈给你买过什么礼物吗？想到这些你心情怎样呢？——此刻，学生定会尽情交流，显示心中的得意；②长这么大了，每到父亲节、母亲节或者其他什么时候，你有没有给他们什么礼物呢？——此刻，学生多会沉默不语，显出心中的不安；③爷爷奶奶、爸爸妈妈为我们付出的太多太多了，我们想什么办法向他们表示自己的爱呢？——此刻，学生定会出计献策，表达自己的爱心。

情境创设中，学生"显示"时的得意，"沉默"时的不安，"出计"时的真诚，一定显露无余，这就为走进文本感受情境，走近人物感受情感奠定了基础。

二、揭题初读，关注"沉默"，整体感知内容

1. 初读课文，整体感知

接着这样引导：提到父母送我们的礼物，大家可谓津津乐道，得意扬扬；而说到我们送父母的礼物，大家却又沉默不语，心情复杂。（板书：沉默）这里的"沉默"，让人感到意外，但也让老师感受了你们心灵深处那可贵的东西。（板书：可贵的）今天我们学习的课文便是——可贵的沉默（学生齐读），文中的孩子与我们有很多相似的地方。请大家认真读读课文，看文中的孩子们与我们的经历有哪些相似？——自读课文，思考问题，寻找相似。

自读感知后引导交流，以整体把握内容，理清叙述顺序：初问时的神气十足——再问时的沉默无语——献计时的七嘴八舌——家长们的真心夸赞——沉默中的心灵享受。

2. 把握重点，理解关系

让学生再读课文，体会各部分内容与"沉默"间的联系：沉默前，神气十足地享受爱；沉默时，默默无语很可爱；沉默后，想方设法表达爱（学生七嘴八舌，出计献策；家长不约而同，纷纷夸奖；老师无比快活，

尽情享受）。

三、指导精读，理解"沉默"，倾听心灵之声

故事中的孩子，用"沉默"敞开心灵之窗，用"沉默"倾吐心灵之声。可借文本情境与创设情境的相似之处，作为沟通学生与文本的纽带，成为他们感受情境、感悟情感的通道，以促使学生走进人物的内心世界，倾听人物的心灵之音。

1. 由"热烈"感受内心的幸福

作者借助语言、动作的描述，活现了老师提出有关生日的问题后教室里场面的热烈：答题时的异口同声，举手时的神气十足，交谈时的无拘无束，均表现出了孩子们享受爱的幸福。对此可这样引导：老师提问后，孩子们有怎样的表现？由此可以看出他们在想些什么？——引导阅读思考，揣摩人物内心；接着教者巡视，现场采访：同学们，你就是文中的孩子呀，爸爸妈妈为你祝贺生日，你心情如何？为什么？老师要清点人数时，你为什么骄傲地举起了手？你呢，为什么还神气十足地左顾右盼呢？你为什么越点越兴奋呢？你为什么竟然站了起来？你在快乐地交谈时有什么感觉呢？——显化孩子内心，感受孩子幸福。这样引导，可让学生在心灵舒展、心胸直抒中，感受得到爱的幸福和自豪。

2. 由"沉默"感受内心的不安

孩子们的"沉默"折射出"蕴藏在他们心灵深处的、他们自己还没有意识到的极为珍贵的东西"。课文借助"安静下来"、"依然很安静"、"沉静"、"寂静无声"、"沉默"、"沉默不语"等词，对沉默的场面进行了细致刻画。

教室安静，师生沉默，但此时无声胜有声，可让学生在情境中感受"无声"，在表述中显化"有声"：首先让学生仔细阅读课文，想象当时的情境；既而画出反映安静的词语，并由这些词语推测孩子们的心理。在此基础上引导练笔：课堂上，"老师沉默了足足一分钟"，这一分钟，对孩子

们来说是何等漫长。表面看来，师生都在沉默，课堂那么安静，但不管是谁，心潮都在翻腾，孩子们必然有很多话要说，要对爸爸妈妈说，要对老师说，要对自己说。想到爸爸妈妈为自己祝贺节日，而自己呢？甚至连他们的生日都不知道，如果你就是他们中的一个孩子，此刻你心中想些什么呢？请把自己想到的写下来——让学生写下自己的独白，表达复杂的情感。进而引导交流，让学生从"安静"、"依然很安静"感受孩子们的无言以对，从"沉静"中感受几个女孩子的"小心翼翼"，从"寂静无声"、"沉默着"中感受孩子们的"内疚、惭愧、不安、自责"等内心世界，从老师的"沉默"感受老师心中的期待。

3. 由夸赞感受心灵的反响

孩子们的可爱，不仅反映在知错后的沉默，而且反映在改错的行动上：孩子七嘴八舌地出计，家长不约而同地夸奖，都说明了这一点。可拓展空间，引导想象，感受"沉默"在孩子身上产生的强烈反响。

"沉默了足足一分钟，我悄悄地瞥了一下这些可爱的孩子们——他们的可爱恰恰在那满脸犯了错误的神色之中。"对这一句可这样引导：如果你就是其中的孩子，除了内疚和不安，你会想办法弥补过错吗？想些什么办法呢？——在心理揣摩中感受爱心。

"像获得赦免一样，那一双双躲闪的目光又从四面八方引导：慢慢地回来了。先是一两声，继而就是七嘴八舌了：'问爸爸！''不，问外婆！''自己查爸爸妈妈的身份证！'教室里又热闹起来，只是与沉默前的热闹已经不一样了。"对这一句可这样引导：如果是你，听到老师新的问话，心情怎样？会怎样回答这一问题？刚才教室里"热闹"，现在教室里又"热闹"了，两个"热闹"的内涵有什么不同吗？——在揣摩比较中感受：先前的"热闹"表现孩子的扬扬得意，他们在尽情享受幸福；这里的"热闹"表明孩子在出计献策，他们在想办法表达爱心。

对家长的夸赞，可让学生选择某一情形，细化情境，想象自己是怎样凭借自己的智慧和爱心，给父母惊喜和关心的。让学生在情境的想象和表述中感受他们自己的真诚和可爱，感受他们自己心灵的纯洁。

"啊，我真快活！这一片沉默给了我多大的享受啊！"对这一句可这样引导：如果你就是文中的老师，听到家长们不约而同地夸奖，心情怎样？你有什么想对孩子们说的？如果你就是其中的一个孩子，听了老师的话，你有什么想对老师说的呢？——老师因学生的变化而欣喜，学生因老师的引领而感谢！

四、想象延伸——升华"沉默"，抒发真挚情感

面对爸爸妈妈的夸奖，他们是神气十足地享受，还是默默无语地思考，不同的孩子肯定有不同的想法。神气十足地享受也好，默默无语地思考也好，都能表现出他们的淳朴和可爱。可运用这一空间引导想象：同学们，文中的孩子，为父母做了一点小事，父母就如此满足；而父母为孩子做了那么多，他们却始终没有炫耀。我们的父母不都是这样吗？想到这些，你有什么话想对爸爸妈妈说呢？请拿起自己的笔把最想说的话写下来。——在心语的表达和情感的抒发中升华"沉默"，抒发真挚的情感。

让真情走向永恒

——《去年的树》^① 教学建议

《去年的树》是一个感人至深的童话故事，一曲讴歌友情的永恒颂歌。课文以极其朴素的表现手法，叙述了一只小鸟和一棵大树的故事，小鸟以它的真诚，用它的诚信，实现了自己庄严的承诺——给大树唱歌，表达了自己与大树的诚挚友情。本单元的主题是"中外童话"，旨在让学生感受童话的神奇魅力，受到真、善、美的熏陶。《去年的树》是本单元第三篇课文，阅读了《巨人的花园》《幸福是什么》后，学生已初步积累了童话阅读基本经验，而本文语言通俗浅显，情感真挚感人，形象空间广阔。为此，可运用假设，引领学生走进课文叙述的故事，亲近故事介绍的人物，去感受鸟与树的友情，去聆听人世间的颂歌，使"让真情走向永恒"成为他们的真诚愿望。这样，就可升华阅读体验，完善阅读经验，为独立阅读最后一篇童话《小木偶的故事》奠定基础。

一、引入情境，感知美妙的故事

1. 听读课文，初步感受

（多媒体展示小鸟与大树）教师引导：同学们，你们看，一只美丽的小鸟正站在一棵枝叶茂密的大树上为它唱歌呢！大树摇曳着美丽的枝条，抖动着翠绿的叶子，兴奋地倾听着小鸟送来的歌声。下面我们就来听一听

---

① 《去年的树》选自人教版课标本四年级上册。

这个美妙的童话故事吧！（板书并让学生齐读课题：去年的树）——听读课文，感受故事。

2. 自读课文，想象故事

多么美妙的故事啊，让我们打开课文，把这个故事好好读一读，边读边想象故事向我们展示的情境，进而走进课文去看一看，故事向我们介绍了哪些画面，看到这些画面你有怎样的感受？——自读思考，想象感受。

3. 引导交流，促进感受

读了这美妙的故事，你有什么想说，有什么想问的呢？——让学生尽情地叙述，畅快地表达，说收获，说体会；提问题，道困惑。从而借助多元解读，引导整体感知，促进真切感受。（交流中适当点拨，让学生初步感知，课文叙述的是怎样的故事，表达的是怎样的情感，留下的是怎样的问题）

二、想象情境，感悟真挚的情感

课文语言简洁而空间广阔，内容浅显而蕴涵深刻，可引导学生阅读想象，填补空白，品味语言，感受情感。初读课文后引导整体梳理，弄清线索：课文以"对话"形式，表现小鸟与大树间的真挚情感：离别时的"对话"，郑重地承诺；寻找中的"对话"，认真地履行；告别前的唱歌，如愿地实现。在此基础上，以"对话"为重点引导阅读想象，进境感受——

1. 在离别的情境中感受

小鸟对大树的友情，首先表现在离别时的庄重承诺上，可让学生阅读想象，感受情感；充当角色，显化情感。

阅读想象，感受画面。让学生读描写鸟与树离别的话，边读边思考：读了这几节，你眼前出现了怎样的画面，从画面中你感受到了什么？能把自己的感受读出来吗？——想象离别情景，感受真挚情感，并借助朗读表达惜别之情。

品味词句，感悟情感。再让学生读读课文，边读边想：你从哪些词语中读出了小鸟与大树之间的情谊，你是怎样理解的？——引导品味蕴涵于字里行间的真挚情感，交流中相机引导，促进感悟：从"必须"看鸟与树离别的无奈：冬天来临，小鸟不得不离别大树，而跨越万水千山去南方过冬；大树不得不离别小鸟，而忍受孤独寒冷在原地过冬；从"请你回来"、"还唱歌"想象树的心语，感受树木留守的无奈，还未分离，就盼团圆；从"一定"、"请等着"想象鸟的心语，感受小鸟庄重的承诺，还未分别，就盼相会。这样引导，可让学生在情境的想象、心理的揣摩中感受他们之间的真挚情感。

想象拓展，加深感悟。为加深情感的感悟，还可这样引导：离别之际，小鸟与大树有很多话要说，想一想：他们会怎样向对方叮嘱呢？——想象临别的叮嘱，体会真挚的情感。（大树叮嘱小鸟一路顺风，不畏山高路远；小鸟叮嘱大树自我保重，战胜寒冷孤独）

2. 在询问的情境中感受

小鸟对大树真挚的友情，集中表现在其寻找大树的经历中。可抓住小鸟与树根、门、小孩的对话，先指导学生通过自我朗读、角色朗读，想象情境，体会情感。接着让学生充当角色，设身处地，想象揣摩，显化心理。

第一次询问的情景可这样引导：①同学们，你就是小鸟啊，漫长的严冬过去了，明媚的春天来临了，你会想些什么呢？——借助想象表达，感受鸟儿即将与大树重逢、为朋友唱歌的喜悦；②原以为等来的是见到大树的欣喜，可到那里时大树不见了，你心情怎样？为什么？——显化内心，感受情感（惊异、疑惑、焦虑……）；③听了树根的回答，你有什么想说？请尽情地说一说。——借助内心叙述，感受小鸟复杂的情感（对伐木人的不满，对大树的挂念，对去年承诺难以兑现的焦急……）。

第二次询问的情景可这样引导：小鸟啊，听了树根的话语，本以为树还在山谷里等候，等候你的歌声，可飞到山谷时你便听到了锯木头的声音，此刻你想些什么？听了门的话，你又想些什么呢？——显化内心，感受情感（飞翔时的希望：在山谷见到好友，向他询问被伐的情景；到达时的意外：听到锯声的担忧，不见树影的困惑，询问后的焦急……）。

第三次询问的情景可这样引导：本以为还能找到火柴，见到朋友，给他唱歌，可听了小女孩的话你心情怎样呢？——显化内心，感受情感（飞翔时的希望，到达时的意外，询问后的无奈——朋友已经离去，只有灯火还在；灯光还在亮着，朋友犹在身边……）。

三、创设情境，升华真挚的情感

课文最后这样叙述："鸟儿睁大眼睛，盯着灯火看了一会儿。接着，她就唱起了去年唱过的歌给灯火听。唱完了歌，鸟儿又对着灯火看了一会儿，就飞走了。"这段细节，读来令人心酸，令人感动，它是树与鸟真情的充分表现。可引导学生仔细阅读，拓展想象，揣摩体会，感受情谊的真挚。

1. 品味词语，多角度地感受

要学生仔细阅读，画出表现鸟儿动作的词语，并想一想，从鸟的动作可看出她会想些什么？——鼓励独特感受，感受其间情感。"睁大"、"盯"也许表现了她的意外：昔日树木那么高大，如今为何如此弱小，简直叫人难以置信；也许表现了她的惊喜：终于找到了朋友，让我好好看看；也许表现了她的气愤：这就是我的朋友，怎么完全变了样，谁让他变样了，太不像话了；也许表现了她的欣慰：跨越千山万水，历经千难万险，终于找到了朋友，终于可以实现自己的诺言了；也许表现了她的赞美：我的朋友，你真的不容易，你用自己的身躯点亮了屋子，为他人送去了光明，我要为你唱歌……

对"又"、"看了一会儿"，也可引导多角度解读。也许表现了鸟的难过：想到将永远离别好友，心中真是不忍；也许表现了她的不舍：想到再也不能与好友相见，真得好好看看；也许表现了她的矛盾：想到不能再见朋友，得好好看看，想到灯火随时会灭，又不忍再看……

2. 现场对话，全方位地感受

小鸟寻找"去年的树"是明线，大树等候"去年的鸟"是暗线。这暗线中，蕴涵了许多丰富的形象，感人的情节。可引导阅读想象：如果你是小鸟，看着眼前的灯火，会怎样把一路的坎坷，一路的忧愁，一路的不解向朋友叙说？如果你是大树，看到眼前的小鸟，会怎样把一路的变故，一路的思念，一路的不解向朋友叙说？先让学生同桌分演角色，互相叙说；继而让学生登台叙说，从而在"对话"的情境创设中促进语言的内化、情感的感悟。

四、情节延伸，表达心中的语言

这个童话故事，是表现树和鸟的友谊，还是呼吁保护环境，抑或讴歌树的奉献精神？为培养学生的阅读感悟能力，可运用主题预留的空间，通过合理延伸，引导充分表达：①鸟儿对着灯火看了一会儿，就飞走了，在这离别之际，她有很多话要说，对哪些人说，说些什么呢？②看着自己的朋友远去了，灯火也有很多话想说，对哪些人说，说些什么呢？让学生选择一个方面叙述：互相叙说，记住双方的友谊，时间已逝，友谊长存——人间友谊珍贵，必须百般珍惜；对伐木人叙说，要不是他们砍伐，这对朋友将永久相处，快乐无比——保护共同家园，注意和谐共处；对他人叙说，（小鸟）之所以要想方设法地寻找朋友，是为了实现自己的诺言，为树唱歌；（大树）感谢小鸟对自己的惦记，对自己的承诺——诚信是友谊的根基，友谊是诚信的花朵……

学生表述中，教师可适时点拨，以"诚信与友谊"进行贯通，以使学生明白：由于人类的砍伐，"去年的树"已不复存在，使得小鸟历尽艰辛，最终才见到了大树留下的灯火，了却了心中的愿望，实现了自己的诺言，他们的友情深厚，他们的情感真挚，虽然大树已去，但小鸟与大树的情谊永存，赞美他们友谊的颂歌永恒。

在语言亲近中感受爱书的情怀

——《窃读记》① 教学建议

　　《窃读记》是台湾女作家林海音回忆少年时独特的读书经历的作品，因家境贫寒买不起书，她小时候不得不串着几个书店，饿着肚子在书店里"窃读"。本单元的主题是"我爱阅读"，《窃读记》是第一篇精读课文，引导学生从窃读心理和乐趣的生动细致的描述中，感受作者对读书的热爱与渴望，对阅读后续的《小苗与大树的对话》《走遍天下书为侣》《我的"常生果"》，可提供情感和方法的支持，以促使学生在阅读中爱上阅读，学会阅读。对今天的孩子而言，作者描述的场景，显然有些陌生；作者叙述的感受，显然有些不解。然而，对好书的喜爱和渴求，读好书的体验和感受，是学生与作者的相通之处，可凭借这一连接点，借用假设，引领学生亲近语言，走近作者，通过多种形式的语言活动感受作者深深的读书之情，浓浓的爱书情怀，以提升学生的语言能力。

一、借助名言，叙谈自己对书的感受

　　有关读书的至理名言，是引领学生徜徉书海，打开知识殿堂的神奇钥匙。新课开始，可引导学生朗读下列名言，说说读了名言的感受：

　　　　书是人类进步的阶梯。

　　　　　　　　　　　　　　　　　　　　　　　　——高尔基

---

① 《窃读记》选自人教版课标本五年级上册。

饭可以一日不吃，觉可以一日不睡，书不可以一日不读。

——毛泽东

书籍是全世界的营养品，生活里没有书籍，就好像没有阳光；智慧里没有书籍，就好像鸟儿没有翅膀。　　　　——莎士比亚

接着，让学生联系自己的生活实际和读书故事，用简短的语言叙述自己对读书的独特感受。

二、通读课文，理清作者窃读的线索

作者的爱书情怀，渗透于课文的字里行间。为引导感受，揭示课题时，引导学生理解"窃读"，并围绕"窃读"激疑，既而让学生通读课文，边读边想：作者在文中具体描述了哪些画面？你从中感受到了什么？——引导以书为线索，把握主要画面：走进书店前，想着那本书；刚进书店时，担心那本书；找到图书后，享受读书味（快乐与惧怕）；饥肠辘辘时，看着那本书；灯光亮起时，放回那本书。在整体把握内容的同时，要学生简单说说感受，教师相机点拨，引导学生联系课文重点感受作者对书的喜爱，以及读书的认真。

三、抓住细节，感受作者爱书的情怀

课文中，作者多以细致描写凸显自己对读书的喜爱，对知识的渴求。可引导学生抓住细节，朗读想象，再现形象，仔细揣摩，促使学生走进文本，走近作者，去感受语言情境，感悟作者爱书的情怀。

1. 从心理描写中体会

课文对窃读中的心理进行了细致描写，读来既让人心酸，更让人感动。要让学生找出细节，认真阅读；走进情境，仔细体会；设身处地，反复品味。

首先是引导回忆，做好铺垫。可这样引导：你们都在图书超市或图书

馆（室）看过书，能把那种感受说一说吗？——具体叙述选书的坦然和快乐，看书的轻松和自由，为下面的阅读比照做好铺垫。

其次是找出细节，自读感悟。可这样引导：作者在书店看书可不像我们这么悠闲，这么坦然，你从什么地方可以看出？请画出有关心理描写的句子，认真读读，细细体会，看能体会到什么？——让学生细读课文，找出细节；细读细节，反复体会。

再则是重点引导，深入感悟。自读感悟后，可引导学生联系找出的细节，谈阅读感受，教者适时点拨诱导，相机安排训练，促进阅读感悟。具体可分以下两个层次，引导学生细读课文，深入感悟。

一是感受窃读的滋味。引导学生从语言文字中感受作者窃读的滋味，是感受她爱书情怀的重点，须重点指导。

课文二、三两个自然段，具体写出了她进书店时的复杂心理，可这样引导：从刚进店门时的高兴和担心，你读懂了什么？——以引导理解：满屋的顾客，便于浑水摸鱼，难以暴露目标，可安心地读书，这让她高兴；满屋的顾客，可能有人已将那本书买去，这让她担心。看到那本书还在书架上，她才如释重负。作者为书而喜，为书而忧；因书而提心吊胆，因书而如释重负，可见她对书是多么喜爱。

课文第四自然段真切地写出了作者窃读的滋味：快乐与惧怕共存。可让学生边读边思：如果你是作者，此时会想些什么？读后让学生充当作者，接受采访：作者啊，此时你觉得很快乐，能说说为什么吗？——借助采访，显化心理；表达情感，感悟快乐，以具体感受作者打开书页的迫不及待，徜徉书海的万分欣喜，吮吸知识的无比快慰，对读书时光的百般珍惜。

课文第五自然段蕴涵着丰富的形象，包含着诸多的苦涩，可引导想象：这里的"环境不适宜"什么意思？你觉得哪些情况不适宜继续阅读？——让学生根据上述句子，结合下列范文，练写一个片段：

【范文】我虽然全神贯注地看着，但还是时时提防，万一被老板发现，虽不是什么不光彩的事情，但女孩子家被人指责的滋味可不好受！我正看着，突然传来老板的咳嗽声，怎么了，是不是老板注意我了？我马上警惕起来。可转头一看，老板还在那里整理图书，我这才松了一口气，继续专心地看起来。

又过了好一会儿，突然传来一位顾客的声音："老板，××书还有没有呢？"

我不禁一愣，这正是我手上看的书。对了，昨天在这里时就只剩下两本了，难道那一本卖掉了？回头一看，老板正向这边走来，我赶紧把手中的书悄悄放回书架，又心不在焉地翻看起其他书来。

这样的片段练习，能让学生清晰地感受到：窃读带给作者的，既有精神的享受，也有心里的惧怕。这种滋味，集中反映了作者对书的喜爱。

课文第九自然段写道："我合上书，咽了一口唾沫，好像把所有的智慧都吞下去了，然后才依依不舍地把书放回书架。"这句话集中写出了作者读书的满足和收获，可这样引导：由这句话你看到了怎样的画面？你怎样理解"咽"和"吞"？你从中感受到了什么？——尽管腿酸脚麻，但两个钟头的饱读，使她享受了一顿精神盛宴，收获了知识与智慧，获得了快乐与满足。

二是感受窃读的智慧。书店人多、天下大雨，是窃读的最佳时机。对此，作者做了细致描述。可这样引导：①顾客人多，带给了作者意外惊喜，她是怎样隐蔽自己的？能具体描述吗？——引导描述看到顾客盈门时的喜悦、想法隐蔽时的坦然、专心读书时的提防，体会窃读的智慧；②面对屋外的大雨，作者有怎样的表现？能具体描述吗？——引导从"神情焦急"与"心里高兴"、"语言表述"与"心理活动"之间的矛盾，体会作者窃读的智慧，感受作者爱书的情怀。

2. 从环境描写中体会

有关饭店的两处环境描写，是文章的点睛之笔。全文阅读后，可抓住环境描写引导学生朗读体会，借助问题引领，由生活的艰辛、窃读的无奈和不易，感受作者对书的喜爱。

第一处描写：转过街角，看见饭店的招牌，闻见炒菜的香味，听见锅勺敲打的声音，我放慢了脚步。放学后急匆匆地从学校赶到这里，目的地可不是饭店，而是紧邻它的一家书店。可这样引导：面对这样的饭店，家境贫寒的作者会想些什么？你从中感受到了什么？——引导从细节中感受饭店对她的召唤，感受她对饭店的不屑。从她匆匆的脚步可以看出，她虽想着饭店，但深知家庭贫穷，无力享受美味佳肴，便来享受读书的精神大餐，可见她对书是多么喜爱！

第二处描写：当饭店飘来一阵阵菜香时，我已饿得饥肠辘辘，那时我不免要做白日梦，如果口袋里有钱该多好！去吃一碗热热的面条，回到这里时，已经有人给摆上了一张沙发，坐上去舒舒服服地接着看。可这样引导：面对饭店飘来的菜香，作者想到了什么？你盼望出现怎样的画面？你从中感受到了什么？——引导想象描述作者对饭店的张望、对面条的向往、对沙发的期盼；想象描述作者进入饭店用餐、看到沙发惊喜、躺在沙发上看书的情景，再联系实际体会她生活的艰辛，感受她爱书的情怀。

四、拓展延伸，激发学生对书的喜爱

阅读感悟后，可创设情境，合理延伸，提供语言实践机会，引导学生走进文本，走近作者，让他们与作者进行心灵的沟通，情感的交流，激发他们对书的喜爱。可让学生在下列两个情境中自己选择，练写一个片段：①作者爱书的故事感动了我们每个人，如果作者来到我们身边，你想对她说些什么？请把要说的话写下来。——或联系作者的读书故事，说感动，道敬佩；或结合自己的读书经历，话情趣，谈收获；或回忆自己的虚度时光谈羞涩，说不是……②由课文，我们具体感受了作者小时候生活的艰辛、读书的不易。如果今天作者要来与我们相聚，你想带她到什么地方去？请展开合理想象，练写片段。——或带作者到自家书房，把各类图书介绍给作者，和她共享读书的快乐；或带作者到校图书馆，在引导参观后，给她一张沙发，一杯茶水，一袋瓜子，让她享受轻松读书的惬意；或带她到电子阅览室，让她在电子书海中畅游……

也来一次人生的启蒙

——《月光启蒙》① 教学建议

诗人孙友田在《月光启蒙》中，以细腻的笔触回忆了童年时在夏夜的月光下，母亲唱民谣、猜谜语、讲故事的情景，表达了对母亲启蒙教育的怀念、感激之情。本单元的主题是"亲情依依"，选编了3篇叙事散文和1篇说理文，折射出浓浓的亲情和人际关系的和谐美好。读了《爱如茉莉》，学生不仅能真切地感受父母真情，还能初步把握"凭借语言，想象画面；研读细节，感悟情感"的读书方法。为此，阅读《月光启蒙》可引导学生运用上述方法，去体会浓浓的母子之情，为后两篇课文的阅读构筑通道。本文语言优美，情感真切，是引导学生感受母爱、感悟生活、感悟人生的很好的教材。教学中可运用假设，引导学生充当角色，想象画面，步入情境，去感受母爱的伟大，让学生也来一次人生的启蒙。

一、揭题，"启蒙"的引出

1. 引出作者

上学期我们读过了《去打开大自然绿色的课本》这首诗，还记得它的作者吗？（孙友田）能介绍他的情况吗？

自由交流，相机介绍：孙友田，当代著名诗人，他常用诗歌来描写煤矿工人的生活，被誉为"煤矿诗人"。在煤矿工作的十多年，写下1000多

---

① 《月光启蒙》选自苏教版国标本五年级下册。

首诗，为中国煤矿诗歌的繁荣做出了突出贡献。

2. 引导推测

这样一位著名诗人，当他回想起自己走过的道路时，总忘不了母亲月光下的启蒙。（板书：月光启蒙）作者说母亲是他的启蒙老师，你猜想他母亲是怎样的人？（引导猜测，学生一般都认为母亲具有较高的文化素养）

二、浏览，"启蒙"的把握

1. 浏览课文，找出片段

母亲真像大家所说的那样有文化吗？请同学们浏览课文，看是不是这样。（生浏览课文，找出答案：母亲不识字）母亲不识字，为何能把作者引向诗歌的王国，使他后来成为著名诗人呢？请再次浏览课文，找出答案。（生浏览课文，找出片段）

2. 阅读片段，把握重点

（1）出示片段，反复朗读。阅读下列片段，边读边想：母亲不识字，为何能把作者引向诗歌的王国，使他日后成为著名诗人呢？

【片段】

母亲不识字，却是我的启蒙老师。是母亲用一双勤劳的手为我打开了民间文学的宝库，给我送来月夜浓郁的诗情。她让明月星光陪伴我的童年，用智慧才华启迪我的想象。她在月光下唱的那些明快、流畅、含蓄、风趣的民歌民谣，使我展开了想象的翅膀，飞向诗歌的王国。

（2）引导交流，把握重点。围绕上述问题引导交流，适时点拨归纳：在月夜，给"我"送来浓郁的诗情；用歌谣，为"我"启开想象的翅膀；以母爱，让"我"感受到生活的温馨。

三、自读，"启蒙"的感悟

1. 自由阅读，圈画批注

自读课文，画出写"月夜、歌谣、母爱"的句子，并仔细读读句子，边读边思：从这些句子你分别体会到了什么？母亲是怎样给作者"启蒙"，把他引向诗歌创作的大门的？可在课文旁边写下自己的感受。

2. 小组交流，促进感悟

四人小组交流阅读感受，讨论以下问题：月夜怎样美好，歌谣怎样美妙，母爱怎样伟大，这些与作者日后成为著名诗人有怎样的联系。

四、引导，"启蒙"的理解

引导交流，适时引导，相机出示片段，引导细心阅读，深入感悟，以具体感受母亲对"我"的启蒙。交流中重点从以下三方面引导。

（一）月夜：引入情境感受

1. 出示片段，自由朗读

自由朗读下列片段，边读边想象，将语言文字还原成课文所描述的画面，具体感受画面的美妙。

【片段】童年的夏夜永远是美妙的。暑热散去了，星星出齐了，月亮升起来了，柔和的月色立即洒满了我们的篱笆小院。这是孩子眼里最美的时辰。

2. 引导描述，叙谈感受

读了上面的句子，你眼前出现了怎样的画面？你看到这样的画面有什么感受？（让学生自由交流，感受月夜的清幽、美妙，想象置身其间的舒心、惬意）能借助朗读把自己的感受表达出来吗？（指导朗读，还原形象，

表达情感)

3. 启发想象，关联启蒙

（1）启发想象。月夜如此美妙，如果你在这样的月夜，看到如此美妙的月光，感受到如此迷人的清幽，会想到哪些动人的场景或故事？让我们进入其中去大胆地想象吧！（出示"月夜"的课件，配以轻音乐，引导想象）

（2）引导描述。先让学生描述想到的场景或故事，进而引导：如果是你，躺在母亲的怀抱中，是母亲把月夜浓郁的诗情带给了你，你想对母亲说些什么？（借助语言，表达对母亲的感激之情，体会月夜对作者的"启蒙"：美妙的月夜，让作者感受到了夏夜的美妙，唤起了作者美好的想象，培养作者想象的能力）

（二）歌谣：吟诵想象感受

1. 出示歌谣，指导朗读

母亲用甜甜的嗓音为我吟唱，你能甜甜地把歌谣读一读吗？一边读一边体会歌谣的意思，想象歌谣描述的意境，并设身处地地去感受。

【片段】

月亮出来亮堂堂，打开楼门洗衣裳，洗得白白的，晒得脆脆的。

月儿弯弯像小船，带俺娘俩去云南。飞了千里万里路，凤凰落在梧桐树。凤凰凤凰一摆头，先盖瓦屋后盖楼。东楼西楼都盖上，再盖南楼遮太阳。

小红孩，上南山，割荆草，编箔篮，筛大米，做干饭。小狗吃，小猫看，急得老鼠啃锅沿。

小老鼠，上灯台，偷油喝，下不来——老鼠老鼠你别急，抱个狸猫来哄你。

毛娃哭，住瓦屋。毛娃笑，坐花轿。毛娃醒，吃油饼。毛娃睡，盖花被。毛娃走，唤花狗，花狗伸着花舌头。

2. 指名表述，反复朗读

听了这样的歌谣，你想到了什么？（自由表述，可想象歌谣的画面，可品尝歌谣的语言，可表达自己的感受）你能把自己的感受借助朗读表达出来吗？（指导朗读，想象画面，表达情感，体会歌谣意境和情感的美）

3. 指导朗读，表达甜美

母亲用甜美的嗓音深情地为我吟唱，轻轻的，像三月的和风，像小溪的流水。三月的和风给人怎样的感觉？（轻轻的、柔柔的、暖暖的）小溪的流水呢？（潺潺的、汩汩的、清脆的）带着这种感觉把歌谣读一读。（自由读，指名读）

4. 设身处地，表达感激

是啊，这种美妙的情感、美妙的意境深深印入作者孙友田的记忆之中，就如月下绽放的花朵，芳香四溢，流进了你的心田，流进了我的心田，流进了我们大家的心田。如果你就是作者，想到小时候母亲为你吟诵歌谣的情景，想到这些歌谣对自己的启蒙，会对母亲说些什么呢？（自由表达，抒发对母亲的感激之情，体会歌谣对作者的启蒙：歌谣让作者感受到了歌谣的音韵美、意境美，这些为作者成长为诗人奠定了基础）

（三）母爱：设身处地感受美

1. 出示片段，自由朗读

你从哪些句子感受到了深深的"母爱"，是怎样感受到的？请说说你的感受和理解。（自由表述，相机出示，自由朗读）

【片段】

母亲忙完了一天的活计，洗完澡，换了一件白布褂子，在院中的干草堆旁搂着我，唱起动听的歌谣。

她用甜甜的嗓音深情地为我吟唱，轻轻的，像三月的和风，像小溪的流水。小院立即飘满她那芳香的音韵。

母亲用歌谣把故乡的爱，伴着月光给了我，让一颗混沌的童心豁然开朗。

　　母亲唱累了，就给我讲嫦娥奔月的故事，讲牛郎织女天河相会的故事……此时明月已至中天，母亲沉浸在如水的月色里，像一尊玉石雕像。她又为我唱起了幽默风趣的童谣，把我的思绪从天上引到人间……民谣童谣唱过了，我还不想睡，就缠着她给我说谜语，让我猜。

2. 引导交流，体会情感

从哪些地方可以体会到母亲的爱，你是怎样体会到的？（自由表述，相机引导：不顾一天劳累，为我唱歌谣，讲故事，出谜语；用甜美的声音、精彩的故事、动人的歌谣，传递着她对我的爱，故乡对我的爱；借助故事、歌谣，伴着月光，启发我想象，带我走进童话世界……）

3. 充当角色，表达情感

生活如此辛苦，母亲如此劳累，母亲却借助夏夜纳凉，传达自己对孩子的爱，传递自己对孩子的情。如果你就是作者，想到母亲为你付出的一切，你会对母亲说些什么？（自由表达，抒发对母亲的崇敬、感激之情，让学生明白：母亲的爱，给了"我"生活的甜蜜，给了"我"想象的翅膀，给了"我"无限的温馨，是"我"日后走上诗歌创作道路的人生开端）其实，我们的母亲不都是这样吗？此时此刻，你想到了你母亲的什么故事？想给母亲说些什么呢？（自由表述，抒发感激之情）

五、延伸，"启蒙"的升华

1. 配乐朗读，激发情感

其实，文章还有段结尾呢，多年后，作者回到了离别已久的故乡，再一次看到了母亲……

配音朗读：母亲患了老年痴呆症，失去了记忆。我赶回老家去看她时，她安详地坐在藤椅里，依然那么和蔼、慈祥，却不知我从哪里来，不知我来干什么，甚至不知我是谁。不再谈她的往事，不再谈我的童年，只是对着我笑，笑得我泪流满面。

2. 充当角色，抒发情感

同学们，你就是作者啊，你来到家乡，来到了母亲的身边，看到眼前的母亲完全变了，此时此刻，你心情怎样，想对母亲说些什么呢？（让学生在深情的轻音乐中写下对母亲说的话，抒发自己对母亲的感激之情……）

助学生投入草原的怀抱

——《草原》① 教学建议

　　《草原》描述了作者进入草原的所见所闻，表达了作者对草原景色和蒙汉深情的赞美。本单元课文围绕"走进西部"这一主题编排，分别介绍了西部美丽的自然风光、多彩的历史文化、昔日的繁荣辉煌、如今的宏图大展。本文是第一篇讲读课文，引领学生凭借语言走进文本，领略美妙的草原景色和蒙汉情意，把握"景"、"事"、"情"交融的写法，能为后三篇课文的阅读奠定情感基础，积累学习方法。细读《草原》，既有美的享受，更有情的感染。课文由"景"与"事"两部分构成，对草原的景和草原的人，都重视了形象描述。为引导学生具体地感受草原的景，真切地感受蒙汉的情，可运用假设，再现场景，活现事情，展现人物，助学生投入草原的怀抱，让草原美丽的景在眼前浮现，让草原美好的人在心中屹立。

一、想象描述，诱发学生情感

1. 播放歌曲，引导想象

　　播放有关赞美草原的歌曲，如《美丽的草原我的家》《蒙古人》等，让学生闭目想象，构筑草原美妙的形象。

2. 引导想象，描述形象

　　这歌声多么优美，多么动听！它把人们带到了无边无垠的草原上。同

---

① 《草原》选自人教版课标本五年级下册。

学们，如果现在到了草原（板书：草原），出现在你眼前的是怎样的画面呢？（学生自由描述，教者相机点拨，引导学生从草原的广阔、碧草、野花、牛羊、蒙古包等方面进行描述）置身这样的草原，你心情如何？（自由表述感受）

二、初读课文，整体感知内容

1. 自读课文

我们心中的草原是如此美好，作家老舍眼中的草原又是怎样的呢？让我们跟随作者去走一走，看一看吧！请大家轻声读课文，努力把课文读正确，遇到难读的句子多读几遍，直到读通为止。

2. 互读课文

同桌互读，互相提示，努力把课文读正确，读流利，并边读边想：作者在文中主要向我们介绍了什么？

3. 检查朗读

根据朗读情况做针对性指导，确保每个学生都能把课文读正确，读流利。

三、再读课文，理清文章条理

1. 自读课文，把握内容

再认真读读课文，边读边思考：作者先后写了哪些内容？分别想告诉我们什么？

2. 引导交流，理清条理

让学生理清文章内容：课文主要写了草原的景和草原的事，写草原的景，突出了草原景色的美；写草原的事，突出了蒙汉情谊的深。

四、精读细品，感受草原之美

1. 自读想象，还原形象

自由朗读课文第一自然段，边读边想象：读了课文，你眼前出现了怎样的画面？看到这画面你有怎样的感受？作者又有怎样的感受？（读后引导交流，从"天"和"地"两方面把握内容和层次，弄清作者是怎样把写景色与写联想融为一体的）

2. 朗读想象，再现情境

再次自由朗读，想象课文描述的情境，体会作者表达的情感，并进入情境中去感受，进而借助朗读表达自己的情感。（学生自读后指名朗读，教者适时点拨，促使其将语言文字还原成画面，并借助朗读展示画面，表达情感）

3. 细读品味，加深感悟

让学生阅读批注，看作者借助哪些词句描写草原的"天"和"地"，在相关句子旁写出自己的感受。读后交流，相机点拨，让学生明白：运用比较，写出草原的天美；运用比喻，写出草原的地美；借助联想，写出作者的情美。

交流中可有选择地抓住下列重点句子，引导朗读品味、想象表达、延伸拓展，以加深感受：

在天底下，一碧千里，而并不茫茫。

引导描述"一碧千里"所呈现的画面，感受"一碧千里，并不茫茫"的迷人境界，并引导学生进入其间加深感受，进而叙谈感受，理解"使我总想高歌一曲，表示我满心的愉快"的真正内涵。

那些小丘的线条是那么柔美，就像只用绿色渲染，不用墨线勾勒的中国画那样，到处翠色欲流，轻轻流入云际。

抓住"翠色欲流"与"流入云际",引导学生想象描述小丘线条的柔美和绿色的浓烈,体会作者描写的真实,情感的真挚。

这种境界,既使人惊叹,又叫人舒服,既愿久立四望,又想坐下低吟一首奇丽的小诗。

引导学生设身处地,表达自己的"惊叹"、"舒服"。叙述"久立四望"之"所见",吟诵"一首奇丽"之小诗,以表达对草原的赞美之情。

4. 配乐朗读,熟读成诵

借助课件展示草原图,并配以轻音乐,让学生边看、边听、边读,最后熟读成诵,促进积累。

五、充当角色,感受人物之美

1. 初读课文,初步感受

引导自读,初步感知。草原让人感动的既是草原的景,更是草原的人。请大家自由朗读第二至第六自然段,边读边想:读了课文,在你眼前出现了哪些画面?从这些画面你感受到了什么?(生自读思考)

引导交流,整体把握。引导学生描述从语言文字中看到的画面,并简单说说感受,教者相机引导,让学生明白:从"迎客、会见、款待、联欢"的画面,可深切地感受到草原人民的热情好客和蒙汉两族人民的深厚情谊。

2. 细读课文,深入感受

自读课文,深入感悟。围绕草原人民热情好客和蒙汉人民深厚情谊,细读课文,画出有关句子,并在句子旁边写出自己的感受。此后同桌交流,结合所画的句子谈感受。

交流点拨,促进感悟。先让学生说说从哪些句子读出了感动,结合句子想象情境,叙谈感受,教者相机点拨,促使学生借助朗读,再现情境;抓住重点,拓展情境;准确理解,深入感悟。各部分可抓住重点句子进行点拨。

远迎客人——

一百五十里全是草原。再走一百五十里，也还是草原。草原上行车很洒脱，只要方向不错，怎么走都可以。

引导学生朗读想象，体会草原的广阔和平坦，并由此感受作者在此情境中的神清气爽，心旷神怡。

像被一阵风吹来似的，远处的山丘上出现了一群马，马上的男女老少穿着各色的衣裳，群马疾驰，襟飘带舞，像一条彩虹向我们飞过来。

引导学生结合重点词语，从来人的多，速度的快，感受主人的热情好客，体会场景描写的生动形象和比喻运用的准确传神。

见到我们，主人们立刻拨转马头，欢呼着，飞驰着，在汽车左右与前面引路。静寂的草原热闹起来：欢呼声，车声，马蹄声，响成一片。

引导学生朗读想象，再现形象，感受主人接到客人时场面的盛大，气氛的热烈，心情的愉快，体会主人的好客，并抓住"欢呼着"、"欢呼声"等重点词语，体会场面描写的准确。

主客相见——

人很多，都是从几十里外乘马或坐车来看我们的。

引导学生读中思考，读中想象：人怎么这么多？是哪些人？能具体描述几个典型人物吗？（让学生自由想象描述，从"人多"的形象中感受好客。如：姑娘、小伙子来了，老爷爷、老奶奶来了，小孩儿也来了，甚至连一些身体不好、行走不便的人也在别人的帮助下来了……）

大家的语言不同，心可是一样。握手再握手，笑了再笑。你说你的，我说我的，总的意思是民族团结互助。

引导学生想象描述"握"、"笑"、"说"的场景，并引导思考："心可是一样"，到底怎样？"你说你的，我说我的"，主人说什么，客人呢？你在场会说什么？以再现情境，体会"好客"，感受蒙汉两族的深情。

盛情款待——

由课文语言，引导学生想象主人热情招待客人，主客互相敬酒、互相表演的情景，让学生分别充当主人和客人，说说面对远方的客人，主人为什么如此热情，会怎样致祝酒词；面对热情好客的主人，客人会怎样激动，会怎样致祝酒词。

主客联欢——

> 太阳已经偏西。谁也不肯走。是啊！蒙汉情深何忍别，天涯碧草话斜阳！

先引导朗读想象，再现情境，再让学生想象情景，以"话别"为题具体描述主客在夕阳照耀下的千里草原上话别的感人场景，以加深对课文中心的感受。

3. 拓展延伸，升华感受

假如你是导游，在前往草原的车上，会怎样向游客介绍草原的美好景色和风土人情，让游客对草原产生向往之情。请结合课文和自己了解到的有关情况，为导游写写解说词。

让文本成为走向自然的跳板

——《大自然的文字》① 教学建议

　　《大自然的文字》是一篇科普性说明文，生动形象地介绍了大自然的文字以及辨识这些文字的意义。围绕主题"读书有方"，本单元安排了《古诗两首》《学与问》《大自然的文字》和《养成读报的好习惯》4 篇课文，如果其他 3 篇课文是指导学生读好人们常见的书，那这篇课文则是指导学生读好大自然这本书，培养他们热爱大自然的情感和探索大自然奥秘的兴趣。这篇课文内容贴近生活，贴近实际；语言通俗浅显，富有情趣。可运用假设，引领学生依托文本，走进自然，在语文形象的再现中，感受大自然文字的丰富内涵；在语言文字的品味中，感悟大自然文字的表述方法，从而让课文成为学生走近自然、研究自然、表述自然、提升语言能力的跳板。

一、揭示课题，诱发兴趣

1. 回忆生活，感受文字魅力

　　为诱发阅读兴趣，可这样导入：同学们，提到文字（板书：文字），你想到了哪里的文字，你从这些文字中了解了什么？你觉得这样的文字奇妙吗？为什么？——回忆生活，感受文字魅力。

2. 凸显奇特，引发阅读期待

　　自由表述，感受常见文字的功能后，可这样引导：今天我们接触的文

---

① 《大自然的文字》选自苏教版国标本六年级上册。

字与大家常见的文字截然不同，它是新奇的、奇特的、有趣的。那它是怎样的文字呢？下面我们学习根据苏联自然科学家、科普作家伊林的科普文章改写的《大自然的文字》。（完善板书：大自然的）——凸显落差，激发阅读期待。

二、了解人物，做好铺垫

为引导学生走近人物，感受作者对大自然的热爱和痴迷，感受作者研究大自然后为人类做出的杰出贡献，激发学生对作者的崇敬，为文本的解读奠定情感的、知识的基础，可让学生阅读下列资料：

> 伊林（1895—1953），苏联儿童文学作家、工程师，被称为科普创作的巨匠。他致力于写作通俗科学作品，如《十万个为什么》《人与自然》和《改造行星》等，对苏联科普文学有一定贡献。伊林诞生于乌克兰。他小时候就对大自然、对科学产生了浓厚的兴趣。他有时到乡间去，守在蚂蚁窝旁，观察蚂蚁的生活习性，一待就是几个小时；父亲工厂制造肥皂的过程使小伊林看得入了迷，他把家里的厨房当成实验工厂，居然实验成功了；他按照书上的配方制作鞋油，用其把皮鞋擦得锃亮，并高兴得欢呼起来："科学胜利了！"当然他也有失败的时候，但这让他懂得了科学实验要付出艰苦的劳动。这一切，为他日后用文艺的手法、诗一般的意境创作科普作品打下了基础。
>
> 1914 年他中学毕业，因成绩优异获得金质奖章。从 1924 年起，他还在大学念书时就开始创作科学文艺性短文。1925 年毕业于列宁格勒工艺学院。1927 年创作的《不夜天》是他第一部有分量的作品，一出版就受到读者的喜爱，在这之后的 30 多年中，他为青少年创作了《几点钟》《黑白》《十万个为什么》等几十部脍炙人口的科学文艺著作，在普及科学知识、鼓舞人们认识自然和改造自然等方面起了巨大作用。1953 年 11 月 15 日，在莫斯科逝世，终年 58 岁。

读后交流，构成联系：①读了这段文字，你对伊林有哪些了解？你觉得伊林是怎样的人？你想跟他说些什么？——诱发对人物的敬佩，表达对作者的感激；②了解了这些，你认为我们该怎样阅读《大自然的文字》，为什么？——文章来之不易，需用真情阅读。

三、初读课文，整体感知

为尽快把握内容，让学生自读课文，思考问题：①课文所说的文字实际是指哪些事物？这些文字让人们明白了什么？②作者从哪两个方面介绍大自然的文字？

读后围绕上述问题让学生交流，适时引导，让学生明白：课文介绍的大自然的文字是指天空的星、云、鸟，地上的石灰石、花岗岩等，作者从天空和地面两个方面介绍，可以说一是写了"天书"，一是写了"地书"。

四、深入阅读，感受文字

借助语言，让学生跟随作者走进大自然，了解大自然里一些常见现象中蕴涵的知识，感受大自然的魅力。根据本文叙述结构相似的特点，教者可先举一例来指导学习方法，进而让学生自主运用。

1. 举一，指导方法

以第二自然段介绍星座的内容为例指导阅读，在了解内容的同时，引导学生把握阅读的基本方法，具体可分以下几步：

（1）自读思考。课文第二自然段介绍的是怎样的文字？你知道这样的文字有什么作用吗？——了解事情，明晰作用。

（2）认识星座。借助课件显示具有小熊星座的星空，让学生在几个星座中指出小熊星座，并指出北极星，再指出北极星所在的方向。——借助画面，认识文字。

（3）显化文字。如果小熊星座真是一本书，当航海人在海上迷失方向时，这本天书向人们呈现出了怎样的文字？能借助自己的笔写下这段文字吗？——借助文字，显化内容。

（4）引导交流。交流所撰写的文字，教者相机点拨，使文字具体而精当，可出示下列范例：

> 我是北极星，可以为人们指点方向。在辽阔的大海上，在茫茫的沙漠中，在无边的草原里，如果你迷路了，可在夜晚抬起头来，在北方的天空里找到小熊星座，它的七颗亮星构成一个"小勺子"。组成小勺的四颗星是小熊的身体，另外3颗星是小熊的长尾巴，尾巴尖就是北极星。北极星那边就是北方，凭借我的引领，你一定会顺利地到达目的地。

（5）设身处地。如果你就是古代水手，在海上寻找道路，并最终借助小熊星座认准了方向，你能具体讲述这个故事吗？——设身处地，表达情感。

2. 反三，自主学习

对读书进行具体指导后，让学生根据"自读思考，了解内容；显化文字，清晰内涵；设身处地，讲述故事"的方法，学习介绍"云"、"石灰石"、"花岗岩"的内容，把重点放在显化"文字"内涵上。"显化文字"可让学生在"砧状云"、"石灰石"、"花岗岩"三方面自由选择一点来写。

3. 交流，深入感悟

引导学生交流阅读所得，朗读介绍文字内涵的内容，教者相机点拨，引导学生用准确而清晰的语言，充分而全面地显化文字背后的丰富内容。

> **【范例】**我是花岗岩，大家一定奇怪，怎么一个人孤零零地躺到森林里了？谁有这么大的力气把我搬到这里呢？我又是怎样穿越茂密的树林的呢？告诉你，我原住在遥远的北方，而在更远的北方，则是冰川的世界。夏天里，降水丰富，气温较高，冰川容易融化。这样，水就像给冰川下面抹了一层润滑剂，冰川纷纷从高处向低处移动。一路上，它们排山倒海，势不可当，我们招架不住，只能跟随它们前

行。经过一天又一天、一年又一年的长途跋涉，我们最终就停在了这里。告诉你们，不知多少年以后，树木才从我们的身边冒出来呢。

4. 探究，明确旨意

课文最后一个自然段这样叙述："要学会认识大自然的文字，从小就应当到树林里或者田野上走走，注意观察。假如有什么不明白的地方，应再到书里去寻找，看那里有没有解释。你还应该去请教有学问的人：这是什么石头？这是什么树？总是坐在家里的人，永远不会懂得大自然的文字。"这是文章的画龙点睛之笔，既是对上文的总结，更是对学生的引领。对此，须引导学生细读深思，清晰内涵。

（1）自读思考。上述这些现象，对我们许多人来说都司空见惯，但为什么就没有对文字的内涵进行破译呢？请大家认真读读最后一个自然段，看能不能找到答案。

（2）朗读表达。如果你是作者，你怎样借助这段文字引领学生走向大自然，去见识大自然的文字，理解大自然文字的丰富内涵呢？能借助朗读加以表达吗？

（3）交流讨论。通过交流讨论，让学生明白：要能够读懂大自然的文字，必须多观察，多思考，多读书，多请教。

（4）再读资料。让学生再次阅读对作者的介绍，说说读后有什么新的收获。（让学生明白：作者之所以能在科学研究中取得杰出的成就，能够写出如此精彩的文章，是因为他对大自然有众多的了解和深刻的研究。而这一切，是与他从小对大自然浓厚的兴趣和痴迷的研究分不开的。我们只要像他那样，就一定能走进大自然的课本中去，读懂大自然很多很多的文字）

（5）充当角色。如果现在一群小朋友来到你的面前，询问有关大自然文字的事，你怎样根据自己已有的知识对他们进行引导呢？（以课文内容和课外阅读为基础进行讲解）

五、阅读品味，感悟语言

1. 自读思考，品味语言

让学生认真品读课文，思考问题：作者是怎样向人们介绍大自然的文字的？你觉得哪些词句用得好，你是怎样理解这些词句的？

2. 引导交流，适时指点

引导从词语的运用、句子的描述等方面品味，让学生搞清楚：作者是怎样具体、形象、生动、准确地介绍大自然的文字的，从而感悟语言文字的魅力。教者结合具体的句子加以引导点拨，重点抓住下列修辞引导品味：

"天上的每一颗星就是一个字，脚下的每一粒小石子也是一个字。"——借助比喻，突出大自然文字的魅力：星星是字，石子是字。

"古代，当水手们需要在海上寻找道路的时候，他们就去看星星写成的天书。"——借助比喻，突出大自然文字的作用：引领方向，给人安全。

"炎热的夏季，远远耸立着一座白色的云山，从这座云山向左右伸出两个尖头，山变得就像铁匠的铁砧了。"——借助比喻，显示大自然文字的奇特：白云如山，山形奇特。

"建筑工地上挖出了一块灰色的石头，你只知道这不过是一块普通的石头，可在懂得大自然文字的人看来，它并不普通。它是石灰石……"——借助对比，凸显大自然文字的深奥和丰富。

"它是怎么到这儿来的呢？谁有这么大的力气把它搬到森林里来的呢？而且，它又是怎样穿过茂密树林的呢？"——借助设问，突出了大自然文字的奇妙：设问自然，引人入胜。

六、相机拓展，促进感悟

为学习运用本文的写法介绍大自然的文字，可这样引导：大自然丰富多彩，奥妙无穷，有许多现象值得探究，有很多奥秘等待揭开。下面请大家根据自己的观察、阅读或向别人请教的情况，仿照课文的写法，写一种自然现象，写出你对这种自然现象的认识和感悟。如果学生写有困难，可适当引导，从"蓝天白云、花草树木、春夏秋冬、鸟兽虫鱼"等方面拓展思路，要求学生选择一种自然现象来写，可以是几段话，可以是一段话，也可以是几句话。

练笔交流后，借助下列需填充的句子进行梳理，使学生对大自然文字的奥妙有完整的认识：大自然是一本科学书，能让我们从中获取许许多多的科学知识；大自然是一本地理书，能让我们_____；大自然是一本历史书，能让我们_____；大自然是一本文学书，能让我们_____；大自然是一本哲学书，能让我们_____；大自然是一本_____，能让我们_____。

走进人物的内心世界

——《我的伯父鲁迅先生》① 教学建议

　　《我的伯父鲁迅先生》回忆了伯父的几个小故事，说明鲁迅先生是一个为自己想得少、为别人想得多的人，表达了作者对鲁迅先生的怀念与敬仰之情。本单元以"初识鲁迅"为主题，四篇课文都是引导学生潜心研读、感受人物形象的极好范本。本文是第二篇讲读课文。读了《少年闰土》（人教版课标本六年级上册），鲁迅笔下机灵活泼的少年闰土形象，会使学生产生了解鲁迅的需要，这样，阅读《我的伯父鲁迅先生》就有了基础。阅读了本文，对周晔笔下的鲁迅有了了解，又为阅读《一面》《有的人》，较为全面地认识鲁迅提供了保证。因此，本文的阅读指导显得颇为重要。文章所写事情时代久远，远离学生生活，这给他们的阅读感悟带来了困难。为此，可发挥假设"化远为近、化静为动"的功能，想方设法使语言文字变成立体的画面，并带学生进入其中，去感受场景，亲近人物，走进人物的内心世界，借助文字与鲁迅进行心灵的沟通、情感的交流，让鲁迅的形象伫立于学生心中。

一、揭示课题，初步感知鲁迅

1. 揭示课题，朗读表达

　　今天我们学习一篇有关鲁迅的课文（板书：我的伯父鲁迅先生）。知

---

① 《我的伯父鲁迅先生》选自人教版课标本六年级上册。

道课文是谁写的吗？作者写这篇文章表达怎样的感情呢？（怀念、敬佩、骄傲……）能把这种感情通过读题表达出来吗？（朗读课题，表达情感）

2. **引导介绍，了解背景**

你了解鲁迅吗？请选择你认为最值得介绍的向大家介绍介绍。（引导联系所学课文《三味书屋》、课外阅读《故乡》《祝福》等了解鲁迅所处的时代，教者相机扼要介绍时代背景）这样，把文中的事、文中的人置于特定的时代、特定的背景，课文中一些重点句子的理解，文中人物情感的体会就比较顺利。

3. **激发情感，诱发兴趣**

鲁迅把一生献给了人民。1945 年，在鲁迅先生逝世 9 周年之际，他的侄女周晔用满怀深情的笔触，写下了这篇纪念文章，从文章列举的小故事中，我们可以深深地感受到鲁迅的人格魅力。

二、检查自学，引导走近鲁迅

1. **检查自学，促进感知**

让学生选择自认为难读但又已经读好的段落朗读，教师随机纠正、点评。以促使学生把课文读正确，读流利。

2. **默读课文，把握内容**

引导默读课文，边读边想：在周晔的记忆中，哪些情景最令她难忘？思考后引导交流，教师相机板书：

痛别伯父　谈《水浒》　谈"碰壁"　救助车夫　关心女佣

3. **整体把握，初知人物**

作者对鲁迅先生是怎样评价的呢？（出示句子，引导朗读：的确，伯父就是这样的一个人，他为自己想得少，为别人想得多。）你觉得作者的评价有道理吗？说说你的理解。（让学生各抒己见，了解学生对课文内容的掌握情况，为阅读指导做准备）

三、阅读感悟，引导走进鲁迅

作者眼中的鲁迅怎样？别人眼中的鲁迅又怎样呢？下面我们走进课文，走进鲁迅的内心世界，去感受他的人格魅力。具体可从"作者眼中的鲁迅"、"别人眼中的鲁迅"两个方面引导阅读感悟。

（一）作者眼中的鲁迅

谈"碰壁"——

1. 情感诱发

让我们随着周晔的记忆走进她与伯父在一起的日子，看看在周晔的眼中鲁迅是个怎样的人。先看"谈碰壁"，请自由读读，边读边想：读了这一段，你看到了一幅怎样的画面？

2. 引导交流

通过阅读，你眼前出现了怎样的画面，能具体描述吗？能用具体的词语来概括这样的画面吗？（谈笑风生、其乐融融……）

3. 朗读再现

引导学生借助朗读再现课文描述的画面，感受一家人吃饭场景的温馨，气氛的和谐。

4. 讨论理解

①鼻子的高与直、扁与平与碰壁有关吗？鲁迅为什么这样说呢？②"你想，四周围黑洞洞的，还不容易碰壁吗"是什么意思？（可提示学生联系了解的背景和所学课文《詹天佑》《圆明园的毁灭》等，理解"四周围黑洞洞的，还不容易碰壁吗"的意思，并说说鲁迅是怎样碰壁的，又是怎样进行斗争的，以理解当时社会的黑暗和鲁迅先生顽强不屈的斗争精神）③鲁迅为什么不直接把这些意思告诉侄女呢？（伯父不想让周晔知道处境危险，斗争残酷，形势复杂，表现了他的慈爱）

5. 相机介绍

鲁迅作为一个用笔猛烈抨击当时黑暗统治的文学家，在当时社会中，可谓处处碰壁。他的文章被禁止发表，他多次面临被暗杀的危险，为了顺利发表文章，他竟用了120多个笔名。鲁迅自己对"碰壁"有切身的体会，他曾经愤然写下了《"碰壁"之后》《"碰壁"之余》等文章，与黑暗势力进行了不屈不挠的斗争。

6. 引导表述

当作者写这篇文章时，她对这句话的含义以及伯父的良苦用心已经体会到了，如果你是作者，知道了这些，你想对伯父说些什么呢？请写下想说的话。(学生练写、交流)

谈《水浒》——

1. 自读课文，整体把握

引导学生自由读课文，边读边思考：这段主要写什么事情，如果你就是作者，听了伯父的话语，你感到奇怪吗？为什么？

2. 引导讨论，理解内容

自读感悟后，引导讨论：①能联系课文内容说说"囫囵吞枣"、"张冠李戴"的意思吗？②鲁迅先生的记性真比作者好吗？他真正的意思是什么？(联系课文理解言外之意：作者读《水浒》"囫囵吞枣"，结果谈《水浒》时"张冠李戴"，鲁迅批评她不该这样做) ③鲁迅为什么不直话直说呢？由此你看到了怎样的鲁迅？(鲁迅考虑到孩子的承受能力，以幽默婉转的方式进行批评，反映了他对孩子的慈爱和教育的艺术)

救助车夫——

1. 自读课文，找出细节

默读课文，画出能打动我们的细节，并边读边思：为什么这些细节能让我们心动？(学生默读圈画)

2. 引导交流，促进感悟

抓住描写天气和车夫的细节，以朗读再现情境，表达情感，并由眼前的车夫想到他家中的情景，由一个车夫想到无数个像车夫一样的穷人，以体会当时社会中穷人生活的悲惨。

抓住写伯父和父亲动作的细节，通过朗读再现情境，并推测伯父和父亲当时的心理，感受他们对车夫的关心和同情。

3. 抓住重点，引导感悟

首先出示片段，引导读思。伯父严肃的表情背后是一颗怎样的心呢？这深深的叹息里又有着多么复杂的情感呢？鲁迅究竟在为谁叹息呢？请同学们再读读这一段文字。（学生自读感悟）

【片段】

这时候，我清清楚楚地看见，而且现在也清清楚楚地记得，他的脸上不再有那种慈祥的愉快的表情了，他变得那么严肃。他没有回答我，只把枯瘦的手按在我的头上，半天没动，最后深深地叹了一口气。

接着引导学生交流，促进感悟。交流中相机点拨，引导学生感受叹息的丰富内涵：为穷人的不幸叹息，为社会的黑暗叹息，为国家的命运叹息，为自己的无奈叹息……

最后借助朗读，表达情感。让学生借助朗读，感受鲁迅先生对劳苦大众的同情、对当时社会的痛恨、对国家命运的担忧的复杂的思想情感，并借助朗读把这种感情表达出来。

（二）别人眼中的鲁迅

1. 诱发情感，引导阅读

通过阅读，我们已经清楚地看出了周晔眼中的鲁迅，你们心里也一定有了一个属于自己的鲁迅。那么别人眼中的鲁迅又是怎样的呢？鲁迅先生家里的女佣阿三是怎么说的呢？（生齐读阿三的话）

2. 引导联系，表达感受

听了阿三的话，再想到鲁迅对黄包车车夫的救助，你觉得鲁迅是怎样的人？（自由表述后朗读：伯父就是这样的一个人，他为自己想得少，为别人想得多。)

3. **适时推荐，引向课外**

为自己想得少，为别人想得多！这是鲁迅先生高尚人格的一个侧面，对生活在社会最底层的人们，他的关心和同情是真挚的、无私的。其实，这其中还有许多鲜为人知的故事。如果想了解更多，请同学们课后阅读著名女作家萧红写的《回忆鲁迅先生》这篇文章。

4. **诱发情感，引导阅读**

1936 年 10 月 19 日，鲁迅病逝于上海，一颗伟大的心脏停止了跳动。他的遗体躺在万国殡仪馆的礼堂里，上海上万名民众自发前来吊唁和送葬。让我们同周晔一起回顾那万人同悲的场面——（出示句子，学生齐读：他的遗体躺在万国殡仪馆的礼堂里，许多人都来追悼他，向他致敬，有的甚至失声痛哭。数不清的挽联挂满了墙壁，大大小小的花圈堆满了整间屋子。送挽联送花圈的有工人，有学生，各色各样的人都有。）

5. **拓展阅读，叙谈感受**

前来吊唁的人来自各行各业，来自四面八方。大家都要最后看一眼这个伟大的人物——鲁迅先生！著名作家巴金当时还是一个青年，他亲眼目睹了这一切，真实地记录了鲁迅先生去世时万人同悲的场面。现在让我们透过他的文字来看看当时的情景吧！（学生自由读巴金《永远不能忘记的事情》片段）

【片段】

朋友，这不是梦。我们大家所敬爱的导师，这十年来我一直崇拜着的那位老人永远离开我们而去了。旁边花圈上一条白绸带写着"先生精神不死"。然而我心上的缺口却是永远不能填补的了。

我不能够这样地久站下去。瞻仰遗容的人开始接连地来。有的甚至是从远方赶来看他们所敬爱的老人最初的也就是最后的一面。"让我们多看几眼吧！"我伸手拉帷幔的时候，常常有人用眼睛这样地恳求。但地方是这样狭小，后面等着的人又有那么一长列，别的朋友也在催促，我怎么能够使每个人都多看他几眼呢？

下午两点钟，灵柩离开了殡仪馆，送葬的行列是很有秩序的。许多人悲痛地唱着挽歌。此外便是严肃的沉默。

到了墓地，举行了仪式以后，十三四个人抬起了灵柩。那个刚刚在纪念堂上读了哀词的朋友，突然从人丛中跑出来，把他的手掌也放在灵柩下面。我感动地想：在这一刻所有的心都被躺在灵柩中的老人连接在一起了。

在往墓穴去的途中，灵柩愈来愈重了。那个押柩车来的西洋人跑来感动地用英语问道："我可以帮忙吗？"我点了点头。他默默地把手伸到灵柩下面去。

到了墓穴已经是傍晚了，大家把灵柩放下。一个架子上绑着两根带子，灵柩就放在带子上面。带子往下坠，灵柩也跟着缓缓地落下去。人们悲声低唱安息歌。在暮色苍茫中，我只看见白底黑字的旗子"民族魂"渐渐地往下沉，等它完全停住不动时，人们就把水门汀的墓盖抬起来了。一下子我们就失去了一切。

"安息吧，安息吧……"这简直是一片哭声。

仪式完毕了，上弦月在天的一角露出来。没有灯光。在阴暗中群众像退潮似地开始散去了。

在前来参加追悼会的人群中，你最关注谁？（交流中引导结合当时的情景，理解课文中"各色各样"、"伯父得到这么多人的爱戴"的具体含义，再联系全文内容体会得到这么多人爱戴的原因）

6. **整体联系，想象表达**

如果前来追悼的人中就有阿三，面对着先生的遗体，她会想起什么？如果人群中就有那位曾经被伯父救助过的车夫，面对着先生的遗体，他会想起什么？请选择其中的一个人物，试着走进这个人物的内心，用你的笔写下他（她）的心声。（学生写句子后交流）

四、小结延伸，引导亲近鲁迅

1. 引导表述

鲁迅先生离开我们已经快 80 年了，一个伟大的身影越去越远，但是鲁迅先生留给我们的又太多太多。鲁迅先生留给我们什么呢？（留给了我们宝贵的文学作品和精神财富，留给了人们永久的思念和深切的怀念……）

2. 诱发情感

鲁迅先生留给我们的太多太多了！老师想推荐同学们阅读这些作品（出示作品的题目）。《社戏》《从百草园到三味书屋》这两篇文章回去就可以阅读，后面的四部书《鲁迅全集》、许广平的《欣慰的纪念》、林贤治的《鲁迅的最后十年》《人间鲁迅》留在今后的人生中慢慢读，让我们借助阅读去更好地走近鲁迅，亲近鲁迅。（这样，可引导学生顺着课文的点和线，走进课外的面和体，从而沿着感知鲁迅、走近鲁迅、亲近鲁迅的轨迹，使鲁迅精神震撼学生的心灵，让鲁迅形象在学生心中矗立）

3 教学有法：假设导读法的理论初探

　　任何教学方法，如果实践是它赖以生存的土壤，理论则是其得以成长的营养。阅读了第一至第二章，老师们对假设导读的课堂和教学设计有了相当感性的把握后，这一章向大家呈现的便是假设导读理论探索的一些初步成果，包括：从假设导读法的内涵、独特价值、理论依据，到一些共性的操作方法；从如何通过多种途径致力于教学的优化，到怎样寻求语言发展与精神提升、思维发展和个性张扬的和谐统一；从教师的主导角色怎样扮演，到学生的主体角色怎样完善，才能让语文教学魅力四射；等等。有了对这些问题的基本把握，对假设导读的理解和运用，就能从现象走向本质，从浅表走向深刻，从机械走向灵活，从他主走向自主。

假设导读教学法概述

一、假设导读的基本含义

假设导读是指以假设思想指导阅读实践的教学方法。具体地说，就是在阅读教学中，遵循学习迁移理论，运用"角色理论"、"兴趣激发动机"原理和"实践第一"的哲学原理，根据学生特点和教材特点，围绕教学目标，以假设这一特殊的思维形式，活化教材，动化教程，趣化课堂，为学生创造生活实践和语言实践机会，让其跳出"旁观者的身份"，随时随地地充当角色，参与实践，促使其在生动活泼的气氛中设身处地地感受内容，体会情感，表达心声，以促使学生语言发展、精神提升、智力开发、个性完善的和谐统一。

假设导读中的"假设"，是假想的、设定的，是教学双方的。就教师而言，在于适时、适度地运用假设，指导学生的阅读实践，它是阅读指导的方法和策略；就学生而言，就是在老师指导下，自然、有效地运用假设，指导自己的阅读实践，它是阅读参与的方法和技巧。无论对教师还是对学生，假设作为有效的教学（或学习）手段，它都指向"读"、服务于"读"、落脚于"读"。

假设导读中的"导"，是假设与读的中介和桥梁，教师借助这座桥梁，要把假设传递的目标、程序、方法等一系列指令转化为学生有效的阅读实践，学生则要把教师传递的各种指令，转化为自己主动、积极、有效的阅读实践。"导"对教学双方都起着传导（传导指令）、指导（指导实践）、引导（引领方向）、疏导（疏通难点）等作用。

"假设导读"中的"读",是指在假设指导下的各种形式的阅读实践,它是假设运用的归宿,是假设效果的检测。

二、假设导读的理论依据

1. 从心理学的角度看

第一,假设导读法符合学习迁移的原理。迁移理论告诉我们,学习迁移就是相同联结迁移,在学习过程中,各种学科和各种技能之间,或同一学科和技能的各个不同部分之间,存在着某种程度的彼此互相影响的现象。知识的共同点是迁移的基本条件。

长期以来,假设在数学教学中运用广泛,而阅读教学中几乎无人问津。到底能否将假设用于阅读教学呢?答案是肯定的。因为语文和数学虽学科不同,教学任务、教学方法各有其特殊性,但从教学目标看,启发学生智力,发展学生智能,培养学生思维,提高学生自我获取知识并运用知识解决实际问题的能力,这是它们的共性。抓住语文和数学的共性,把假设在数学教学中创设教学情境、激发解题兴趣、转化思维角度、沟通解题思路、创设思维情境、突破教学难点的功能迁移于阅读教学,可发挥假设在阅读教学中的多重功能,以提升教学效果。

第二,假设导读法符合兴趣诱发动机的原理。从心理学的角度看,阅读是从书面语言符号中获取意义的心理过程,是人获取信息、陶冶性情、认识世界和改造世界的基本智能之一。阅读教学体现的是学生与教材的认识关系,教学过程是以提高读写能力为中心的指导学生掌握教材的过程。而直观形象思维向抽象逻辑思维过渡,是小学生思维发展的重要特点。他们年龄小、阅历浅,认识能力欠缺,教材中的课文多选自名家名篇,有些内容远离学生生活,学生与作者、与文中人物间的心理差异明显,学生生活与文中所述事情的背景差异突出,这给他们的阅读感悟带来了困难。而假设具有"化远为近、化虚为实、化静为动"的功能,它可打破教学时空、教学条件等各种限制,让遥不可及成为近在咫尺,虚无缥缈成为清晰可见，静止画面成为鲜活情境……这样，就可发挥"直观形象"对学习内驱力的诱发作用，让学生感受到语文学习的无穷乐趣。

2. 从认识论的角度看

苏霍姆林斯基在《给教师的建议》中指出："请你努力做到，使学生的知识不要成为最终目的，而要成为手段，不要让知识变成不动的死的'行装'，而要使它们在学生的脑力劳动中，在集体的精神生活中，在学生的相互关系中，在精神财富的生动的、不断的过程中活起来，没有这种交流，就不可能设想有充满的智力的、道德的、情绪的、审美的发展。"[①]毛泽东同志指出："实践的观点是辩证唯物论的认识论之第一的和基本的观点。"[②] 认识是人脑对客观事物的反映，要认识那个事物，除了同那个事物接触，即生活于（实践于）那个事物的环境中，否则是没有法子解决的。这就启示我们：必须把学生良好道德的培养、读写技能的形成、智力思维的发展、审美能力的提高，建筑于知识"获取——运用——获取"的循环的"活"的实践之上。在阅读教学中运用假设，就在于遵循辩证唯物主义的认识论和角色理论，发挥假设"化人为我，化物为人"的功能，还原课文所描绘的情境，创设课堂实践（生活实践、思维实践、语言实践、道德实践、美育实践等）情境，并置学生于情境之中，充当各种角色，理解角色行为，增强角色体验，让其在多种形式的假设实践中去认识生活、获取知识、发展语言和思维，同时得到"充满的智力的、道德的、情绪的、审美的发展"。

3. 从教育学的角度看

从教育学角度看，阅读教学是教和学两种活动的关系，要保证阅读教学任务的实施和目标的达成，教与学必须和谐地统一于教学目标之上，而在教与学这一对矛盾中，教师是矛盾的主要方面，教师主导作用充分有效地发挥，是学生主体作用发挥的必要前提。在阅读教学中运用假设，就在

---

① 苏霍姆林斯基. 给教师的建议 [M]. 杜殿坤，编译. 北京：教育科学出版社，1984：22-23.

② 毛泽东. 毛泽东选集：第一卷 [M]. 北京：人民出版社，1991：284.

于发挥其"化难为易、化繁为简"的功能，以假设点拨诱导，使教师在教学中左右逢源，游刃有余，以达到教学双方配合默契、和谐共振的教学境界。

三、假设导读的独特价值

假设导读法借鉴了李吉林老师情境教学法的经验。在情境教学中，情境创设多是假设的、模拟的、想象的；情境角色多是设定的、扮演的、临时的。它们的共同特点都是难求真实，便求相似；不求相同，力求相近；借助情境，增强体验。可见，假设在情境教学中起着举足轻重的作用。

假设导读法与情境教学法都注重通过假设的运用，使教材更加具体形象，富有魅力；使课堂更加生动活泼，富有磁性；使学生更加主动积极，富有活力；使课堂教学能进一步贴近学生，贴近实际；使语文学习富有情感，富有情趣，富于挑战。在此基础上，促进学生知识获取、能力提高、智力发展、精神提升、个性完善的有机统一。

假设导读法的独特性，首先在于将假设灵活而广泛地运用于阅读教学实践。假设内容的全面性、假设方法的灵活性、假设手段的便捷性，都展示了假设导读的独特魅力。在假设导读中，假设的运用，既在于引领学生的语言实践，还在于左右教师的阅读教学。从教材体系的把握、教学内容的理解、教学思路的设计、教学形式的选择、重点凸显的方法、难点突破的措施等，教者都能有的放矢地运用假设，使假设运用进入了无限开阔的空间，而一旦教者借助假设，对教材内容有了深入而灵活的把握，对教材运用达到合理而科学的水平，那对学生的引领和指导，就既能行之有效，更能行之高效。

假设导读法的独特性，还在于随机而有效地将社会角色理论用于阅读教学实践。由美国学者米德教授创立的社会角色理论，是根据人们所处的社会角色去解释人的行为，并揭示其中规律的一种学说。它把社会看成大舞台，把社会成员当成剧中角色。演员在舞台上的表演，即按剧中人的方式行动，或以剧中人的态度对待周围的事物及自己，是由剧本、场景、导演的指示、同伴演员的表演、观众的反应以及演员本身对角色的理解和扮演技能等来决定的。而在现实生活舞台活动着的人，也类似于角色，他们的言论和行为在很大程度都由其社会的角色所决定。

将社会角色理论用于阅读教学，就在于促使教学双方都能很好地成为舞台中的角色。这里的舞台和角色，内涵极其丰富。假设的运用，使课堂成了舞台，教学双方在演绎着教师与学生的角色；使文本成了舞台，教学双方随时可以走进文本，充当文中的各种角色；使生活成了舞台，师生双方随时可以进入生活，充当生活中的各种角色……而所有的舞台，都是语言实践的平台；所有的角色，都是语言实践的主体。这样，在各种舞台的占领和多重角色的扮演中，在角色责任的承担和角色行为的选择中，学生就能得到语言的发展、精神的提升、人格的完善，得到语文素养的综合提升。

四、假设导读的基本操作

1. 假设导读，诱发学习热情

兴趣是构成学习动机的重要心理成分，在阅读教学中，根据学生心理特点和教材特点，以假设引趣，可以有效地诱发学生的学习热情。

可以假设设计导语，从而有效地发挥假设引发情趣、诱发情感、展示形象、创设情境等多种功能，让学生一开始就以愉快的心境投入学习。

方法一

（1）假设旅游。对描写景物的课文，可利用挂图，引其入境，变观图为旅游，或妙用文路，巧设游路，变文字为画面。这样，学生定会兴趣盎然。

（2）析题揣摩。新课导入，可以假设引导剖析文题，对课文内容、思路及中心进行揣摩。对写景文，可以假设唤起学生头脑中的记忆表象，让其借助想象创造画面，为阅读课文铺垫。对贴近学生生活的课文，可让学生剖析文题，参与写作，以尝试写作揣摩内容、中心和思路。这样导入，可把学生的好奇心成功地转移到知识探究中去，使其上升为学习兴趣，为阅读教学的深入奠定基础。

（3）推理验证。对内容联系紧密、逻辑性强的课文，揭题时可抓住内容和中心的聚焦点，以假设设问，引导推理，辐射全文，再与课文比较，形成差异，以激发学生的学习兴趣。

（4）目标设计。为促使学生做课堂的主人，新课导入可让学生以教者的身份剖析课题，通过明确教学目标而确定学习目标，以诱发兴趣。

（5）迁移定向。现行教材分单元安排了读写训练重点，其目的是要求教师巧用教材，培养学生的自学能力。为此，在重点课文渗透学法的前提下，可在其他课文的导入中，引导学生做编者，揣摩编者意图，迁移读书方法，做好思维定向，从而加强学法指导，保证每一组课文教学的联系性和整体性。

为使假设成为兴趣的引子，并把这种兴趣引向以思维为中心的课堂教学活动，新课导入中可先不置可否，使学生充分发言后适时点拨，合理引渡，以促成兴趣向求知欲的转化，并使这种求知的欲望变成求知的动力。

为使学习兴趣得以保持，使其始终成为学生获取知识的动因，在阅读过程中，可围绕教学目标和教学重点，准确捕捉兴趣点，以假设不断地推波助澜，使课堂教学层波叠起，使学生持续保持浓厚的学习兴趣和旺盛的学习热情。

方法二

（1）引发想象。阅读中可运用假设触发想象灵感，开拓想象思路，引导学生通过再造想象，使语言文字变成鲜活的情境，让学生在具体形象、"可视可感"的画面中理解内容，体会感情。

（2）转换角度。在阅读中，如学生遇到疑难，可以假设转换思维角度，降低阅读理解的难度。如：引导理解含义，可以化句为人，让语言文字表述自己的意思；引导体会情感，可以带学生进入情境，自我抒发感情；引导体会人物心理，可以让学生充当角色，自我表述内心。

（3）推理比较。比较是认识事物的重要方法。在阅读教学中，可抓住课文内容与学生生活、学生与作者或文中人物间的差异，捕捉文中的推理点，以假设引导推理。学生的推理往往与课文内容存在差异，甚至大相径庭，这就可促使学生生疑，并由疑生趣，以促使其深入理解课文内容。

（4）投石击浪。如果课堂波澜不惊，可以假设选准石块，巧妙地投掷，以创设教学波澜。可动化教材，将说明文转化为叙事文；可以动化教程，让阅读指导转化为写作指导。这样，假设带给学生的就既是兴趣，更是挑战。

（5）现场采访。在阅读中，可围绕教学重点，创设采访情境。或者教者以记者身份出现，围绕教学目标巧妙设问，让其接受采访；或者让学生互为采访的双方，促其自行采访。这样，学生能够在生动有趣的采访中理解内容，体会感情。

课文阅读后，可抓住时机，因势利导，以假设创设空白点。可以假设存疑，引导探索；可以假设设境，引导说写或编剧表演；可以假设验证，引导课外阅读，这样，可以鼓励和引领学生进行新的探索，以强化阅读教学效果，使课堂兴趣如烟袅袅，使学生感受学习的无穷乐趣。

2. 假设导思，深化思维训练

思维是一个人智力和能力发展的核心。阅读教学中的思维训练须有机地渗透在字词句篇的训练中，并以加强思维品质的培养作为发展学生智能的突破口。在阅读教学中，可以假设引发或点化，捕捉思维训练契机，加强思维品质培养，深化思维训练效果。

（1）假设发散，培养思维的广阔性。由于水平能力的限制，小学生思考问题往往就事论事，思路狭窄。为此，可抓住理解的重点、难点，运用假设，引导学生进行多角度推理，多线索联系，多维度延伸，从而扩大理解背景，开阔思维空间，以培养学生思维的广阔性。

（2）假设对比，培养思维的深刻性。小学生思考问题往往缺乏深度，浮于表面。为此，可以假设变更条件，诱发比较：可变更事情的时间、空间、背景和人物，也可变更事情的起因、经过或结果，从而让学生在变更推理中获取比照材料，进而在比较探究中深入理解内容，以培养其思维的深刻性。

（3）假设排除，培养思维的灵活性。事物发展中的诸因素是互相联系、互相制约的，去掉某个条件，事物的发展往往会发生变化。为此，在阅读教学中，可运用假设，排除事情发展中的某个细小环节，或排除其中某一特定背景，或排除其中某个人物或某个场面，以变换思维角度，让学生另辟蹊径，以培养其思维的灵活性。

（4）假设进境，培养思维的变通性。在阅读教学中，学生思维受阻的原因之一是对课文内容缺乏深入感受。为此，可用假设把学生引入课文所描述的情境之中，或充当境中角色，或充当境外来客，以强化情境感受，缩小其与课文内容的距离，帮助其接通思路，以培养学生思维的变通性。

（5）假设设疑，培养思维的创造性。一切创造都是从假设开始的。在阅读教学中，可运用假设设置疑难，或在事情发展中设置某一意外情况，或要求事情发展的结果发生根本性变更，引导学生寻求相应的对象，以发展学生的创造性思维。

3. 假设传道，优化情感教育

小学语文学科思想教育的重要途径之一，是通过语言文字的阅读理解进行渗透。运用假设，不仅可以充分挖掘教材中的教育因素，而且可以有效地沟通学生与教材的联系，使德育教育寓于艺术美的启迪之中，寓于对传统道德的体验之中，寓于生动具体的形象之中，寓于对具体事物的清晰的辨别之中，从而充分发挥语文教书育人的潜移默化功能，以优化情感教育。

（1）以假设给以情的诱发。情感可以影响和调节认识过程，它是道德认识转化为道德行为的内部动力。在阅读教学中，可紧扣德育点，以假设促学生移步于课文所描述的情境之中，在深入感受中诱学生动情，并引导学生借助语言外化感受，从而让学生在情感的"亲身"体验和"自我"

流露中受到教育。

（2）以假设给以境的感染。情境感染是阅读教学中德育渗透的重要方法，可运用假设，或借助图片、实物等以活化教具，创设情境；可借助朗读、表演等，以设置情境；还可引导学生凭借想象、联想等形象思维，将书面语言还原成情境。在以上述方法构建情境的基础上，可以假设点拨，促使学生入其境，通其心，感其情，从而受到情境的感染。

（3）以假设给以理的启迪。明理是学生形成良好道德习惯的前提，在阅读教学中，可以假设进行点化，让学生明理悟道。对正面写人的课文，可让学生自我参与，经历事情，体验过程，接受教育；对写人物教训的课文，可让学生充当文中人物，总结经验教训，在自我懊悔中明理，也可为文中人物寻找台阶，让学生从正、反两方面明理；还可变更推理，让学生在比较中明理。

（4）以假设给以行的导向。让学生明白做人的真谛，使其树立正确的人生观，从而以正确的道德观来规范自己的言行，这是阅读教学中德育渗透的重要目的。为此，要充分发挥课文中典型人物形象对学生的感染和熏陶作用，巧用假设，或让学生进入情境，感受形象，揣摩心理，颂扬人物；或让学生充当角色，置于境中，自我表述，外化心理，从而让学生从人物的言行举止中感受和理解人物崇高的内心世界，进而懂得如何像先进人物那样做人。

4. 假设寓美，寻求美育效应

培养学生感受、鉴赏、创造美的能力，这是阅读教学的重要任务。根据小学生的心理特点和小学审美教育的特点，将假设运用于审美教育之中，可以提高阅读教学中的美育效果。

（1）运用假设，引导学生感受美。引导学生感受美，这是审美教育的基础。根据阅读教学中美育"熏渍陶冶、潜移默化"的特点，可将假设用于审美教育、通过情境创设、气氛渲染、情感诱发，培养学生感受美的能力。

首先是假设入境，认识自然美。小学教材中许多课文描写的景物亲切宜人，表达的感情细腻温馨，可谓情文并茂、文质兼美。为引导感受自然的美，可发挥假设"化远为近、化静为动"的功能，创设并促使学生进入情境，感受画面。课文阅读前，可运用假设，引导学生借助头脑中贮存的有关事物的表象构筑画面，以初步感受；课文阅读中，可运用假设，引导学生借助联想、想象，将语言文字还原成景物画面，以加强感受；在阅读理解、感受美景的基础上，可运用假设诱其入境，抒发感情，以升华感受。

其次是假设揣摩，认识人物美。培养学生对人的审美能力，这是审美教育的重要内容。针对小学生认识能力欠缺的特点，为保证其对人物审视的准确性、深刻性，可运用假设，沟通联系，使学生设身处地地感受人物，认识其美。为引导理解人物美的行为，可以假设促其入境，选择自己的情境角色，如：选择正确，则追问究因；出现偏差，则引导与文中人物比较，找出差异。为引导理解人物美的心灵，可以假设让学生充当角色，身临其境，揣摩心理，感受品质。为引导理解人物美的价值，可运用假设，变更人物言行，引导推理，并进行比较。

再则是假设比较，认识社会美。社会美的渗透也是阅读教学中审美教育的重要内容。在教学中，可运用假设沟通学生与课文、与社会的联系，加深学生对社会的认识，提高其对社会的审美能力。可以假设创设对比材料，让学生在鲜明的对比中认识旧社会的黑暗和新社会的美好；可运用假设延伸课文，引导认识社会主义无限光明的前途；还可运用假设，让学生进入文中所描述的情境，让其认识社会美的组合因素以及诸因素之间的联系，让其明白，社会美是社会制度美、人类精神生活美、人类精神行为美的集中体现。

（2）运用假设，引导学生鉴赏美。鉴赏美是感受美的提高和升华，是审美能力的重要体现。在阅读教学中，可以假设为纽带，沟通"辩证思想"与"审美教育"的联系，以辩证唯物主义思想强化审美教育。通过鲜明形象的感受，通过评价人物、事物，去辨别什么是美，什么是丑，以净化心灵，陶冶情操，提高学生鉴赏美的能力。

一是渗透本质观点。小学生认识事物易被表象所迷惑，难以透过现象看其本质。因此，可运用假设引导学生透过现象看其本质。对借景抒情文，可引导学生在感受美的基础上，理解景物的内在美，体会课文的情感美；对借景（物）写人的课文，可引导学生在感知景（物）的美的前提下，了解文章的主旨美；对写人的文章，不仅要让学生理解人物外表，而且要透过外表了解人物的内心。外表与内心一致的，则要理解外表与内心的互为映衬的关系；外表与内心不一致的，则要理解外表与内心互为反衬的作用。特别要注意引导学生透过现象的丑看其内在的美，透过虚伪的、伪装的美看其内在的丑，真正提高其对美和丑的鉴别能力。

二是渗透联系观点。阅读教学中，可运用假设，促使学生以联系的观点对事物的内部、外部以及与之相关的各个方面进行剖析，在联系中鉴赏美。对写景文，可引导学生整体把握画面和构成画面的景点及其相互间的联系，通过假设排除或假设比较，让学生鉴别美。对写人文，要引导学生了解人物的美是与周围事物、景物、人物相关的，分析人物，除了要探究人物自身的言行，还要注意理解事物、景物对人物，人物对人物的衬托作用。

三是渗透发展的观点。为培养学生鉴赏美的能力，可让学生从事物发展的过程中，从事物的假设比较中认识美与丑的相对性和发展变化性。

（3）运用假设，引导学生创造美。创造美是美育的最高层次。为培养学生创造美的能力，可以假设捕捉契机，或以假设创造机会，引导学生用优美的语言描述对美的内容的理解，训练口头表达的能力。在作文教学中，命题要渗透美育因素，激起学生写"美"的欲望；指导要渗透美育情感，诱发学生做"美"的表达；通过对自然风光、人物事件的分析，引导学生入情入境；通过对结构的安排、语言的锤炼，写出情真意切、生动形象、有血有肉的文章来。

5. 假设促写，强化读写结合

"读写结合"是提高学生读写能力的有效途径。在阅读教学中，可运用假设，拓宽写作路子，挖掘写作素材，丰富写作形式，使学生的读写能力同步提高。

（1）紧扣训练点，使读写训练序列化。教材中的读写训练重点，是读写的重要结合点，可紧扣训练点，有机结合，使读写结合目标化。根据读写互为联系的特点，可通过读写训练点的剖析、归并、挖掘，确定结合点，使每个结合点发挥导读导写的双重功能，从而形成由一个个结合点构成的读写训练主线。在此基础上，重视课文的阅读指导，以显示结合点，并紧扣结合点进行相关的写作训练，通过有针对性的指导、评讲，使读写训练重点落到实处。

（2）巧用情境点，使读写训练趣味化。在阅读教学中，可运用假设，创设情境，融阅读与写作于一体；可让学生对课文内容做一做，演一演，活现生活画面，再进行拓展性说写训练；可引出互为对立的观点让学生争辩，再让学生描述争辩场面；还可创设采访情境，再引导学生对采访情境进行描述。

（3）抓住动化点，使读写训练深刻化。"动化"即对教材的"动态"处理，以此为结合点进行读写训练，可使读写结合进入深层次。可排除（或插入、变更）文中某一条件，以推理事物的发展；可让文中人物、场景进行易位转嫁，想象画面，进行说写训练；可借用课文题材，转变叙述方法；可抓住文中人物的"希望"点，引导学生想象希望实现的情景；对以人物教训给人以启迪的课文，可引导学生想象事情再次发生的情景……以上述方法进行读写结合，可促使学生深入理解课文，使学生的思维能力、想象能力得到充分发展。

（4）重视常规点，使读写训练系统化。阅读与写作是相互对应的心理过程，它们具有一个个对应点，以对应点为常规结合点进行读写结合，可使读写训练系统化。可抓住"解题"与"审题"、"据句释词"与"用词造句"、"品尝词句"与"炼词炼句"等结合点进行读写训练。这样，读中有写，写中有读，读写自然联系，其效果不言而喻。

五、假设导读的使用原则

1. 方向性原则

要深入钻研教材，明确教学目标，准确捕捉教学目标与假设的联系，围绕目标运用假设，运用假设指向目标，以保证假设运用的方向性。

2. 针对性原则

要针对教材、学生和课堂教学的特点，准确捕捉假设时机，灵活运用假设方法，合理确定难易程度，做到时机适宜，方法适当，以保证假设运用的针对性。

3. 效应性原则

假设导读中假设的方法甚多，教学中要对诸多方法进行选择，坚持以思维训练为核心，语言训练为重点，将兴趣的激发、情感的诱发、德育和美育的渗透、读写的结合有机地融为一体，以寻求假设的综合效应。

4. 基础性原则

假设导读中假设的使用是以学生的生活经历、知识水平、认识能力为基础的，须以有效的方法丰富学生生活，指导观察生活，增加生活储备，强化感性认识，以开好生活的源。与此同时，要加强课外阅读的指导，以丰富语言，拓开思维的流，从而为课堂教学中角色的转换、思维的外化奠定基础。在教学中，还要瞻前顾后，做到前有孕伏，中有突破，后有延伸。

5. 穿插性原则

一是假设导读与一些先进的教学法穿插使用，比如愉快教学法、情境教学法、发现教学法，以强化效果，并尽可能以假设将这些方法糅合一起，以求综合效应。二是假设导读与客观阅读穿插。假设导读的重要特征是转换阅读角度，变立于文外的客观阅读为深入文中的假设阅读，而客观阅读是阅读教学的主要方法。因此，两种方法要灵活穿插，该假设则假设，不该假设的则使用客观阅读。另外，假设之后，还要巧妙点化，使假设阅读向客观阅读转化，以强化效果。

6. 导学性原则

要发挥假设导读的导学功能，逐步使学生能够独立运用假设，明确学习目标，运用假设，寻求思维方法，运用假设，挖掘说写素材，从而切实体现叶圣陶老先生"教是为了用不着教"的教学思想。

致力于课堂教学的优化

巴班斯基的教学最优化理论告诉我们，所谓教学优化，就是通过对教材的系统处理、目标的合理确定、教程的精心安排、教法的最佳选择，从而以较少的时间、较小的投入，寻求最佳的教学效益。教学是教与学的双边活动，其实质就是教师将自己的知识转化为教学能力，进而通过课堂教学转化为学生的知识能力。因此，课堂教学是提高教学质量最根本、最重要的教学活动，教学优化实质就是课堂教学的优化。我们研究和实施假设导读法，正是以教学优化为重要目标指向的。

一、教材钻研的多角度

课堂教学的优化是以教学目标为重要检测标准的。教学目标是教师双方教与学活动的总航标，它制约着教学双方的课堂活动指向和思维指向。而教学目标的制定又是以教材为凭借、学生为依据、课程标准为准绳的，只有在心中有课程、目中有文本、胸中有学生的前提下制定出具体明确、切实可行的教学目标，才能保证课堂教学的目标性、方向性，从而奠定教学优化的基础。而假设导读法的实施正是以教者对教材的深入钻研为基础的，且钻研教材的多角度正是教学目标优化的重要前提。

1. 编者的角度：使教学目标充分体现编者意图

课文是编者根据语文教学的总体目标、语文学习规律和学生的认知心理特点而精心选择的。站在编者的角度上俯视教材，切实搞清楚课文的选择、单元的划分、重点训练的设置、基础知识的安排，以及各篇课文之间、各单元课文之间、各重点训练之间的联系，从而准确把握课文的德育点、美育点、知识点、能力点，准确提挈由一个个分点构成的德育渗透线、美育渗透线、知识教学线、智力发展线、能力训练线，使教材体系筹在胸。在此基础上制定教学目标，就能使编者意图得以充分体现。

2. 学生的角度：使教学目标充分体现学生意愿

学生是课堂教学的主体，学生精神的提升、知识的获取、思维的发展和能力的形成，这是课堂教学的归宿。由于师生之间阅历、知识、心理、情感等诸方面的差异，教师钻研教材往往自觉不自觉地以自己的知识水平猜度、推断学生，眼高手低，细之不足，粗之有余；全面不够，深刻有余；俯视不够，平视有余，由此制定的教学目标往往脱离学生实际，容易出现课堂教学中师生间的异步现象。而站在学生的角度，以学生的水平能力为基础钻研教材，可保证教材钻研求全、求细、求实，做到浅文深钻，读准字音，推敲词义，体会句蕴。这样，相关知识就能了解细一点，相关背景就能了解宽一点，相关难点就能想得多一点，从而准确把握学生的兴趣点、疑难点、动情点、背景介绍点。心中有学生，才能真正做到心中有教材，从而使教案设计贴近学生，目标确定切合实际，以达到教学目标的优化。

3. 作者的角度：使教学目标充分体现作者目的

文章是作者表情达意的载体。每写一篇文章，作者均有其目的，或抒发某种感情，或说明某个事理，或赞颂某个人物。其遣词造句之妙处，谋篇布局之佳处，情感表达之精华，也许唯有作者最清楚不过。由于教者与作者的种种差异，因而理解教材往往难以达到全面、准确、深刻的要求，难以与作者"不谋而合"。这样，在确定教学目标时就难以使作者的意图得到充分的体现。而站在作者的角度上理解教材，就能有效地缩小教者与作者的距离，以促进教者理解作者生平，了解作者背景，并在此基础上熟读精思，字斟句酌，从而对作者写作目的的确定、材料的选择、篇章的构思、详略的安排、词句的锤炼等有比较透彻的理解。在此基础上设计教案，就能使作者的目的得以体现，达到教学目标的优化。

4. 教者的角度：使教学目标充分体现教者智慧

课堂教学设计是教者知识、能力、智慧的结晶。就一篇课文而言，作者借此表情达意，编者借此安排教学目标，学生借此获取知识，教者借此实施教学目标。编者、学生、作者、教者四方面的有机统一，是保证阅读教学目标实施的重要前提，而四方面的有机统一依赖于教者去实现。在以编者、学生、作者的身份钻研教材的基础上，再从教者的角度钻研教材，设计教案，这样能有效地沟通联系，以一心（教者之心）勾连，求四心相通，四路（文路、编路、教路、学路）统一。从而通过作者意图与编者意图的联系，求得作者与编者的统一；通过编者意图与学生意图的联系，求得编者与学生的统一；通过编者意图与教者意图的联系，求得编者与教者的统一。这样，教者在编者、作者、学生的有机联系中理解教材，设计教案，确定目标，可保证目标的明确性、可行性，就能从根本上奠定课堂教学优化的基础。

二、新课导入的多角色

苏联教育家、心理学家赞科夫说过："教法一旦触及学生的情绪、意志领域，触及学生的精神需要，这种教法就能发挥高度有效的作用。"①苏霍姆林斯基也曾说过："只有能激发学生去进行自我教育的教育，才是完整的教育。"② 这就启示我们，为保证课堂教学的优化，须以有效的方法诱发学生的心理动因，促使学生主动积极地获取知识。就课堂教学而言，其优化是从新课导入开始的。因此须讲究导入方法，寻求新课导入的短平快效应。而假设导读法中的新课导入，正是从课堂优化的目标考虑的，其最为显著的特点是巧用假设，让学生多角色参与，以沟通学生与教师、作者、编者、教材、生活的联系，求得导入的诱情、激趣、导法、定

① 赞科夫. 教学与发展 [M]. 杜殿坤，等，译. 北京：人民教育出版社，1985：106.
② 苏霍姆林斯基. 给教师的建议 [M]. 杜殿坤，编译. 北京：教育科学出版社，1984：350.

向、铺垫等效应，促进课堂教学的优化。

1. 教者的角色

传统的教学方法往往置学生于被动接受知识的地位，教学目标教师确定，教学方法教师设计。而新课导入让学生扮演教者的角色，以教者的身份剖析课题，或者确定目标，或者设计教法，或者确定目标又设计教法。这样，首先可以缩小教者与学生的情感差和心理差，使学生感到师生之间的平等性；其次可针对学生爱尝试的心理，促使学生尝试学习，强化参与意识，以增强其在课堂教学中的责任感；再则可创设情境，促进教与学的转化，借助暗示，让学生在教学目标、教学方法的确定中明确自身的学习目标和学习方法。

2. 作者的角色

"我来写"与"我来学"是两个不同的心理过程，前者处于主动的位置，后者处于被动的位置。新课导入让学生充当作者，通过审题进行揣摩，不仅可促使学生从课题中透视文章内容、中心和思路，为阅读做好铺垫，还可使阅读与写作融为一体，让其从写的角度解决读的目标和方法问题，使其解题与审题能力同步提高。同时，还可沟通阅读与作文、课堂与生活的联系，发挥它们互为渗透、互为促进的作用，求得新课导入的综合效应，以促进教学的优化。

3. 编者的角色

在新课导入中让学生充当编者，让其以编者的身份剖析课题，可促使其站在一定的高度来审视教材，在编者意图的揣摩中明确一组课文写作特点的相似性，阅读目标、阅读方法的相关性，以顺利地迁移读书方法，形成单元阅读整体，促进教学优化。

4. 生活的角色

文章是客观事物、客观生活的反映，阅读则是借助书面语言认识客观事物和客观生活的过程。从生活的角度导入，把书面文字变成生活画面，让学生充当生活的角色，把阅读课文变为感受生活，可有效地加强阅读与生活的联系，增加阅读趣度，降低阅读难度，提高阅读效度，使学生在生活的感受中自觉不自觉地理解课文，理解生活。

综上所述，假设导读法的多角色导入，可从兴趣诱发、目标明确、方法确定上为课堂教学的优化提供保证。

三、学法指导的多线索

苏霍姆林斯基指出："小学的主要任务就是教会儿童使用工具，一个人在他一生中就是借助这个工具去掌握知识的。"[①] 这里的工具指的是获取知识的工具，即学习方法。假设导读的重要出发点和归宿是让学生获取关于学习方法的知识，形成自我获取知识的能力。它的重要特征之一，就是把教学的着眼点，从过去的重视学习结果转到重视学习过程的指导，使学生在教师的指导下生动活泼、卓有成效地学习知识、训练能力，成为学习的主人。而多线索的学法指导则是假设导读法中学法指导的重要特征，是使学法指导付诸实施的重要保证，也是课堂教学优化的重要内容。

1. "主线学法"为明线，保证了学法指导的方向性

主线学法就是安排于中高年级教材之中的读写方法，它分单元定训练重点，并以导语对读写方法予以提挈。假设导读法以此为明线安排学法指导，可以彰显以下四方面的特点。

一是方向性。教材是学法指导的凭借，编者安排读写训练重点的目的就在于安排一条贯穿教材的主线，以提示教者据此传授知识，安排训练，指导学法，从而由浅入深地对学生进行扎实的读写训练，使他们的读写能力同步提高。

二是双向性。假设导读中主线学法的指导能够有效地根据读写互为联系的特点，从读和写两方面剖析导语，剖析课文，使每篇课文和导语都能发挥导读、导写的双重功能。这样，能有效地挖掘教材，以提高教材的导学效益。

---

① 苏霍姆林斯基. 给教师的建议［M］. 杜殿坤，编译. 北京：教育科学出版社，1984：137.

三是示范性。假设导读法中的主线学法指导，切实在学法指导上着力，单元教学围绕导语规定的读写训练重点进行，按照"导语——讲读课文——阅读课文"的顺序组织，注重了讲读课文的学法示范，重视了导语的学法提取，强调了阅读课文的学法运用。这样示范引路，运用强化，能有效地优化学法指导。

四是实践性。学生学习方法的获取是以学法的实践运用为重要前提的，假设导读中的主线学法指导，切实注意了这一点。在讲读课文中渗透学法，导语提挈学法的基础上，注重引导学生运用学习方法自主阅读课文，教者适当点拨，以促使学生自求其解。单元课文教学后，又以读写知识串联，以形成单元课文的整体认识，并以读写知识为线索做延伸性读写。这样指导，能有效地优化学法指导效果。

2. "常规学法"为暗线，重视了学法指导的渗透性

在阅读教学中，让学生掌握文章的基本读写方法，是学法指导的最终目标。只有这样，学生阅读才能读之有序，读之有法，读之有效；写作才能言之有序，言之有物，言之有理。而读写方法的掌握不可能一蹴而就，须贯穿教学的始终。另外，现行教材又以导语安排的读写训练重点为线索编排。鉴于上述情况，假设导读中的学习指导将常规学法作为学法指导的暗线，有机地穿插于主线学法指导之中，体现了渗透性的特点。这样指导，有以下几方面的优势。

一是合理分解，各个击破。因为常规学法知识点包含内容甚多，难以在短期内都得到落实。而将学法系统分解为一个个学法知识点，可以各个击破，分步落实，一步步地走向最终目标。

二是相机点拨，随机渗透。为突出读写训练重点，一般教学是以主线学法为线索进行的，这样在突出主线的同时进行常规学法的渗透，可使两种学法有机穿插，相得益彰。有时只需三言两语稍加点拨或提示，学法指导便在其中了。如能长期坚持，各个学法知识点就都能得以落实。

三是综合归纳，形成体系。由于常规学法是以平时的渗透为主的，因此其指导还注重了对学法知识的系统归纳，综合梳理，以使学生对每个学

法知识点有明晰的印象。这样，能使学生形成学法知识体系，以使学法指导得以优化。

3. "特殊学法"为副线，注重了学法指导的特殊性

假设导读还注意以特殊学法为副线进行学法指导，这样有助于学生在把握基本学法的同时把握一些特殊的学法，以使学生面对各种载体、各种结构的课文，能灵活选择和运用学法，以提高学生的适应能力。

综上所述，由于假设导读法注重了学法指导的多线索，全面实施了叶圣陶老先生"教是为了用不着教"的教学思想，因而能有效地保证课堂教学的优化。

四、情境创设的多功能

1. 简单易行：运用的广泛性

由于假设是一种特殊的思维形式，它可以打破时间、空间和教学条件的限制，使情境创设简单易行。

一是教具活化。充分运用教具，活化教具，这是假设导读中情境创设的方法之一。一张风景挂图，可带学生进入风景之中，谈所见，叙所闻，述所想，使学生进入"旅游"之佳境；一张人物挂图，可带学生来到人物面前，或带人物来到学生之中，让学生与人物会面，使学生进入"会见"之境地；一曲音乐，可带学生进入乐曲所描述的情境之中……这样，一些简单的教具均可成为情境创设的条件，而无须"兴师动众"，让教具倾巢出动。

二是教材动化。动化教材是假设导读中情境创设的重要方法。通过假设，可将学生引入文中，感受情境，体会感情；通过假设，可将学生引入境里，与人物会面，互为采访；运用假设，可让学生充当角色，设身处地，表述心理……这样合理动化，随机创设，简单、方便、易行，可以有效优化教学效果。

2. 目标多维：情境的有效性

假设导读中的情境创设，是以融合多维目标为重要前提的，它多将形象的构建与展示、语境的还原与感受、情感的感悟与表达、语言的吸收与外化融为一体。如阅读《田忌赛马》（沪教版三年级下册），为理解寓意，让学生充当齐威王、田忌和孙膑，教者围绕比赛情境进行采访，以促使学生参加比赛，感受情境，叙谈感受，探究原因。这样的情境至少有以下几重效应：

一是引趣效应。小学生好奇、好趣，就课文讲课文，必然索然无味，而让学生走进文本，参与比赛，叙谈体会，则能有效地引发他们的学习兴趣。

二是引思效应。就这则寓言而言，直接让学生说寓意较为困难，教者简单奉送又失去意义。而现场采访则可引其入境，增强体验，促进表达，以顺利理解寓意。而学生接受采访，须对比赛情况及时判断、快速分析、合理推测，这就能有效地培养学生思维的敏捷性。

三是说写效应。采访情境的创设，置学生于赛场，直接回答"记者"设问，使语言训练与思维训练同步，能有效地训练学生的口语能力。而如果阅读后以"赛场采访记"为题，让学生想象叙述自己亲临采访的情境，这既能促进理解的进一步深入，又能提高学生的写作水平。

让课堂教学走向和谐

《语文课程标准》指出："语文是最重要的交际工具，是人类文化的重要组成部分。工具性和人文性的统一，是语文课程的基本特点。"这一表述，使关于语文课程特点这一长期争论不休、悬而未定的问题得到了解决。但必须看到，语文课程性质虽理论上有了定论，但实际操作中或左或右的现象却颇为普遍：强调情感熏陶，便舍弃语言训练；重视阅读感悟，便忽视思维训练；尊重独特体验，便不顾价值导向……上述现象，使得诸多语文教师陷入困惑。叶圣陶先生曾明确指出，语文"这门功课是学习运用语言本领的"，"既然是运用语言的本领的，为什么不叫'语言'呢？口头说的是'语'，笔下写的是'文'，二者手段不同，其实是一回事。功课不叫'语言'而叫'语文'，表明口头语言和书面语言都要在这门功课里学习的意思。"①

可见，任何时候，发展语言都应是语文教学的第一要义，舍此就不是语文。实施假设导读，就在于强化学科意识，凸显学科本质，重视语言发展，把精神提升、思维发展、个性张扬与语言发展融为一体。

一、语言发展与精神提升的和谐

工具性和人文性的统一就是说，语文教学既要丰富学生的语言系统，

---

① 叶圣陶. 语文是一门怎样的功课：在小学语文教学研究会成立大会上的发言 [M] //叶圣陶. 叶圣陶教育文集：第三卷. 北京：人民教育出版社，1993：217.

又要完善学生的精神世界，两者必须统一在同一过程中，实行语言与精神的和谐同构。离开语言发展，精神境界的提升则成为空中楼阁；舍弃精神提升，语言系统的丰富则缺乏生机。《语文课程标准》指出："应让学生在主动积极的思维和情感活动中，加深理解和体验，有所感悟和思考，受到情感熏陶，获得思想启迪，享受审美乐趣。"为实现语言发展与精神提升的统一，须带学生走进教材，以课文情境和情感、作者情感和情思、课堂情境和情趣，去撞击学生心灵，从而激起学生的精神生活，增强他们的情感体验，使他们在语言学习中得到语言的发展、情感的陶冶。

1. 形象理解与形象熏陶

实行人文性和工具性的统一，须处理好语言形式和语言内涵的关系，凭借语言内涵，对学生进行情感的熏陶、人格的培育；凭借语言形式，对学生进行语言的训练、能力的培养，从而使情感熏陶、人格培养与语言训练、能力培养融为一体。我们知道，阅读中引导想象，可还原语言描述的形象，再现语言蕴涵的形象，使学生形成如临其境、如见其人、似闻其声的心理图像。因此，在阅读教学中，可借助形象的想象和描述，培养学生的语言感悟能力和语言表达能力，并让学生得到形象的感染和情感的熏陶。如："旧毡帽朋友把自己种出的米送进了万盛米行的廒间，换到手的是或多或少的一沓钞票。"（《粜米》，人教版第十二册）这句话蕴涵的形象和情感很是丰富，可这样引导：农民手拿一叠或多或少的钞票会想些什么？会想到哪几个不同时候的情景？以引导想象农民在田间干活时、丰收在望时、收打粮食时、早晨离家时、奋力拉船时、老板威吓时、马上回家时的情景，让学生借助形象理解农民田间劳动的艰辛、盼到丰收的欣喜、早晨离家的希望、奋力拉船的劲头、面对老板的无奈、马上回家的不测。这样引导，就能通过语言的形象理解，促进情感的形象熏陶。

2. 深刻理解与深切感悟

语言情感与语言文字聚焦点的整体联系，才构成了有血有肉的鲜活文章，才使得我们面对的课文景物是那么生动，人物是那么鲜活，情感是那么真切，也才为阅读教学工具性和人文性的统一提供了凭借。教学中，可抓住语言文字与语言情感的聚焦点引导探究，促使语言内涵的深刻理解和语言情感的深切领悟，以使语言训练与情感熏陶水乳交融。如阅读《美丽的公鸡》（冀教版二年级下册），教者这样引导：①如果你们是啄木鸟、蜜蜂、青蛙，你们觉得自己美吗？为什么？——设身处地，正面理解；②你们都认为自己美，那为什么又不去跟公鸡比美呢？——叙谈体会，反面理解；③如果那只跟人比美的公鸡来到你面前，你会说些什么呢？——现身说法，升华理解。这样融语言意义的理解和语言情感的表露于一体，就能达到语言深刻理解和情感深刻领悟的统一。

3. 朗读表达与情感抒发

在阅读教学中，语言形象的把握和再现，语言内涵的挖掘和探究，语言情感的领悟和表达，是以读为重要形式的。但要保证读之有效，须把语言训练与情感熏陶融合其中，通过适时点拨、相机引导，给学生提供情感熏陶的情境，让学生在情境的想象介入中感悟情感，在情感的自然抒发中升华情感，使语言情感的体会表达与自我情感的自然抒发浑然一体。如《艾滋病小斗士》（苏教版国标本五年级上册）中有这么一段："2001 年年初，恩科西的病情开始恶化。6 月 1 日这天，被艾滋病折磨得体重不到 10 千克的小恩科西终于静静地离开了人世。"对此，教者这样引导朗读：

师：同学们，读了这一自然段，你眼前出现了怎样的画面啊？

生：我看到，小恩科西静静地躺在病床上，他永远地闭上了眼睛。

生：我看到，病房里，人们静静地围在他的周围，有的默默地流泪，有的低声地抽泣，还有的趴在他的身边号啕大哭。

生：我看到曾经反对他上学的老师、学生、家长，听了这个噩耗，都来到了医院，来再看一眼恩科西，来再次向恩科西表示心中的愧疚。

生：我看到恩科西的养母，伏在恩科西的身边，哭着叫着，希望恩科西能睁开眼睛，再看一看自己，再叫一声"妈妈"。

（其他学生发言略）

师：同学们，恩科西是个多么坚强、多么善良、多么可爱的孩子啊，可就是这样一个孩子竟然永远地离开了我们，离开了他永远放不下的病友，离开了他发誓要报恩的养母。让我们都静静地站在他的身边，通过这段文字的朗读，再现那催人泪下的场景，寄托我们对恩科西永远的怀念吧！

（生心情沉重、情真意切地朗读）

这样借助画面感受情感，借助朗读表达情感，能有效地促使学生进其境，感其心，通其情，将学生在朗读课文的过程中体会到的情感化作作者情感、文中人物情感并自然显露出来，以达到情真意切的境地。

4. 语言表达与情感表达

引导运用语言表情达意，这既是语言训练的重要方法，又是情感熏陶的有效手段。为此，可通过有针对性的训练，以求语言运用与情感表达的结合。如阅读《鼎湖山听泉》（苏教版第九册），在凭借语言引导感受鼎湖山泉水的美妙，感受大自然的魅力后，教者要学生在短文的括号里填上合适的象声词，并通过朗读体会晨曲的美妙，体会大自然的美妙：

乡村晨曲

（喔喔——喔——），雄鸡啼鸣，惊醒了熟睡的人们。（吱呀，吱呀……），家家户户的门陆续打开了。紧跟着，（沙沙沙沙）的刮锅声，（丁零当啷）的洗碗声，凑成了乡间美妙的交响曲。

小鸟在枝头（叽叽喳喳）地唱着，鸭子（嘎嘎嘎嘎）地叫着，（扑通扑通）地下了河，早起的人们正在河边（啪啪、啪啪）地汰洗衣服。

大路上渐渐热闹起来。（吱呀，吱呀），菜农挑担上街卖菜了；（丁零丁零），人们骑着自行车上班了；（突突，突突），专业户上街跑运输了；（嘀嘀，嘀嘀），的哥、的姐驾着轿车进城了。

美妙的乡间晨曲，惊得星星隐去了身影，引得蓝天拉开了帷幕，逗得太阳露出了笑脸。

二、语言发展与思维发展的同步

发展学生思维虽是各学科的共同任务，但在语文学科中尤其突出。语言是思维的外壳，思维是语言的内核。离开语言，思维的内涵无法显示；离开思维，语言活动便失去意义。而从教学现状看，不少教师对阅读感悟理解片面，思维训练有所忽视：朗读感悟满足于你读他读，而细读深思、具体地感受语言被严重忽视；形象感悟满足于看看画面，而透过形象，本质地感受语言关注不够；情境感悟满足于角色表演，而引入情境，深刻地感受语言不予重视。结果，学生所感悟的只是零碎的形象、粗浅的知识、抽象的情感，难以深层地感受，深刻地感悟。可见，偏离语言发展的思维训练是空乏的，而缺乏思维参与的阅读感悟无疑也是肤浅的，只有坚持语言发展与思维训练的有机结合，以语言为思维训练提供依附，以思维为语言训练增强力度，坚持语言发展与思维发展同步，这样的阅读感悟才是有效的。

1. 联系思维，展示语言形象

引导具体感受语言形象，这是促使学生感知语言内容，感受语言情感的重要基础。学生有了丰富的生活底蕴，有了足够的表象积累，在相关语言的听读中，还须教者合理引导，相机点拨，使语言文字变成多彩的形象画面呈现于眼前。因此，在阅读教学中，须引导联系思维，使语言与有活性的形象建立起联系，使语言在鲜活的形象嫁接中获得生命活力。

《早春》中"草色遥看近却无"一句，仅靠诗意的抽象演绎，学生对其意境的感悟怎么也不会真切。而生活中，类似的画面、相近的情境却司空见惯。为此，在学生难以准确领悟诗句意境之时，教者这样引导：在你们的生活中有类似的情境吗？你能具体描述吗？通过相似联系，学生想到了集市的人流、工地的红旗、水中的秧苗、街上的车辆、湖中的荷叶等，有这一个个生活画面奠基，诗句的理解就不再是枯燥的意义，而是丰富的形象，诗句的情境就不仅仅是作者的体验，同时也是学生自我的感受。这样，学生不仅深切领悟了"草色遥看近却无"的丰富意境，而且具体感受到了这句诗对这一情境描述的准确性。

2. 多向思维，探究语言意义

小学生思考问题时，问题与目标间多呈线性联系。这种直线型的答问模式很难使他们的思维迸发出智慧的火花，也很难使他们具体、形象、深刻地感悟语言。为此，在语言解读中，可引导多角度地思考，多层面地分析，使问题与目标之间构成点向面的拓展和面向点的聚焦。如"这幅画一直挂在我的书桌前，因为我需要它"（《挑山工》，教科版四年级下册）一句的内涵，教者这样引导：作者在什么时候需要它，需要它的什么？其结果分别如何？这样，学生的思路就有了多向性：有的说："在他遇到困难的时候，需要挑山工勇往直前、不畏艰难的精神，以鼓励自己战胜困难。"有的说："在他遇到挫折的时候，需要挑山工那坚持不懈、百折不挠的精神，以激励自己坚持到底。"有的说："在他工作马虎、不求上进的时候，需要挑山工脚踏实地、步步求实的精神，以勉励自己毫不松弛。"……这样，寓语言理解与语言表达于一体，寓语言训练与思维训练于一体，能凭借语言促进思维的发展，能借助思维加深语言的感悟。

3. 深入思维，探究语言艺术

阅读教学中，教者的重要任务之一就是带学生走进画里，去理解画面形象，探究画外形象，研究画内蕴涵，使学生从语言文字中，感受到具体的语境、深刻的语义、潜藏的语情、含蓄的语技，感受语言的准确美。

法国作家莫泊桑在谈到语言时曾说："不论一个作家所要描写的是什么，只有一个词可以供他使用，用一个动词要使对象生动，一个形容词要使对象的性质鲜明。因此就得去寻找，直到找到这个词。[1]"在写作中，准

---

[1] 莫泊桑. 谈"小说" [M] //石尔. 外国名作家创作经验谈. 杭州：浙江人民出版社，1981：84.

确地选词，精心地炼句，这是真实地描述事物，真切地表达情感的重要保证；在阅读中，认真地品词，细心地析句，这是真实地感受事物，真切地感受情感的重要前提。学生只有形成了阅读中品词析句、写作中炼词炼句的能力，才能真正驾驭语言。

可见，在阅读教学中，须抓住重点词句，引导具体剖析，让学生在理解语言内容、感受语言情感的同时，体会作者运用语言文字表情达意的准确性。请看下列《雨中》（浙教版四年级上册）的教学片段：

师：下面请大家默读写孩子们想办法帮助姑娘的段落，画出写他们想办法的三个近义词，并联系句子想一想作者为什么这样用。

（生自读课文、圈画词语）

生：我画的三个词语是"说"、"叫道"、"喊"。

师：你认为作者用得好吗？为什么？请联系课文认真思考思考，看这三个词语能不能互换。

（生自读思考）

师：三个词语能调换位置吗？为什么？

生：我认为不能互换位置。因为从听话的距离看，姑娘在身边，只要说就能听到；小朋友们在周围，要大声叫才能听得到；而小伙子在远处汽车的驾驶室里，只有大声喊才能听到。

师：好！你从听话者的距离分析，有道理。

生：我认为从说话的目的看也不能调换顺序。第一句说话的目的是安慰，声音要轻，所以用"说"；第二句说话的目的是号召，声音要大些，用"叫道"；第三句说话的目的是警戒，声音要更大，所以用"大声喊"。

师：大家看看，几个词语，我们就品出了这么丰富的内涵。可见，读书要把心放到课文中去，反复读，反复体会。还有，作者写这篇文章在用词造句上也费了相当的功夫，这告诉我们写文章一定要精心选择词语，这样，写出来的文章才能生动感人。这一自然段该怎么读，才能把课文的内涵表达出来呢？请大家自己读读，反复体会，然后在四人小组内互读评议。

（生自读体会、互读评议）

师：谁读给大家听听。

（指名读，并抓住"说"、"叫道"、"大声喊"引导）

师：是谁叫他们这样做的呢？如果你在场会怎么想、怎么说呢？

（生自由发言，教师相机引导略）

上述案例中，教者抓住最能体现孩子们乐于助人品质的一组近义词，通过易位比较，引导联系语境，比较揣摩，在情境想象、情感体会中，品出了作者用词造句的准确性。在语言探索中，学生语境的感受力、语义的理解力，语情的感悟力，都得到了训练。

可见，语言运用是一门艺术，语言探究也是一门艺术。引导透视语言深刻的艺术内涵，是阅读教学的重要任务，也是阅读感悟的重要特点。选择看似平常而实际内涵丰富的句子，引导学生认真阅读、细心品味，就能使其在思维参与的阅读中，感受汉语言无穷的魅力，以促进其语言和思维的同步发展。

三、语言发展与个性张扬的融合

《语文课程标准》指出："语文课程还应通过优秀文化的熏陶感染，促进学生和谐发展，使他们提高思想道德修养和审美情趣，逐步形成良好的个性和健全的人格。"语文学科中发展学生个性，就在于让学生在语言解读实践中，形成自己的独特感受；在语言表达实践中，具有自己的独特个性。因此，在阅读教学中，须把良好个性的培养融于语言发展的目标之中，切忌忘记学科本身、离开语言发展而另起炉灶。

重视文本价值取向，尊重学生独特感受，这对提升学生的精神境界、完善学生的语言系统、发展学生的个性品质，都有着十分重要的作用。因此，在语言发展中重视学生个性的培养，须把文本价值的挖掘和学生独特体验的珍惜有机结合起来，既要防止片面强调文本价值取向，画地为界，对学生智慧的火花视而不见；又要防止片面强调珍视独特感受，漫无目的，对学生认识的偏向听而不闻。

1. 借独特感受促使文本价值取向显化

一篇文章，当它被选为课文时，就必须而且应该以教材承载的任务为导向，离开了这一点去追求独特感受，便是对尊重独特感受、发展学生个性的误解。可见，文本的价值取向是学生独特感受的重要依附，学生的独特感受是文本价值存在的先决条件，要求它们的统一，须选择语言与精神结合的重点，引领学生深入地阅读，独特地感受，借学生的独特感受去显化文本的价值取向。请看《揠苗助长》（苏教版国标本三年级下册《寓言两则》）的教学片段：

> 师：小朋友们，我就是拔苗的伯伯呀，辛辛苦苦干了半天，竟然落得这样的结果，我该怎么办啊？
>
> 生：老师啊（老师纠正：我是老伯伯啊。众笑），老伯伯，种田人连这点知识都不懂？你也太糊涂了。
>
> 师：是啊，我太糊涂了。（众笑）
>
> 生：老伯伯，你拔苗是希望它长快些，这本来很好，但方法不对。看来你种田时间不长，不懂得庄稼生长的规律，你有空的话，去向我爷爷请教请教，他在这方面可有经验了。（众笑）
>
> 生：老伯伯啊，人哪有不做错事的。"吃一堑，长一智"，你把地翻了，重新种上庄稼，多施肥，勤除草，就能获得好收成。
>
> 师：谢谢你们为我出主意。我走了，走之前，我也想提醒大家，知道提醒什么吗？
>
> 生：要我们接受你的教训。
>
> 师：你们现在又不种地，能有什么教训可接受呢？
>
> 生：（不好意思地）我平时不注意训练，体育考试那天早上，我

很早起床掷垒球，结果怎么会及格呢？看来我们犯的是一样的错误。（众笑）

　　生：我那次感冒，医生配了药，叫我一次吃一片。我盼望早点退热，一次想吃三片。幸亏爸爸及时发现。要不，肯定要出问题。要是早遇到你，就不会闹笑话了。（众笑）

理解寓意，对低年级学生来说是个难点。就事论事地理解，学生难以接受；直截了当地告诉，那又失去意思。上述案例中，教者把具体形象的感悟寓意作为解读语言、获取独特感受的重点，通过创设情境，引领学生与文中人物会面，谈看法，提建议，说感受。结果，学生语言都有自己的个性，都有自己独特的东西（我们追求的独特不一定都是奇思妙想），而这些独特的感受与寓意都有一定联系。这样引导，就能在发展学生语言的同时培养他们的个性。

2. 让独特感受接受文本价值取向甄别

珍视学生的独特感受，既要追求答案的丰富多彩，又要防止解读的微言大义；既要追求答案的精彩纷呈，又要防止浅层的机械重复；既要追求答案的大胆开放，又要防止结果的良莠不分。因为语文学科的人文价值在于使学生树立正确的思想、信念，提高其精神境界、文化品位和审美情趣。对学生语言解读中出现的认识偏差，既不能大惊小怪，更不能置之不理，有效的办法是及时发现、正确引导，让学生的独特感受为文本的价值取向所甄别，使语言系统的丰富与独特个性的培养融为一体。如阅读《卢沟桥的烽火》（苏教版国标本六年级下册）"守桥部队严惩敌人"这部分内容后，让学生说感受，学生有的为我军严正拒绝敌人进宛平县城搜查感到畅快，有的为我军勇敢还击感到振奋，有的认为对日寇就该针锋相对，以牙还牙……但一名学生却说："如果敌人真有士兵失踪，我们为什么不让他们去搜查呢？如果让他们进城搜查，不就可避免这一事件吗？"此见解与众不同，可谓独特，但它明显反映出了该生语言理解的粗浅和情感感悟的错误。此刻，教者未简单纠错，而是先肯定他敢于发表见解，既而引导大家反复阅读，深入理解，发表看法。学生大胆陈述了见解：

"我认为日寇根本没有士兵失踪，如果真的失踪了，可在白天与我们交涉，为什么要晚上呢？为什么还要偷偷摸摸的呢？这说明他们心中有鬼。"

"敌人肯定没有士兵失踪。如果失踪了，为什么要全副武装地与我们联系呢？可见，说士兵失踪是寻找借口，蓄意挑衅。"

"我认为他们是在耍阴谋。你士兵失踪了，向我们查询，态度应该温和，为什么要气势汹汹呢？他们是要故意激怒我们，这是蓄意挑衅。"

......

在此基础上，教者追问道："如果真有士兵失踪了，我们该不该让他们进城寻找？""如果我们不严词拒绝，事情结果会怎样？"从而使学生深入地探究了语言，深刻地感悟了情感，认清了日寇的真相。

可见，独特感受一定要以文本的价值取向为导向进行甄别，对独特感受的鼓励和呵护，绝不是对真与假、善与恶、美与丑等是非问题的含糊其辞。在语言解读中鼓励学生的独特感受，教者始终要保持清醒的头脑，错误的引导纠正，模糊的引导澄清。这样，语言的发展与个性的张扬才能行进于正确的轨道之上。

3. 以独特感受带动文本价值取向生长

从接受美学的观点看，作品的意义除了表现人类共通的较为恒定的美好情感外，也会随着时代的进步、社会的变化而发生变化。一旦它不能跟上时代发展，就会因其生命力的耗尽而消亡。可见，文本的价值取向有时又是动态的、发展的。在阅读教学中，无论是舍弃文本价值取向而一味追求独特，还是不顾时代发展进步而固守文本，都是有失偏颇的。正确的态度应该是，在凸显文本价值取向的同时，拓展延伸，以学生的独特感受促进文本价值取向的生长。请看《秦兵马俑》（苏教版国标本五年级下册）的教学片段：

师：读了课文，我们具体感受了享誉神州的珍贵历史文物——秦兵马俑。看到这些惟妙惟肖的兵马俑，你认为我们最要感谢谁？

生1：我认为最应感谢的是第一个发现秦始皇兵马俑陶片的农民。否则，兵马俑就可能一直沉睡地下，我们就没有可能看到它。

生2：我最想感谢秦始皇，没有他，就没有如此浩大的工程，就不会有惟妙惟肖的兵马俑。

生3：我觉得最应该感谢写这篇文章的作者。以前只听说有兵马俑，但没有亲眼所见。作者把兵马俑描写得栩栩如生，惟妙惟肖，使我们好像来到了现场。

生4：我认为最应感谢的是古代那些建筑秦始皇兵马俑的劳动人民。没有他们，哪有兵马俑呢？

师：说得都有道理。如果我们要把这些原因排排队的话，你认为该怎样排呢？

生5：我认为，首先还是应该感谢古代劳动人民，没有他们，秦始皇去发动谁实施这一工程？没有这一工程，那个农民到什么地方去发现兵马俑的陶片？没有农民的发现，兵马俑怎会重见天日？兵马俑不能重见天日，作者又怎能写出这样的文章？

无可否认，生1到生3的发言都是他们心灵世界的展现，可谓他们的独特感受。但如果仅有生1到生3超越文本的独特，而缺少生4出于文本的独特；或者只有生4出于文本的独特，而缺少其他三名学生超越文本的独特，其效果都将大为逊色；而如果只有四名学生的独特感受，而没有老师点拨引导下第五个孩子的综合梳理，结果也会大打折扣。可见，提倡尊重和珍视学生的独特感受，须突出文本价值的取向，促进文本价值的生长，坚持双方的有机融合。

教师主导角色的扮演

教师是课堂教学的主导，但这个主导的角色到底怎样扮演呢？不少老师在教学实践中，上述问题并没有处理好，或者"放"得过度，大胆放手成了放任自流，教者无所事事，课堂好像一盘散沙；或者"收"得过紧，精心指导成了全面统治，教者事必躬亲，课堂如同一潭死水。上述两种现象带来的，只能是课堂教学的低效，甚至是无效。

课堂教学是师生参与的双边活动。教学中，教者的责任就在于根据学生和教材特点，抓住学生与教材、教材与教学目标间的联系，通过灵活有效的教学方法，引导学生凭借教材，凭借以教学目标而安排的教学活动去把握课文字词，理解课文内容，体会课文情感，领悟语言规律，以使语文教学的德育、智育、美育、知识、能力目标得以落实。在这样的课堂上，教者应该像母亲带孩子外出游玩一样，手中始终应该有一根无形的线，既让孩子自由自在地游玩，又让孩子不时回到母亲身边。

实施假设导读，就要求教师全身心地参与到教学活动之中，在切实当好教师的前提下，尽可能地显露自己的全部才华，不断生发教学机智。根据教学内容和教学目标，根据教学形式和教学手段，巧妙运用假设，创设情境，强化自己的情境体验和角色感受，从而把课堂既当成教学的舞台，又当成生活的舞台，并尽力在这双重舞台中成功地扮演各种角色，借助角色的成功扮演，寻求角色的多重效应。

一、教师的角色效应

在教育心理学中，角色指处于一定社会地位的个体或群体，在实现与这种地位相连的权利和地位时，表现出符合社会期望的行为与态度的总模式。"角色"一词来源于戏剧用语，心理学家米德最早将它引入社会心理学中。他把整个社会比作一个大舞台，人们则在这个舞台上扮演各种不同的角色。假设导读法将角色理论运用于课堂教学，就是要求教师通过角色的自我扮演和形成，以使课堂教学成为一个大舞台，进而通过课文的科学处理，扮演所需的各种角色，以寻求教学的角色效应。

1. 兴趣的引发效应

在阅读教学中，教者要尽力让学生感受学习的乐趣，让其成为他们主动学习、有效学习的不竭动力。而教者依据教材充当角色，可再现生活情境，让课堂成为生活的舞台；创设课堂情境，让课堂成为学习的乐园，从而引发学生的学习兴趣。这样，教者随机的角色扮演，能促使学生进入相关的情境，走进生动的画面，文本的阅读就成了画面的感受，语言的解读就变成了生活的经历，学生会忘却学习，忘却课堂，全身心地走进教者创设的情境之中。

对写景文，为引导学生深切感受美的景色，体会美的情感，教者可根据教材去定景点，以导游的身份安排游路，引导循路揽物，触景生情。如阅读《桂林山水》（人教版课标本四年级下册），教者可以这样引导：同学们，我们伟大的祖国幅员辽阔，景色秀丽，真是个美丽的大花园，桂林则是这花园中的一朵最为瑰丽的花儿，今天老师要带大家去桂林，看一看那里的山，游一游那里的水（出示挂图）——桂林到了，你们看，这里山清水秀，景色诱人，游人云集，热闹非凡，让我们登上游船细细观赏——坐上游船，桨在轻轻地划，船在慢慢地移，看水面——再看水下——再看水底——好，前面就是象山……这样变看美景图为实地游景，学生兴趣甚浓。也可面对文中画面以游人的身份巧妙设问，要学生介绍画面。如阅读

《林海》（沪教版五年级上册），教者可以这样引导：同学们，大兴安岭既是美丽的大花园，又是天然的宝库，可对那里的情况老师并不了解，你能根据课文的内容告诉我吗？那里有哪些值得游览的地方呢？那里的山岭有什么特点？那里的树林有什么特点呢？那里的花呢？这样，就能促使学生以导游的身份深入理解，并向游人介绍。以上述方法引导阅读，学生或者跟着导游游山玩水，或者带着游人循路通幽，其兴趣必然浓郁。

对叙事文，教者可根据课文内容，随时随地充当角色，引其入境，促使学生加强情境体验和情感体验，使其设身处地地理解内容，体会情感。如阅读《伏尔加河上的纤夫》（人教版五年制第十册），可让学生充当纤夫，教者以记者的身份用下列问题进行采访：请问老人家，你为什么眼睛漠然地望着远方呢？老人家，这么大年纪了，为什么还来拉纤呢？请问小朋友啊，这么小为什么就来拉纤呢？请问小伙子，你凝视什么、诅咒什么呢？你会如何诅咒呢？你抗议什么呢？会如何抗议呢？这样饶有兴趣的采访，不仅能激发学生的学习兴趣，而且能促其深入理解课文内容，真切地表达情感。

2. 情感的诱发效应

情感指人们对客观事物的一种心理反应，表现为主体对客体所持的态度和体验。阅读教学是师生心理参与、思维参与、情感参与的复杂活动，情感是其成败的重要因素。教学中，教师通过角色扮演，可使自己潜心于角色情境的感受和体验，从而正确把握自身在课堂教学中的情感，并使其表达得准确、自然、得体，进而以教师情感的诱发，促使学生与课文、作者、文中人物产生心灵的共振、情感的共鸣。如阅读《第一次抱母亲》（苏教版国标本四年级下册），教者以"同学们，你就是作者啊，想到母亲拉着你，背着妹妹，肩挑重担翻山越岭的情景，你会对母亲说什么呢"，引导体会作者对母亲深深的感激之情；以"你一直以为母亲力大无穷，没想到她是用80多斤的身体，去承受那么重的担子。想到这些，你心情又怎样"，引导体会作者对母亲深深的愧疚之情。这样充当角色，可以以境引境，以情引情，加强学生的情感体验，求得阅读教学的情感效应。

3. 难点的突破效应

由于水平能力的限制，小学生阅读过程中常会遇到这样那样的难点。而在假设导读的课堂上，教者始终是学生的靠山，一旦学生遇到疑点、难点，教者总能通过有的放矢的引导，给予他们信心的支持、背景的铺垫、方法的指导、思路的开拓……而每次教给学生的，绝不是现成的答案，而是开启的钥匙。如：寓意的理解是寓言教学的难点，直接奉送，学生难以接受；直接让其归纳，学生难以胜任。而教者有目的地当好角色，巧问妙引，通过情境创设，加强学生的生活体验，强化学生的情境感受，则可使其具体而深刻地悟出寓意。

阅读《揠苗助长》，教者充当拔苗人，向学生提出如下问题：同学们，真怪呀，我巴望禾苗快长，为什么把它往高处拔它竟枯黄了呢？阅读《东郭先生和狼》（沪教版四年级下册），教者充当东郭先生，向同学们求解：大家评评理，我好心救了狼，它竟要吃我，这不是恩将仇报吗？这样引学生进入情境，与文中人物会面，或解难，或评理，能使其具体形象地理解寓意。

读写人的文章，由人物外表体会人物内心是个难点，而教者有目的地充当角色，其难点则迎刃而解。如《草船借箭》（人教版课标本五年级下册）中"周瑜很高兴"中的"高兴"含义深刻，且学生易被表象迷惑。为此教者充当周瑜而这样引导：同学们，知道我为什么要诸葛亮造箭吗？现在他不仅答应造箭，而且时间由十天减到三天，还答应立下军令状，你们知道我心里为何高兴吗？从而使学生顺利地理解了蕴涵于"高兴"中的内容。

4. 心理的沟通效应

师生间年龄、水平、心理等有着诸多差异，往往会使教与学之间出现异步现象。教者充当角色，从学生的角色设计语言，选择语调，以学生的身份参与活动，创设情境，就能使学生感到教者既是他们的老师，也是他们的朋友。这样，就能有效地促进教与学协调同步。

二、教师的角色扮演

在假设导读的课堂上，教者总是时时根据教学内容、教学目标、教学重点和教学进程，确定扮演的角色，选择扮演的方法，权衡扮演的时机，总能关注教学状况，注重目标引领，借助角色转换，突出角色的必要，让人感到此时此刻，唯有这样的角色最为合适，具有不可替代性；重视角色的自然，让人感到此情此景，教者角色的扮演真实可信，具有一定感染力。因此，在假设导读中，教者的角色扮演，强调的是必要，关注的是自然，突出的是效应。

1. 角色的情感性

情感在阅读教学中具有不可低估的作用，只有在情感上介入课本，与作者产生共鸣，才能深入理解课文内容，体会课文的思想感情。而在课堂教学的双边活动中，教师是矛盾的主要方面，学生情感的诱发直接取决于教者的参与。拿指导朗读来说，课文不同，情感各异，即便是同一篇课文，段与段之间感情往往也不同。如果朗读指导悲不见颤音，喜不见笑容，怒不见生气，学生必然认为老师言不由衷，弄虚作假，这也就很难让他们体会文章的思想感情。

看来，要引导学生深入理解课文，教者必须重视情感参与。而要做到这一点，首先必须在"潜心体会文本"上下功夫，以准确把握课文的情感基调，从而确定自己在教学中的情感；其次，要善于在教学中运用想象，将课文内容变成活的画面，并力求置身于其中，使自己成为其中的角色，并依据画面流露真情，做到自然贴切，不矫揉造作；再则，进了课堂就要全身心沉浸于教学之中，忘记课外的喜怒哀乐，舍弃一切私心杂念。注意了这些，教者就能在课堂上说真话，表真情，就能以真引情，以情引情，以教师的情感沟通学生与课文、与作者的情感，以强化教学效果。

2. 角色的语言性

语言是教学信息传递的主要凭借，要发挥角色扮演在阅读教学中的功能，必须使其语言真正参与教学。除了要根据教材、教学目标设计教学语言外，还必须加强语言基本功的训练，使语言具备三个特点：一是儿童化。即根据学生年龄、水平、心理特点设计语言，使自己的语言具备"孩子腔"，让学生从中感受到老师的童心。二是趣味化。教师要善于锤炼语言，通过比喻、夸张、拟人等修辞方法的准确使用以趣化语言，使其通俗易懂、生动形象并富于幽默，让学生从中感受到学习的乐趣。三是亲切感。教者语气要温和，语言要亲切，教者在组织语言时尤其要这样。四是角色化。角色扮演中，要准确揣摩角色心理，使其语言尽量符合角色身份，力求做到形象逼真。如果教师语言具备了以上特点，教学效果就会明显提高。

3. 角色的情境性

情境在阅读教学中具有重要作用。为此，在情境创设中，教者要积极参与，充当角色，朗读也好，表演也好，教师均可参与，和学生一块儿玩，一块儿乐。这样教师童心可掬，学生必然兴趣盎然，其效果不言而喻。

4. 角色的心理性

实践证明，师生只有心灵相通，才能情感相融。这就要求我们学好儿童心理学，并全面了解学生，把握其共性和个性。只有这样，才具备了心理参与的前提。在此基础上，还要在课堂中设身处地，这样就能多一点宽容谅解，多一些教学机智。如安排课堂自学就要考虑：自学任务学生能胜任吗？自学时间学生够用吗？这样设计自学就会多一点余地。如果我们处处考虑到学生，学生在课堂上稍有不轨就不会大动肝火，学生答题出错就不会讽刺挖苦，课堂的每一个活动就能更贴近学生，在教学中遇到一些特殊情况干扰就不会强行转移学生的注意，而是顺应学生心理，对课堂教学做临时调整，和学生一起去"看看热闹"。这样的心理参与，就能使师生心心相印，配合默契，以优化教学效果。

5. 角色的随机性

课堂教学中的角色不同于舞台上的角色，舞台上的角色往往借助化妆、道具、音响等客观条件，而课堂中的教师角色完全靠自身角度的转换，具有简单易行的特点。另外，教师课堂中的角色扮演还有别于社会中的角色。人在社会活动中的角色是相对固定的，是真实的，而课堂中的角色是灵活的、假设的。因此，随机性是教师角色扮演的一大特点。这就要求教者在教学中围绕目标，根据教学进程随机充当角色。如阅读《穷人》（人教版课标本六年级上册），在理解"她自己也不知道为什么要这样做，但是她觉得非这样做不可"一句时，教者这样引导："为什么要这样做"是什么意思？"非这样做不可"是什么意思？——教者的角度；桑娜啊，你不知道为什么这样做，又觉得非这样做不可，这是为什么呢？——他人的角度；同学们，你们说我为什么会这样呢？——桑娜的角度；你们说我为什么不对桑娜这时的心理进行具体描述呢？——作者的角度。这样引导，就能从语言因素的挖掘、感情的体会、内容的理解、写法的探究等方面寻求角色的多重效应。

学生主体角色的完善

阅读教学中的一切手段，都在于促进学生精神境界的提升和语言系统的完善，促进学生语文素养的提高。在阅读教学中，学生既是教学目标的归宿，又是目标达成的主体。因此，须最大限度地发挥学生的主观能动性，让他们成为学习真正的主人，去主动汲取精神营养和知识养料，获取个性张扬、人格完善的不竭动力。因此，假设导读就在于围绕一定的目标，通过一定的手段，创设一定的情境，以改变学生固定的角色行为模式，让其在课堂学习中随机充当各种角色，以消除学生认知心理障碍，改变学生对自己的认识期待，改变教材对学生较为稳定的认知期待，以提高学生的认知水平，开发学生的潜在能力，强化阅读教学效果。

一、学生角色的效应

事实表明，如果仅仅让学生以学习者的角色置身课堂，让他们始终在老师的指令下，完成既定的学习任务，这样的课堂对学生来说，肯定如坐针毡，根本难有学习的兴趣可言。假设导读中，教者多重角色的扮演，能促使学生随时随地地进入课文描绘的、课堂创设的、师生想象的情境中，去充当学习中、生活中的各种角色，这对于缩小他们与教材的距离，提高其感知力、想象力、思维力和创造力以优化教学效果颇为有益。

1. 引趣效应

在教学中，让学生充当角色，可以动化教材，活化内容，变语言的理解为生活的体验，以引发其学习兴趣。

现行教材中，描写景物的课文不少，但由于知识和阅历的限制，学生对课文描写的景物多感陌生，如果就课文读课文，课文中的语言文字就难以形成生活中的景物画面，学生阅读不仅不感兴趣，而且难以深切感受语言。而通过角色转换，让学生充当游人，或者巧用挂图，引其入境，变观图为游览；或者妙用文路，巧设游路，变文章为画面。那么，平面的图画就变成立体的事物，静止的山水画图就会变成可见山清水秀、可闻山间流水、可听松涛鸟鸣的实地图，而静止的文字也会通过学生的想象、联想还原成原来的生活画面。这样，学生定会兴趣盎然。而如果再进一步，让学生充当导游，读中探明游路，明确景点，体会感情；读后引人入境，循路探幽，巧做讲述。其角色所带给学生的就不仅仅是阅读的兴趣、生活的情趣，还有无形的动力。

对寓言、童话或情节生动且以人物语言叙述为主的叙事写人课文，可让学生分角色朗读，或者分角色表演，或者要学生根据提示编剧并表演。这样，学生定然乐此不疲。而对于一般的叙事写人文章，引导学生或进入文中情境，或充当文中人物，其阅读就不仅是语言文字的理解，而是现实生活的再现，学生也一定很感兴趣。

2. 构境效应

小学语文教材以叙事写人文为多，课文所写事情均处于一定的环境之中，虽然这些环境学生大都未曾见过，但就中高年级学生而言，随着阅读量和生活储备的增加，他们对诸多环境都有"虽未经历、似曾见过"的感觉。为此，可发挥角色效应，引导学生借助想象构筑情境，以奠定阅读基础。如《桂花雨》（人教版课标本五年级上册）揭题时可这样引导：同学们，桂花树大家经常见到，桂花大家都很熟悉，但是你感受过桂花雨吗？在桂树花开的季节，如果你站在桂花树下仰望着那一簇簇桂花，嗅着那一阵阵花香，并尽力地摇动着桂花树，此刻你感受到的是怎样的情景呢？这样，可引导学生借助生活中获取的关于桂花和雨的相关表象，想象构筑树枝摇曳、桂花纷飞、花香四溢的场景，为课文的阅读理解奠定基础。

3. 理解效应

教学中，学生常会遇到这样那样的难点，这除了与其认识理解能力有关外，学生与课文存在的差异是重要原因之一。让学生充当角色，可有效地缩小这种距离，以浅化难点。

（1）化人为"我"，体会心理。由人物外表体会人物心理，是读写人文章的难点，让学生充当角色，感受情境，可有效地突破这一难点，如阅读《我的战友邱少云》（浙教版课本六年级上册）"烈火烧身"这一自然段，可这样引导：如果你是邱少云，烈火烧身时，面对身上的烈火、凶残的敌人、身边的战友，想到傍晚的战斗、祖国的亲人，你心里会说些什么？这就能使学生顺利地理解邱少云的心理，具体感受他为了战斗胜利严守纪律、勇于献身的可贵品质。

（2）化人为"我"，体会意蕴。对有些内涵丰富的句子，可让学生设身处地、具体形象地理解句子。如《争论的故事》（苏教版国标本三年级下册）开头这样叙述："从前，大山脚下有座小村庄。小村庄住着以打猎为生的兄弟俩。一天早上，一群大雁从他们头上飞过，兄弟俩想射下一只大雁来充饥……"初读这段文字，似乎没有什么可探究的，而认真思考，就能体会其间具有极其丰富的内涵。请看下列教学片段：

师：同学们，请好好读读这两句话（出示："从前，大山脚下有座小村庄。小村庄住着以打猎为生的兄弟俩。一天早上，一群大雁从他们头上飞过，兄弟俩想射下一只大雁来充饥……"）想一想：两句话各告诉我们什么？知道这样的兄弟俩后来竟然没有射落大雁，你会对他们说些什么呢？

生：你们以打猎为生，经验肯定丰富，也许有百发百中的本领，为什么连大雁也打不着呢？真是不可思议。

生：你们以打猎为生，箭法一定很好，应该是箭起雁落，怎么没有打到从头顶飞过的大雁呢？

生：你们还兄弟俩呢？有一群大雁从头顶飞过，肯定很多，而且离你们很近，兄弟俩不是两道城墙吗？可竟然没有打到，太不应该了！

生：如果是一只两只还可以原谅，一群大雁从头顶飞过，结果没打着，真是不应该。

（其他学生发言略）

师：是啊，他们以打猎为生，又是兄弟俩，而且是一群大雁，又是从头顶飞过，实在没有任何理由射不下来。那他们为什么又恰恰没有成功呢，下面我们继续阅读，看看到底是什么原因。

上述案例中，教者抓住不为人们关注的"闲话"大做文章，通过情境的创设，让学生走进情境，以"评价"的口气，呈现句子丰富的内涵，使学生对兄弟俩争论的"无谓"有了更真切的感悟，对语言蕴涵的道理也有了更深刻的理解。

（3）化人为"我"，体会感情。体会感情是阅读教学中的一个难点，而借助角色，则可沟通学生与课文、与作者的联系，唤起感情共鸣，以顺利地体会文章的思想感情。如阅读《一夜的工作》（人教版课标本六年级下册），可以这样引导：如果你是作者，看到总理办公室设备那么简单，会说些什么？你看到总理一夜要批阅那么多文件，你会对他说什么？如果你看到总理工作了一夜仅仅喝一杯绿茶，吃几颗花生米，你会对他说什么？这样，就能使学生顺利感受总理生活的俭朴、工作的劳苦，真切感受作者对总理的敬仰之情。

4. 悟道效应

让学生明理悟道是阅读教学的重要任务，在教学中，借助角色，引导参与，可让学生在自我感受中明白道理，接受教育。如《"你必须把这条鱼放掉！"》（苏教版国标本三年级下册）一文，渗透的是"严格遵守公共规则、自觉遵守公共道德"的教育，阅读课文后，一教师设计了这样的小练笔：

汤姆在爸爸的要求下把钓到的大鲈鱼放回了水中，可爸爸的话一直在他耳边回响。这天早晨，他和杰姆一起去上学，来到十字路口，正好碰上红灯，杰姆拉着汤姆的手想闯过去，汤姆坚决不肯。杰姆对他说："你看，这里没有警察，路上又没有车辆通行，而且已经有人在我们前面闯红灯走了，我们为什么不能闯？关键时候要灵活一点！"

汤姆一听，一本正经地说："＿＿＿＿＿＿＿＿＿＿＿＿＿＿。"

提示：此刻，如果你是汤姆，会怎么对杰姆说呢？请你展开想象，写出他对杰姆说的话，并恰当地用上"不管……都……"。

下面是学生的练笔：

"杰姆啊，现在闯红灯绝不是灵活，而是违反交通规则。不管有没有车辆通过，不管别人怎样，我们都不能闯红灯！"

"杰姆啊，设置红绿灯，就是为行人和车辆的安全保驾护航。'红灯停，绿灯行'的规则，是针对每个时刻、每个人的，无论是什么时候，不管有没有车辆通行，有没有人看见，我们都要遵守交通规则。你说是不是？"

"杰姆啊，如果我俩跟着别人闯红灯，上面的红灯肯定会说，小同学，忘记我的存在啦！不管在什么时候，在什么地方，也不管别人闯不闯红灯，你们都要记住'红灯停，绿灯行'的规则啊！"

上述小练笔，通过情境创设，引导延续文本故事，显化爸爸教育的效果，汤姆所处的环境由鱼塘边变成了公路旁，汤姆的角色由被教育者变成了教育者。这样的情境创设，使语言实践与道德实践融为了一体。从练笔看，学生都准确而具体地推断出了汤姆的语言，贴切地用上了关联词"不管……都……"。由此看出，他们对公共规则也有了更深刻的认识，这就使阅读教学中思想教育的渗透达到了自然融合、不露痕迹的境界。

5. 创造效应

教学中引导学生充当角色，还可发展学生的创造思维，培养他们的创造能力。请看《日月潭的传说的传说》（苏教版国标本三年级下册）写的是大尖哥和水社姐为拯救日月、解救人民而英勇献身的传说，为启发创造想象，促进深度感悟，教者这样引导：

师：日月重新回到了蓝天，人们重新见到了光明，可是拯救日月的英雄却永远地离开了人们，化作了青山！同学们，如果当时你在场，将用什么方法来悼念人民的英雄？

生：我喜欢画画，我要把日月潭、太阳和月亮、大尖哥和水社姐全部画在一幅画上，表示我对他俩的怀念。

生：我喜欢唱歌，我要来到日月潭边，唱一首《爱的奉献》表达对他俩的怀念，感谢他们把自己全部的爱奉献给了乡亲们。

生：我想以"永远的怀念"为题，写篇文章悼念他俩。

（其他学生发言略）

师：是啊，为了人民的英雄，人民将永远怀念。听了这个故事，老师不禁想起了法国著名作家大仲马的一句名言［出示名言，指名朗读：世界上最美丽、最高贵、最伟大的事情，莫过于报善和惩恶。——（法）大仲马］，读了这句名言，联系课文叙述的故事，你想对大尖哥和水社姐说些什么？

生：大尖哥和水社姐呀，虽然你们牺牲了，但是人们永远不会忘记你们，你们将世世代代活在人们心中。

生：大尖哥和水社姐，每当人们来到日月潭边的时候，人们就会想到你们。

生：大尖哥和水社姐啊，如果我真的来日月潭旅游，我一定给你们献朵花儿。

生：无论到什么时候，我们总不会忘记你们，你们将永远活在我们心中！

（其他学生发言略）

师：其实悼念英雄的形式很多，而通过挽联表示对英雄的怀念就是很好的形式，挽联就是悼念死者的对联，下面请大家把下面的挽联读一读。

（出示挽联，学生朗读）

横批：永远怀念

人民英雄为着人民　人民英雄人民怀念

师：下面还有一副挽联，请你们补充完整。

（出示挽联，学生补充）

横批：＿＿＿＿＿

拯救日月挺身而出，＿＿＿＿＿＿＿。

（生补充后引导朗读）

生：我写的挽联是"拯救日月挺身而出，降伏恶龙英勇献身"，横批是"永垂不朽"。

生：我写是的是"拯救日月挺身而出，降伏恶龙献出生命"，横批是"日月同辉"。

生：我写的是"拯救日月挺身而出，为了人民献出青春"，横批是"永远怀念"。

生：我写的是"拯救日月挺身而出，千辛万苦无所畏惧"，横批是"有口皆碑"。

生：我写的是"拯救日月挺身而出，世世代代永远怀念"，横批是"与山河共存"。

师：这些挽联是大家心中的呼唤、真情的表白。可以想见，日月潭这动人的传说一定会和日月共存，与日月潭同在！

这样的情境创设，既是故事的自然延伸，更是感悟的有效升华；既是诚挚的情感表白，又是真实的语言实践，达到了精神提升与语言发展的和谐统一。

二、主体角色的强化

在老师引导下主动积极地参与学习，以提升精神、获取知识、发展思维、培养自己的能力，这是学生课堂教学中的主体角色。但相当多的学生在自我角色的扮演中，一直将自己置于被动地位，一切依赖于老师。因此，在课堂教学中，要发挥角色效应，首先必须强化学生的自身角色，使其真正成为课堂教学中知识获取的主人，主动积极地参与教学的全过程，使每个学生都成为名副其实的学习角色。

1. 参与目标确定

教学目标是教学双方课堂活动的指向，而确定教学目标历来是教师的事，每篇课文要完成什么任务教师有数，学生茫然。这样，教学中教师牵着学生走，学生跟着老师转，教师的主导作用发挥不了，学生的主体作用体现不了。因此，要强化学生的参与意识，须强化学生的目标意识，通过点拨诱导，让其参与目标确定。

（1）尝试写作，确定目标。对贴近学生生活的课文，可在揭题时引导参与写作，通过揣摩内容、思路，而明确学习目标。如《沙漠中的绿洲》（苏教版国标本四年级下册）揭题时，可这样引导：如果你写《沙漠中的绿洲》，准备写什么？你认为阅读这篇课文该弄清哪些问题？学生明白：须搞清这里的沙漠原先是怎样的，变成绿洲后又怎样，是谁用什么方法将沙漠变成绿洲的，从中可以看出什么。

（2）弄清体裁，确定目标。可在平时渗透学法的基础上，引导学生搞清课文体裁，以确定目标。如是写事的，则要弄清事情，理清顺序，把握重点，理解中心，了解写法；写人的则要了解人物，把握事情，理解特点，弄清写法……

（3）复习迁移，明确目标。同组课文，由于读写训练重点相同，因而阅读目标相似。为此，在重点课文渗透读书方法后，学习其他课文可引导迁移，以明确目标。如阅读《九寨沟》（苏教版国标本四年级上册）前，教者这样引导：通过《泉城》（苏教版国际本四年级上册）的学习，你弄清了哪些问题？学到了什么读书方法？学习《九寨沟》必须搞清哪些问题？学生知道：必须搞清九寨沟的景色怎样，作者是怎样抓住特点对九寨沟进行具体描述的，哪些地方写了静态，哪些地方写了动态，其静态和动态描写的目的是什么。这样让学生参与目标的确定，可加强课堂教学的目标控制，以保证教学目标的透明度，使教师的教学活动在学生积极的参与和严格的监督下进行，以避免信马由缰。

2. 参与学法设计

阅读教学过程是指导学生理解教材、运用教材，使其形成理解和运用语言文字能力的过程，为强化学生的参与意识，在教学目标确定后，须引导其参与学习方法的确定，以使学生掌握学习方法，参与教学过程，从而把握课堂学习的主动权。

（1）依据体裁，确定学法。在平时加强学法指导的前提下，可让学生以教者的身份依据课文体裁而明确方法。如学习古诗，运用"一读，画出生字，读准字音；二读，借助字典，理解词义；三读，由字及句，理解句义；四读，想象情境，创造画面；五读，朗读背诵，体会感情"的"五步阅读法"。读写人的课文则运用"一读，知人物，明事情；二读，理顺序，抓重点；三读，析要素（人物的动作、神情、语言、心理等刻画人物的要素），悟特点；四读，抓总结，明写法"的"四步阅读法"。

（2）凭借导语，了解学法。对重点课文，可让学生课前自学一组课文前的导语，明确目标，把握方法；对其他课文，可通过复习迁移，让学生以编者的角度依据导语确定学法，进而运用方法，自主阅读。如人教版课标本五年级上册第六组课文，在重点课文《地震中的父与子》阅读后，可引导学生结合这篇课文的阅读，结合这组课文的导语，让他们总结归纳读书方法：认真阅读课文，把握主要内容，抓住人物的外貌、语言和动作的描写体会人物特点。在此基础上，让学生运用上述方法阅读《慈母情深》《"精彩极了"和"糟糕透了"》《学会看病》。

（3）运用点拨，暗示学法。对一些叙述方法特殊的课文，可通过点拨暗示，让学生确定学法。如阅读《田忌赛马》时，可告诉学生，课文是通过对田忌与齐威王两次赛马中的不同方法和不同结果来表达中心的，让学生知道可运用"列表比较法"阅读。

学生一旦把握阅读的基本方法，教者要引导比较选择，以寻求适合教材、符合学生实际的最佳教法和学法，求得教法和学法的有机统一。

3. 参与课堂评价

要发挥学生的主体作用，还须改变课堂教学中"教师问—学生答—教师评"的现象，以有效的方法沟通学生之间的联系，让他们参与答问评价，以促使课堂信息多向传递，促进学生对语言的具体感受，深刻理解，灵活感悟，提高学生驾驭语言的能力。

（1）随机点拨，导其评价。在学生答问中适时点拨，以诱使学生介入评价，把课文理解一步步引向深入。如"你们认为他（她）答得如何?""他（她）答得全面吗，为什么?"……以逐步让学生把握"辩正误、评优劣"的评价方法。

（2）指导方法，促其评价。学生基本掌握评价方法后，可让其采用评价式的方法进行答问，即把评价与答问结为一体，在评价他人答问的同时对答题进行纠错、补充、拓展、深化等。如"我认为××答得不错，抓住了问题的要点，我想再补充一点……"、"我认为这样理解是片面的，因为……"、"这样答看似正确，但我认为还浮于表面，应该这样考虑……"，这样的答问形式，能有效地建立起师生间、学生间的平等关系，促使学生介入评价。

（3）运用激励，助其评价。学生介入评价后，教师要运用激励手段，对答问和评价情况从正面进行肯定，对主动参与评价，评价有深度、有高度的学生给予表扬，促其主动积极地参与评价。

三、多重角色的获得

由于年龄、阅历的限制，学生对社会生活中的各种角色还缺乏较全面的了解和较深刻的理解，要他们在课堂教学中，在极短时间内就调整好自己的角色行为模式，用老师交给的角色模式来确定自己的言行举止，以尽快地完成自己的角色转换，这实在是一大难点。因此，要创造条件，帮助学生实现角色的转换。

1. 丰富生活，理解角色模式

实践是认识的源泉，感性是理性的基础。小学生进行角色转换最大的困难是感知的缺乏。如果学生对某角色不仅没有看到过，甚至连听也没有听说过，他们头脑中根本就确定不了某个角色的形象，也就谈不上调节自己的角色模式。因此，要使学生对有关角色得以"扮演"，须丰富其生活，让他们与生活中的各种人物近距离接触，如经常组织参观工厂，观看各类人员劳动的场面，就能让学生不断地加强对"工人"这一角色的体验，了解"工人"这一角色的内容；经常组织学生参观专业户，了解他们的家庭情况、专业情况、收入情况，就能让学生逐步加强对"专业户"这一角色的体验，了解其在家庭、在社会所处的位置。另外，带学生参观敬老院、幼儿园、医院，就能加强他们对有关角色的感性储备，一旦需要，他们头脑中就能尽快呈现出某个角色的形象，从而通过心理调整，以较迅速地转换角色。

2. 扩展阅读，增加角色储备

由于时空的限制，要学生对每个角色都去了解和体验不仅不可能，也没有必要，而对社会相当多的角色，课文中，特别是课外书中都有描述。因此，在丰富生活、进行直接体验的同时，可引导加强课外阅读，广泛涉猎。通过订阅书刊，推荐书目，保证阅读的针对性；通过互相推荐，共同阅读，保证阅读的广泛性；通过课堂指导，考试测评，保证阅读的指导性。这样，随着阅读量的不断增加，知识储备的不断丰厚，学生对各种角色的了解也日渐增多。教学中，他们便会通过思维指向的瞬息调整，运用自己的信息储备，构筑起头脑中的角色形象，进而确定自己的角色转换目标，并尽快进入角色。

3. 课前铺垫，奠定角色基础

一般说来，平时生活的丰富，阅读量的增加，对学生课堂角色的转换是必要的。但严格地讲，平时的生活、阅读对角色的了解往往是无意的，它不可能解决课堂教学中所有角色转换的基础问题。因此，课文阅读前，要根据其内容和学生实际，对与课文相关的环境背景、时代背景、人物背景，通过观看影视、专题介绍、课外阅读等方法，补上学生的某些空白。如在阅读《冀中的地道战》（语文版 A 版六年级上册）之前，可借助图片、影视让学生了解有关地道战的背景。这样，课前铺垫好，课上转换就较为顺利了。

4. 诱发情感，促使角色转换

一般说来，学生与扮演角色之间均存在差异，而情感的差异最为明显。对此，可在教学中强化学生的情感体现，促进角色转换。

可通过情境描述，诱发情感。如朗读《小珊迪》（人教版国标本四年级下册）一文中"珊迪受伤了……"，在学生初步感受内容后，可这样描述：同学们，你们看，小利比手拿四个便士来到了作者面前，想到身受重伤的哥哥独自躺在家里，随时都可能死去，想到自己今后再也无依无靠了，他是多么难过啊！他还没有开口，泪水就唰唰地流了下来。你听，他颤抖着声音哭诉着——（生读）这样描述，能以境诱情，强化感受。

可通过假设入境，引发感情。"'现在我不是最弱小的了吧！妈妈？'萨沙问道。"（《我不是最弱小的》，苏教版国标本四年级下册）这句话照应了课题，点明了中心——能够帮助别人就不是弱小的，反映了萨沙的天真可爱。为加强角色体验，理解句子丰富的内涵，教者这样引导：同学们，你就是雨中的萨沙，刚才看到爸爸妈妈让雨衣，听到妈妈说原因，现在你为弱小的野蔷薇让雨衣了，你想借助这句话表达怎样的心情呢？让我们一起向妈妈表达自己的心声吧！（生读）这样，让学生充当角色，进入情境，架起了学生与课文的情感桥梁，使学生在情感上与文中人物产生了共鸣，其效果一定很好。

还可通过渲染气氛，触发情感。在阅读中，可通过图片、音响、语言来渲染气氛，触发情感，促使学生忘却自己，进入情境，充当角色。如《十里长街送总理》（人教版第九册），教者这样导入：先简介总理的丰功伟绩，接着引导回忆《温暖》《关怀》《周总理的睡衣》等有关总理的课内外阅读内容，使学生较完整地感知总理的高大形象；再播放哀乐，同时进行语言描述：同学们，这就是我们的好总理啊，谁能想到，1976 年 1 月

8日，他竟和我们永别了，听到这消息，高山哭泣，江河呜咽，全国人民处于极度的悲痛之中。这一天，总理就要送去火化了，从此，人们再也看不到总理了，首都人民心情沉痛，扶老携幼，伫立于长安街头，与总理进行诀别。让我们一起到长安街上送一送总理吧！这样，通过语言的描述，音乐的渲染，能将学生带到庄严、肃穆的长安街上，使学生很快成为文中的角色。

教材研读：假设导读法的重要基础

任何教学方法的呈现，都以教材的研读和转化为凭借。这种研读，并非一般意义上的理解，而是联系相关教学方法的深度解读；这种转化，也非一般意义上的转化，而是联系相关教学方法的巧妙转换。假设导读法对教材理解当然也有自己的特殊需要，要求研究教材时就能运用假设，来个设身处地，多角色地审视，全方位地探究，进而做到成竹在胸。唯如此，假设导读的目标才能明确而清晰，假设导读的运用才能科学而合理。这样，课上假设内容的选择和呈现、假设时机的权衡和把握、假设方法的运用和优化等，才能有的放矢，有条不紊。另外，研读教材怎样着眼于运用，才能彰显教材的真正价值？怎样灵活地运用教材，才能彰显出教师的真正智慧？这也是假设导读进入课堂必须直面的问题。这些，本章都进行了较为详尽的阐述。

在多角度的钻研中把握教材

实施假设导读，教材是凭借，假设是策略，目标是指向，为保证假设导读的针对性和实效性，须切实重视教材的研读。这是因为，教材是客观的阅读文字，作者靠此表情达意，编者借此显化目标，教者以此教书育人，学生凭此提升自我，而作者的目的、编者的意图、学生的希望均得靠教者去实现。

研读教材，教者和作者想在一起，才能具体感受作者的真切情感和精妙语言；和学生想在一起，才能了解学生的所思所想和迫切需求；和编者想在一起，才能把握教材的编排体系和真正意图。这样，对教材有了全面准确的把握和具体深刻的理解，设计教学才能根据文本与学生的联系，确定适切的教学目标，捕捉合理的假设内容，选择最佳的假设形式。这样的教学设计，就不是教者单枪匹马的"一厢情愿"，而是作者、编者、教者、学生的"一拍即合"。带着这样的预案走进课堂，教者就能当好作者的代言人，编者的代理人，学生的引领者。在假设导读中，教者自己运用假设，便总能高屋建瓴，成竹在胸，使假设运用恰到好处；引导学生运用假设，也都能见机行事，量体裁衣，使假设导读收到实效。因此，为保证教材理解的广度和深度，可运用假设，多角度地钻研和处理教材。

一、居高临下：编者的角度

编者的意志，是阅读教学目标确定和教学手段选择的主要依据。运用假设导读，重要的目的就在于能在教学中更好地体现编者的意愿。而只有站在编者的角度，对课文选择、文后习题、练习设计、单元安排等诸方面的特点有了明确而具体的理解，教学中的假设运用才更具有清晰的目标和明确的指向，假设运用才可能置于编者的"引领"和"监管"之下。

教材中的每篇课文，都是编者依据小学语文教学目标和学生特点而精心选择的，它们上下贯通，前后关联，形成了小学语文教材体系。只有对整个教材体系有整体把握，形成知识理解体系、能力训练体系、智育渗透体系，课堂教学才能紧扣教学目标，充分合理地运用教材，科学合理地安排教程，以保证教学目标的实现。

1. 整体把握全册教材，浏览初析抓三点

学期初对全册教材的整体把握，是制定全学期教学目标、安排每组及每篇课文教学目标和教学方法的前提。因此，每学期初，教者要浏览全册教材，一看目录，了解全册教材安排了几篇课文，分几组，每组几篇课文，有哪些类型的课文；二看课文，了解写什么，写作目的是什么，课文与课文之间有什么联系，对每篇课文的内容和中心及课文之间的关系有个初步的了解；三看特点，了解每组课文有怎样的共同特点，可向学生渗透怎样的读写方法，组与组之间形成了怎样的读写训练线；四看练习，搞清楚全册教材安排了几个练习，分别安排了哪些训练内容。在上述"四看"的基础上，教者再以编者的身份自我设问：这册教材我安排了哪些课文？分几组？每组课文的特点是什么？可安排怎样的读写训练主线？从而透过课文思想内容的剖析和联系，把握德育渗透的点和线；通过课文特点的剖析和联系，把握读写知识的点和线；通过课文内容与练习的剖析和联系，把握课文知识（字、词、句、篇、修辞、标点等）的点和线，从而整体驾驭全册教材。

2. 整体把握一组课文，细读深析串主线

在整体感知全册教材的基础上，为以系统理论指导教学，须整体、深入地理解每组课文。现行教材，从中年级开始都渗透了读写训练重点，它是我们深入理解教材、整体把握教材的主要依附。因此，在对各组的每篇课文有所了解的基础上，依据教材渗透的读写训练主线，对所在组的每篇课文进行细致的剖析，进而自我设问：如果我是编者，安排这组课文是想渗透怎样的读写训练，据此又安排了哪些课文？其目的又各是什么？由于读写是互为联系的两个方面，因此，可就读写训练点进行挖掘，使每篇课文从"出文"、"回文"两方面抓分析，使每组课文从阅读、写作两方面运用，以发挥指导读写的双重功能。在此基础上准确安排每组课文的德育渗透点和读写训练点。如教学苏教版国标本五年级下册第二组课文前，通过上述分析，可形成下列分析表格，从而为教学目标确定的准确性、教学方法设计的合理性、读写练习安排的针对性奠定基础。

课题	去打开大自然绿色课本	装满昆虫的口袋	变色龙	金蝉脱壳
读写知识	通过本单元教学，一方面要引导抓住细节描写，体会自然景物和相关动物的神奇特点，感悟探究大自然的快乐；一方面要搞清楚作者是怎样通过细节描写，突出自然景物和相关动物的神奇特点，突出探究大自然的有趣的，从而让学生把握有关景物、动物文章的读写方法，提升他们的读写能力。			
阅读训练方法	通过朗读、想象、品味，引领学生走进大自然的课本，去感受大自然的神奇，弄清作者是怎样以敏锐的目光捕捉大自然的奇趣妙景，以生动的笔触展示大自然的绚丽多姿的，从而感受语言文字的魅力。	引导学生紧扣文中描写法布尔迷恋昆虫的重点语句，进行想象描述，一步步走进人物内心，走进人物的精神世界，看作者是怎样借助细节的描写突出法布尔对昆虫的迷恋的，从而让学生学习抓住细节描写，体会人物特点的阅读方法和借助细节描写突出人物特点的写作方法，以提升学生的读写能力。	引导学生走进课文情境，感受变色龙的神奇特点，搞清楚作者是怎样通过事情的具体叙述，细致入微地展示变色龙的特点的，学习运用在叙事过程中借助细节描写，展示动物特点的写作方法。	抓住课文中的细节描写，引导学生通过朗读想象，再现情境，从而具体真切地感受金蝉脱壳的神奇，学习作者按照顺序、仔细观察、按照顺序、具体叙述的方法。

续表

课题	去打开大自然绿色课本	装满昆虫的口袋	变色龙	金蝉脱壳
阅读训练目标	通过本单元的学习，让学生感受大自然的奥秘，使他们认识观察的意义，学习观察的方法，提高观察的能力，激发学生对大自然的热爱，从而使他们以满腔热情投入大自然的怀抱，去获取知识，享受乐趣，形成能力。			

3. 整体把握一篇课文，深究课文抓四点

为保证每篇课文整体在胸，透彻理解，须认真钻研（这一步要安排在以学生、作者角度钻研教材后进行）。在理解中可自我设问：这篇课文写什么？告诉我们什么？如何写？为什么这么写？我将这篇课文安排于这一组，让它担负什么任务？从而切实搞清楚课文与全组乃至全册教材教学目标的联系，把握课文的德育点、知识点、智力点、能力点。

教学《高尔基和他的儿子》（苏教版国标本五年级上册）一文，通过综合分析，就知道课文的德育点是教育学生明白"给"永远比"拿"愉快的道理，在生活中要坚持用自己的努力为别人带来快乐。知识点是要让学生把握这篇课文的生字词，理解课文内容和中心，把握"事情与情感、事情与事理"的读写知识。智力点是引导学生透视事情，理解现象与本质的紧密联系，理解其蕴含的深刻道理，以训练学生思维的深刻性、联系性和合理性。能力点是懂得"读文章要能够透过事物现象把握事情本质，写文章要能够通过事情现象揭示事情本质"，从而在具体训练中形成相应的读写能力。

实践表明，从编者的角度来备课，就能为理解、处理教材和安排、设计教案达到理想境界奠定基础。这样，假设导读中，教者才能既当好编者的代言人，又当好课堂的主导者，从而通过对教材的灵活处理，通过适时、适度的假设，将编者的意图很好地转化为学生的学习行为。

二、设身处地：学生的角度

假设导读，凭借的是教材，着眼的是学生，寻求的是文本运用向学生语言能力的转化。教者只有站在学生的角度，设身处地地解读教材，才能弄清学生的兴趣、困惑和期盼，这样才能快捷而准确地从教材与学生的联系中，确定假设导读的运用方法。在此前提下的导，才不仅能贴近教材，而且能贴近学生。

这是因为，由于教者与学生之间的诸多差异，对一篇课文的理解无论是从深度、广度还是难度都有较大差别。如果只是站在教师的角度理解教材，就可能因大失小，即钻研教材着重于内容的理解、读写方法的探究，而忽视字、词、句等细枝末节的理解。也可能因深失浅，即理解教材只注重高度和深度，而忽视其基础。因此，在初步把握全册教材、较具体地把握全组教材的基础上，可先站在学生的角度上理解教材，在理解课文的细和实上下功夫，为教材的处理和运用提供重要而必要的条件。

1. 像学生一样学课文

小学教材所选课文大都文字浅显、内容通俗，而这对于小学生说来又不尽然。几乎每篇课文对他们来讲都有生字新词，都有他们未曾经历过的事情、未曾接触过的事物。而这些，教师理解教材时往往以己度人，将之忽略。因此，为保证理解教材正确、全面、细致，对每篇课文都须站在学生的角度上，即从学生的年龄特点、知识基础、认识水平上来理解教材，浅文深钻，读准每个字，推敲每个词，体味每句话，广泛了解背景，深刻理解内容，全面考虑问题，使教材通盘在胸，烂熟于心，以保证字、词、句、篇的理解不留一点空白。

2. 像学生一样提问题

在理解教材中，教者要设想自己就是学生，以学生的知识水平和认识能力为前提边读边想：这篇课文哪些地方叫人感兴趣，哪些地方最叫人感动，哪些背景希望老师介绍。在此基础上对学生做一次验证性调查，以把握教材的兴趣点、疑难点、动情点、背景介绍点等。如《在仙台》（人教版六年级下册），通过钻研可知：课文兴趣点是：鲁迅学过医，但没听说他做过医生；疑难点：文言词的理解，写"物以稀为贵"与写"颇受优待"以及学医过程的关系，写留级生"掌故"的意思；动情点是：藤野先生认真地为鲁迅修改讲义、纠正血管图，担心鲁迅不肯解剖尸体；背景介绍点：当时中国的社会现状，中国在世界的位置，中国留学生在外国的地位，鲁迅学医和去仙台学医的原因。

这样钻研教材，心中有学生，就能做到心中有教材，也就能使教案设计贴近学生，切合实际，以保证针对性和有效性。

三、潜心其中：作者的角度

如今的语文教材，几乎是尽一式的选文型。只有当编者将其选用于教材时，它们才担负起了教材的任务。可见，解读教材还须由本溯源，从作者的角度去思考、揣摩。这是因为，能够透彻理解课文的莫过于作者，文章写什么，为什么写，怎样写，为什么这样写，也许唯有作者才能准确地回答。而作为教师，为准确确定目标，科学传授知识，这些问题又非正确理解不可。

叶圣陶老先生指出："作者胸有镜，入境始于亲"，"作者思有路，循路识斯真"，[①] 为深入理解进而驾驭教材，在以学生的角色读懂课文后，还须以作者的角色潜心文中，自我设问：倘若我写其文，目的是什么？是以哪些材料、运用什么写法达到目的的？希望读者从文中了解什么？从而对写作目的的确定、材料的选择、详略的安排、词句的锤炼以至标点的运用等方面对教材有深入的理解。这样钻研教材，能入其境、通其心、感其情，使教材钻研达到理想境界，才能更好地引领学生走近作者，走进作者描述的情境，倾听作者心灵的声音，学生也才能在与作者的"心心相印"

---

① 叶圣陶. 叶圣陶语文教育论集 [M]. 北京：教育科学出版社，1980：1.

中，得到语言的发展和精神的提升。

《在仙台》一文以作者的角色深入钻研，就能搞清楚：作者写此文的目的是通过回忆在仙台跟藤野先生学医的经过，表现藤野先生正直无私、毫无偏见的可贵品质，抒发对他的感激之情。为达此目的，作者选取了"修改讲义"、"纠正血管图"、"为'我'担心"这三件事，通过他最初给"我"印象中的音容笑貌及留级学生对他"掌故"的介绍，通过对"三件事"的具体叙述，通过"我"受到的"物以稀为贵"的优待与藤野先生对"我"真诚关心的对比，使藤野先生的形象感人至深，使"我"的感情表露无余。

四、统筹安排：教者的角度

由学生、作者、编者的角度钻研了教材，对教材内容、教材内涵、教材体系的把握就能达到理想的境地。而作者、编者、学生、教者是互相联系、互为制约的一个整体，教者的作用至关重要：作者的目的、编者的意图、学生的意愿，均得依靠教者的教学去体现，并最终指向德育点、智育点、知识点、能力点的落实。因此，为使教学突出编者的心，反映作者的心，体现学生的心，最终还须站在教者的角度上钻研教材、设计教案，抓住三个联系，求三个统一，从而做到一心（教者之心）勾连，四心相通，四路（文路、编路、教路、学路）统一。

1. 抓住作者意图与编者意图的联系，求得作者与编者的统一

一篇文章中涉及的知识往往很多，而编者是根据阅读教学的整体目标选择教材的，并不需要学生掌握课文中的所有知识。因此，把握教材、设计教学目标时，要抓写作意图与编排意图的联系，根据编者意图，对教材的知识点进行剖析、取舍，使作者意图服从于编者意图，以保证教学目标明确、重点突出

《火星——地球的"孪生兄弟"》（苏教版国标本五年级下册）一文，从知识的角度看，它涉及太阳系、火星岩石、彗星、陨石等专业知识；从

写作的角度看，它是一篇科普文，涉及怎样抓住事物特点具体叙述的文体知识；从写作目的看，它介绍火星与地球的相同和相似点，让人们对火星的变迁和现状有个清晰的了解。而对小学生来说，编者将它安排于教材中，一是让学生从文中了解火星的神奇特点，激发学生对科学的热爱；一是让学生知道作者是怎样运用对比的方法对火星进行介绍的，进而把握这类课文的读写方法。因此，备课和教学中，与之无关的知识只要不影响课文理解，均可舍去。

2. 抓编者意图与学生意图的联系，求得编者与学生的统一

编者意图实际就是教师的教学目标，也就是学生的学习目标。事实表明，编者要求学生了解的与学生愿意了解的往往不尽统一。因此，须将编者与学生统一起来，围绕编者意图，考虑学生特点，对学生的兴趣点、疑难点、希望点认真剖析，合理取舍。如与教学目标关系密切，则巧妙运用，加以诱发；如关系不大，则稍加点拨，点到为止；如毫无关系，则忍痛割爱，弃之不惜。

《凡卡》（人教版课标本六年级下册）一文，在预习的基础上要学生提出疑难问题，其中有以下几点颇有代表性：①凡卡写信用的"笔尖生了锈的钢笔"、"揉皱了的白纸"和"一小瓶墨水"到底是谁的？②凡卡才九岁，又是穷孩子，怎么能写那么长的信呢？③既然凡卡能写信，为什么连信封上的地址也不知道写具体，连寄信贴邮票也不懂？④为什么凡卡九岁就成为孤儿？对上述问题，可围绕本文的教学目标这样处理：题④与中心理解偏差太大，故弃之；题②可简要交代，可能是俄文较中国文字好学，至于到底是什么原因，可不必追究；题①、题③与理解中心密切相关，可借题发挥。题①可以这样设问：你们认为这些是谁的？为什么？让学生明白：很可能是凡卡早先准备的，"小瓶"、"笔尖生锈"、"揉皱"都不易被人注意，凡卡又将此放在老板的立柜里，更不易被发现，这既说明凡卡的聪明，又说明他为写这封信绞尽了脑汁，这与课文结局形成了强烈反差，进一步突出了他命运的悲惨。题③可这样引思：这是凡卡不会写还是作者安排的？为什么这样安排？让学生了解细节描写的好处。

3. 抓编者意图与教者意图的联系，求得编者与教者的统一

编者意图得靠教者在教学中体现。因此，教者借编者意图确定教学目标，使编者的意图能在教学目标确定、教学程序设计、课堂训练安排和教学效果检测上得以充分体现。由于编者往往根据学生的共性选择教材、确定目标，在统一大目标的前提下，教者须根据本班实际做灵活处理。

假设导读的课型设计

"教学有法，但无定法，贵在得法"，这一辩证的教学观告诉我们，要探究教法，灵活用法。就某一教法而言，其运用大多是以一定的课型反映出来的。而"课要有型，型要多变，变不离宗"又是课型设计的一个基本原则。因此，探究教学方法，大都要对相关的课型设计进行探索，故须就假设导读法的课型谈谈假设在课型设计中的运用。

一、课型设计的基本原则

假设导读中，假设是手段，导读才是目的。因此，课型设计一定要明确教学目标，并围绕教学目标准确捕捉教材的假设点，使假设的运用具有明确的趋向性和目标性。

1. 针对性原则

假设导读是以学生特点、教材特点为重要前提的，虽然它的运用具有其广泛性，但它和众多的教学方法一样，并非任何课文、任何教学环节都能使用，要因学生水平、教学目标、教学时机而异，做到适当、适时、适度，不可胡乱假设，盲目运用，否则，往往画蛇添足，使课堂教学不伦不类。

2. 联系性原则

要保证假设导读的效果，须正确理解和运用假设导读的各种方法。假设导读的诸种方法既有其独立性，更有其联系性。思维训练是核心，兴趣的诱发，德育、美育的渗透，读写的结合，都是以思维为结合点、以思维为媒介的。因此，课型设计时，对诸多方法要灵活选择，综合运用，尽可能融思维训练、德育渗透、美育渗透、读写结合于一体，寻求整体效应。

3. 穿插性原则

一是假设导读与其他方法穿插。假设导读能够有效地促进阅读教学，但它绝非灵丹妙药，而且，假设多在课堂教学的微观上运用。因此，仅以此指导课文阅读是不够的，须根据教材特点，将假设导读与愉快教学法、情境教学法、发现教学法等先进的教学方法穿插使用，并尽可能以假设将这些方法融合一体，以强化效果。

4. 导学性原则

假设导读的课型设计，须以培养学生的自学能力为重要归宿，要发挥假设导读的导学功能，逐步使学生能够独立运用假设自我获取知识，以实践叶圣陶老先生"教是为了用不着教"的教学思想。

5. 配套性原则

在阅读中，假设的运用是以学生的生活经历、知识水平和认识能力为重要前提的。为此，须以多种形式的活动来丰富学生的生活，提高学生的认识能力，同时注重加强课外阅读指导，扩大学生的知识面，以此作为假设运用的配套工程，奠定假设运用基础，使学生能尽快而顺利地进入假设的情境之中。因此，课型设计要考虑课前铺垫，课后延伸。

二、假设导读的基本课型

假设导读的基本课型是："揭题定向—自学验证—精读理解—演练深化"，它将假设有序、有机、有效地运用于课堂教学之中，做到目标明确、重点突出，教路明晰、学路清晰，气氛活跃、训练扎实。

第一步：揭题定向。揭示课题时，可巧用假设，通过引导剖析课题，确定训练目标或阅读方法，引发学习动机，激发学习兴趣。根据不同课文，可分别采取"由题设疑、由题激疑、尝试写作、揣摩内容、回忆联系"等方法，引导明确目标。在此同时，可依据课文特点，选择运用"巧妙迁移、依据体裁、尝试教学"等方法确定学习方法。上述过程中，教者更要进行有针对性的点拨，以保证目标的可行性、学法的有效性。

第二步：自学验证。引导学生运用所确定的学习方法，围绕目标自学感知，验证比较，分析探究。在学习字词、感知内容、理解顺序的同时，做如下验证：自我揣测的内容与课文是否一致，开始想象的情境与课文是否一致，尝试写作的材料选择和中心表达与课文是否一致，如不一致，有何差异，为什么存在差异，从而激发学生深入阅读理解的欲望。

第三步：精读理解。抓住教学重点，把握教学重点与教学目标的联系点，巧用假设。或创设情境，引导感受；或想象情境，促其感受；或引入语境，加强感受；或扮演角色，强化感受；或动化教材，诱其感受；或增删比较，优化感受；或联系拓展，升华感受。与此同时，还须以假设点化，引导学生外化感受，从而使课文的德育点、智力点、美育点、知识点、能力点的目标得以落实。

第四步：演练深化。新课结束时，可运用假设，通过总结提携知识要点，使其给学生完整的印象。或通过变更条件，引导说写，以升华中心，深化理解；或通过提携主线，复习沟通，形成相关的知识体系；或巧妙激疑，拓展阅读，深化理解。

三、假设导读的特殊课型

为保证假设导读的效果，在运用一般课型的同时，还可根据教材特点，灵活运用以下几种特殊的课型。

1. 假想旅游型

现行教材中，描写景物的课文不少，那奇特的山水，迷人的风光，对学生有着无比的诱惑力。为引导学生感受其境，领略其景，结合其情，可让学生做假想旅游。如《桂林山水》可分以下几步。

第一步：导入，引发兴趣。可这样导入：同学们，我们祖国的山河美丽异常，它犹如一幅无边的山水画，而桂林则是镶嵌在这幅画上的明珠，它放射着奇光异彩，吸引着中外游客。今天老师要带大家去旅游观光。

第二步：观图，感受其景。学生兴趣被诱发后顺势引导：让我们乘飞机一起飞向桂林吧！（让学生闭目神思，教者出示彩图）同学们，桂林到了。（引导看图）来到桂林，出现在你们面前的是什么样的画面呢？这里的山的形态、色彩如何？能具体描述吗？这里的水怎样，有什么特点？能具体描述吗？除了山和水，你还看到了什么？看到这些，你觉得这里的景色如何？以此让学生在欣赏和描述中感受桂林山水之美。

第三步：作文，领悟其情。学生感受其境后引导思考：如果要你写下游览所得，你准备写什么？为什么写？按什么顺序写哪些景物？抓住哪些特点写？为什么？以此揣摩思路，为阅读课文铺垫。

第四步：学文，想象理解。围绕下列问题引导通过再造想象，比较理解：①如果来到大海边，你会看到什么？来到西湖，你又会看到什么？而来到漓江边，你看到的又是什么情景？②漓江的水有哪些特点？如果你荡舟漓江，能具体描述其特点吗？作者是如何描述的？有什么好处？③来到泰山、香山，你会分别看到什么？而来到桂林，你看到的山又如何？如果你分别来到这些山旁，会干些什么？能具体描述吗？作者是如何描述的？为什么这样描述？这样阅读，能化文为图，化远为近，化静为动，引发兴趣，诱发情感，促进学生深入感受其境，领悟其情。

2. 假设采访型

对一些说明道理的课文，可以假设创设采访情境，让学生充当角色，感受情境，领悟事理，进而接受采访，外化感受。如阅读《田忌赛马》可分以下几步：

第一步：初读，整体把握内容。引导自学，了解课文写什么事以及事情发生的时间、地点、人物、起因、经过、结果。

第二步：进境，深入感受内容。引导学生扮演孙膑、齐威王、田忌，进入文中情境，搞清角色行为，理解角色心理和蕴涵于事情中的道理，以深入理解。

第三步：采访，理解课文内容。要学生充当文中人物，教者以记者的身份出现，借助下列问题进行采访，以引导理解内容，体会事理：①请问田忌先生，第一场比赛结束了，对这场比赛的结果你有什么看法呢？②齐威王先生，祝贺你取得首场比赛的胜利，此刻你在想些什么呢？③请问孙膑先生，看了首场比赛，你有什么想法，能谈谈吗？后两场比赛也相继进行类似采访。这样，学生如临赛场参加比赛，胜者叙述心中的喜悦，败者叙述心中的悔恨，并在其原因自究中深入理解中心。

第四步：延伸，深化课文理解。课文阅读后，以"现场采访记"为题，引导口述以升华中心，深化理解。假设采访要在学生深入感受情境的基础上进行采访，采访者也要进入角色，以强化学生的情境感受。采访设问要围绕教学重点，指向理解难点。

3. 假设激情型

现行教材不少远离学生生活，加之学生阅历限制，时间差、情感差给他们阅读理解带来困难。为此，对那些感情强烈的课文，可以假设带学生进入情境，促使学生入境感受，以激发情感。如《一夜的工作》可以分以下两步设计：

第一步：以假设引其入境，理解内容，感受人物形象。在学生充分预习后联系下列问题阅读课文，以作者身份进入情境，感受总理形象：①看到那宫殿式的办公室，你想总理办公室的陈设可能如何？而当你步入总理办公室看到的又是什么？这说明了什么？②听到总理一夜要批阅一尺来厚的文件，你想总理可能怎么批阅？当你陪他审阅文件时看到的情景又如何？这说明了什么？③总理工作了一夜，你想他该用什么样的晚餐？而你看到的又如何？这说明了什么？

第二步：以假设激其动情，诱发情感，颂扬人物形象。为体会作者叙事的真实，感情的真挚，在学生初步感受人物形象后进一步运用假设，激其入境，促其动情，围绕下列问题阅读、深究、漫议，体会作者感情，讴歌总理形象：①来到总理办公室，看到那极其简单的陈设，你心情如何？为什么？②看到总理身边那一尺来厚的文件，又看到总理那认真批阅的情景，你心情如何？为什么？③总理工作了一夜，只喝一杯绿茶，吃几颗花生米，并邀"我"共进晚餐，这时如果是你，坐在总理身旁心情如何？为什么？④看到总理一夜的工作，在归途中你心情如何？为什么？运用假设激情，要有效地引导感受情境，通过情境创设、角色扮演，促使学生移步入境，览物动情，并引其外化情感，叙谈感受。

4. 以写助读型

为促使学生深入理解内容，可捕捉教材的读写结合点，引导写作，促使学生对课文细读深究，深入理解，把握语言规律。如《一分试验田》（人教版五年制第九册）对彭总种植试验田的过程进行了细致叙述，这是彭总"坚持真理、实事求是"特点的集中体现，但学生往往难以理解其内涵。对此，可采取"以写助读"的课型，可分以下几步：

第一步：揭题，明确目标，揭示课题引导讨论：从课题你知道课文可能写什么？阅读这篇课文，该搞清哪些问题？学生发言时有选择地板书：谁种？为什么种？如何种？结果如何？以明确学习目标。

第二步：初读，感知内容。要学生自学课文，在解决字词的同时思考上述问题，并通过检查促使学生整体把握课文，初步了解课文写什么事，说明什么，以感知人物形象。

第三步：延伸，促其探究。在上一步的基础上引导讨论：彭总种植试验田的目的是什么？试验田收获后彭总会怎么办？（引导发散）如果收获后彭总与某鼓吹浮夸风的部长会面了，部长会提出哪些问题责难彭总？彭总会如何以种植试验田的事实予以驳斥？让学生带着上述问题对课文细读深究，搞清楚彭总那样认真选地、精心丈量、深翻细碎、积肥施肥、认真守护、仔细收打的根本目的。

第四步：表演，深入理解。以"彭总怒斥某部长"为题，分四人小组排练彭总与某部长见面以种植事实怒斥某部长的情景，小组排练后选择一两组登台演出，从而在形象的创造展示中促进学生对语言的深入理解和情感的深度感悟。

第五步：习作，升华形象。以"彭总怒斥某部长"为题作文，以深化理解，升华人物形象。

5. 推理验证型

有些课文，上下文内容联系紧密，显示出极强的逻辑性。对此，可寻找内容理解的聚焦点，以假设设问，引导推理，辐射全文，再进行阅读验证。如阅读《琥珀》（冀教版四年级上册）可分为以下几步。

第一步：直奔结尾，了解琥珀的样子。揭题时，由"琥珀是什么呢？本文叙述的琥珀是什么样子呢"等问题引导直奔结尾，搞清文中的琥珀是什么样子，既而引发：这块琥珀是多么奇妙啊！本文主要叙述了它的来历，而它的来历是科学家根据它的样子推测出它来的，如果你是科学家，面对这块琥珀，能推测出它的来历吗？以促使学生对琥珀细看慢瞧。

第二步：引导推理，了解琥珀的来历。学生了解了琥珀的样子后围绕下列问题引导推理：琥珀形成前是什么？（松脂球）本文的松脂球由几部分组成？（松脂、苍蝇、蜘蛛）有松脂必有什么？（松树）除了松树还必须有什么？（炎热的太阳）三者为什么能相遇？（可能是蜘蛛要吃苍蝇时，松脂被太阳烤得正好滴下来）在逆向推理的基础上，要学生按顺向思维说出琥珀的形成过程，具体说清楚事情发生的时间、地点、起因、经过和结果。

第三步：阅读验证，理解推理的准确。在推理的基础上引导学生阅读课文，搞清楚课文按顺序抓住哪几个要点进行叙述的，每个要点又考虑了哪些具体情况，科学家推理的根据是什么，与自己的推理有何差异。这样，就能让学生搞清楚琥珀的形成条件，了解科学家推理的合理性和严密性，了解作者叙述的条理性和周密性。

第四步：说写延伸，深化课文的理解。课文阅读理解后引导思考：如果你与假想琥珀来历的科学家相遇了，你会如何围绕琥珀的推理对科学家进行采访？科学家又会如何作答？分四人小组（两人做科学家，两人做小记者）进行采访，进而写下采访情况，以再现科学家的推理思路，加深对课文的理解。

教材解读的价值在于运用

　　假设导读虽有课型，但它只能作为参照，必须灵活运用，不可生搬硬套。要从实际出发，以教材的运用凸显教材解读的本质价值。《语文课程标准》强调指出："语文是实践性课程，应着重培养学生的语文实践能力，而培养这种能力的主要途径也应是语文实践。……应该让学生多读多写，日积月累，在大量的语文实践中体会、掌握运用语文的规律。"学生的语文能力，只能在语文实践中训练，唯有在语文实践中形成。

　　假设导读的重要目的，就在于依据教材，通过各种不同形式的假设，使学生在目标清晰、指向明确、内容丰富的语言实践中得到语文能力的提升。因此，"用教材教"便成了假设导读中文本解读的前提之一，须实行"教教材"向"用教材"的转身，从"用"的角度去理解和运用教材，既做教材的使用者，更做教材的开发者，通过对教材的个性化理解、灵活性调整、创造性诠释、科学化呈现，以促使教材更好地转化为学生的知识能力，转化为学生的精神财富，真正让教学因教材的创新运用而精彩。

　　小学语文课文多数篇幅简短，通俗浅显，也许很多孩子没有老师引领也能读懂。而作为教师，该居高临下地审视教材，努力从通俗浅显中读出深邃，从平淡无奇中读出奇妙。这样，教材研究才具有深度，教学设计才具有效度，假设导读才能真正导之有效。

一、驭繁于简：思路清晰一点

　　不少教师，总想把自己所懂得的知识"和盘托出"，让自己所掌握的资料"倾巢出动",教学内容越来越庞杂,教学设计越来越烦琐,教者是忙忙碌碌,学生是辛辛苦苦,结果却是高耗低效。针对上述现象,有识之士发出了"简简单单学语文,扎扎实实抓训练"的呼吁。而要使语文教学形式简单而训练扎实,须精练教学目标,简化教学头绪,清晰学习思路,实化教学过程。为此,可抓住语言聚焦点,为学生提供解读语言、参与训练的方向,提供形象构建、情感感悟的指向,从而牵一发动全身,以一点联全篇。

《厄运打不垮的信念》(苏教版国标本五年级上册)的中心句是:"在漫长的人生旅途中,难免有崎岖和坎坷,但只要有厄运打不垮的信念,希望之光就会驱散绝望之云。"这是课文语言情感的聚焦点,在学生充分预习,整体把握并初步感受内容后,可引导浏览课文,找出中心句,并联系生活实际,理解"崎岖和坎坷"、"厄运"、"信念"、"驱散绝望之云"的意思。接着,围绕下述问题阅读感悟:①文中第一次的"坎坷"和"绝望之云"指什么,"希望之光"是指什么?如果你是谈迁,能具体说说"坎坷"、"绝望之云"、"希望之光"的内涵吗?②文中第二次的"坎坷"和"绝望之云"指什么,如果你是谈迁,能具体说说"坎坷""绝望之云""希望之光"的内涵吗?——引导抓住重点词句,想象构建画面,感受语言情境,充当文中角色,揣摩人物内心,以使学生明白:第一次"希望之光",是谈迁50多岁时,500万字的《国榷》就要付印给他带来的喜悦。这曙光是靠持之以恒的精神,在战胜了家境贫寒等厄运的基础上迎来的;第二次"希望之光",是他59岁,一部更翔实的《国榷》成功之时带给他的欣慰,这希望之光是靠坚韧不拔的毅力,战胜了书籍被盗、年老体弱、家境贫寒等厄运的前提下迎来的。这样引导,就能使学生在有效的语言活动和具体的语言形象中,感受谈迁面对家境贫寒、书籍被盗、年老体弱等厄运,矢志编写《国榷》的决心,理解其惊人的毅力,不屈的精神。

这样处理,可使篇幅较长、内容较为复杂的课文,变得条分缕析,给学生清晰的印象,也能使阅读指导体现出针对性、层次性、实效性。

二、化虚为实：感受真切一点

从教学现状看，朗读感悟早已引起了重视，不少老师不厌其烦地引导学生借助朗读表达自己的理解，表达自己的感受。虽耗时不少，但效果不尽如人意。有时仅从朗读看，有些学生也能够做到"有声有色"，似乎感悟到了什么，但要其说出感受，多数学生或者是不知所云，或者是片言只语，或者是浮光掠影。可见，就事论事地朗读，学生往往难有所悟，难有所感，长此以往，语言解读能力难以提高。

就小学生而言，语言的感受首先是对语言形象的感受，如果难从语言中透视丰富的形象，学生对语言情感的感悟必然是肤浅的。而小学语文课本中的每篇课文都蕴涵着形象，重点内容蕴涵的形象则更丰富。引导透视语言形象，走近形象去感受，再借助语言或朗读等表达独特的感受，学生才能得到情感的熏陶、语言的发展、个性的张扬。如《春光染绿我们双脚》（苏教版国标本五年级下册）中有这样一段："我们走到哪里，哪里便披上绿袍，千年裸露的山岩，结束了烈日的煎熬。"这段话，只有引导学生透视出其间丰富的形象，才能保证学生对语言的深度感悟，促进学生语言理解和表达能力的同步提高。为此，教者先这样引导：同学们，小朋友们用自己勤劳的双手，让山岭彻底改变了面貌，如果现在你来到改变了模样的山岭，出现在你眼前的是怎样的画面呢？——引导想象描述，接着这样引导：

> **师**：老师对这段话做了改写（出示：我们用勤劳的双手，为无边的秃岭披上了绿袍，让千年裸露的山岩，结束了烈日的煎熬），请你们结合课文内容，仿照上面句式写句子，感受植树造林的意义。
>
> （生仿写后交流）
>
> **生**：我们用勤劳的双手，让寂寞多年的荒山变得枝繁叶茂，每当风儿吹过的时候，便涌起阵阵林涛；我们用勤劳的双手，让无家可归的小鸟有了美好的家园，每当日出日落的时候，就传来阵阵欢笑。

生：我们用灵巧的双手，为小巧玲珑的松鼠建起了美好的家园，使它快活得叽叽直叫；我们用能干的双手，为小兔撑起了绿色的大伞，使它从此不怕天上的老雕；我们用勤劳的双手，为小猴准备了嬉戏的秋千，使它们在茂密的树丛中开心得又蹦又跳。

生：我们用勤劳的双手，让山下的河流改变了面貌，使它再也不浑浊咆哮，荡漾的碧波轻抚着河畔的小草；我们用勤劳的双手，让荒山秃岭变成了果园，待到金色的秋天，我们把丰收的果园拥抱。

这样处理教材，抽象的文字就变成了形象的画面，简单的语言就变成了具体的情境。有这么丰富的形象，句子理解就不是枯燥的意义，而是丰富的形象；情感的体会就不是抽象的语言，而是真切的感受。

三、平中出奇：思考深入一点

课文中的有些句子，是作者的潜心之笔。如果泛泛而读，则难以领会其中的奥妙，也就难以借助有效的方法和手段，展示其中的丰富内涵，作者的潜心之笔就难以发挥其应有的功能。为此，须认真阅读课文，细心研读课文，尽力寻找作者的潜心之笔，思考全面一点，解读深刻一点，探究并利用其中的奇妙，让教学进入一种境界。如《变色龙》（苏教版国标本五年级上册）开头这样叙述，"一天清早，大雾弥漫，我们正和几个中非工人在紧张地采摘四季豆"。初读这段文字，似乎轻描淡写，没有什么可以探究的。而联系全文细读深究，就觉得内涵丰富，有必要引领学生仔细品味，深度思考。为此，课文阅读结束前教者这样引导：

师：同学们，再来读读课文的开头（出示并指名朗读："一天清早，大雾弥漫，我们正和几个中非工人在紧张地采摘四季豆。"）老师觉得，这样开头只是为了交代天气、事情和人物，其他并没有什么特别的。请你们联系开头，细细读读课文，看能不能有什么新的发现。

（生联系细读后引导交流）

生：我觉得开头虽然简短但很重要，因为是清早，而且大雾弥漫，大家对眼前的东西看不清楚，所以当小李意外地碰到了变色龙时，就吓了一跳。

生：因为大家正在紧张地采摘四季豆，没有心思想其他，所以小李没有在意有什么变色龙，一碰到就吓得大喊起来。

生：正因为是清早，又是大雾弥漫，大家找了好一阵才发现"真凶"是变色龙。（生笑）当然，变色龙善于变色也是难找的原因之一。

师：是啊，如果不是特殊的时间、特殊的天气、特殊的变色龙，可能不要这么多人找上好一阵。

生：我觉得交代中非工人也很有必要。没有中非工人，我们可能就不会认识变色龙。小李碰到冷冰冰的东西，认为是"怪蛇"，"我"看了先认为是"一条绿莹莹的四脚小蛇"，后认为是"似蛇非蛇的怪物"，并不知道是变色龙。要不是中非工人，我们就可能错过亲近变色龙的机会。

生：如果不是中非工人介绍，我们就不会了解变色龙的相关知识，可能也不会知道变色龙数量不多，而最终将它放回了原始森林。

师：你们看，简单的一句话，联系课文思考思考，就发现了这么多奥秘。可见，这段话在全文起着举足轻重的作用，它对交代故事的发生、发展和结果都有铺垫的作用。

阅读《变色龙》，对文章开头一般不去关注。而上述案例中，教者却由此发散开去，让学生在所写事情与开头的诸多联系中，感受开头与后文内容的紧密联系、后文与开头的诸多呼应，从而领略语言的魅力。

可见，每篇课文都有值得玩味的词句，我们无须超越学生理解能力去人为拔高，也无须不加选择地对每句话进行"微言大义"的挖掘，但对看似平淡无奇、实际内涵丰富的句子，以有效的方法引领学生与文本进行深度对话却是非常重要，也是十分必要的。

四、淡中出趣：形式活泼一点

如何让学生在充满情趣的语言实践中，得到情感熏陶、语言训练、个性张扬、人格完善呢？教者的责任，既在于合理运用教材，展示语言内容的情趣，还在于有效挖掘教材，彰显语言文字的内涵。这样，阅读教学就不仅具有现象的精彩，更有实质的魅力。

《沙漠中的绿洲》叙述的是阿联酋人民在茫茫沙漠中种植并精心侍弄花草树木，建设绿洲，营造良好生存环境的壮举。这一壮举包含的丰富内容，以作者访问过程中的简单见闻浓缩，没有具体的情节，没有生动的故事，学生阅读一般不感兴趣。如何最大限度地调动学生的阅读兴趣，积极有效地培养学生的语言感受和语言表达能力呢？

细读课文可知，作者着重叙述了沙漠变绿洲的过程，凸显了阿联酋人民改造自然创造美好生活的决心。沙漠的"不毛之地"、绿洲的"来之不易"、对花的"精心呵护"，是紧密关联的三个方面，仅仅依靠课文内容的阅读，学生也许感到乏味，而且难以从中得到扎实的语言训练。如果凭借课文语言，借助情境创设，引导学生以一棵树、一棵草、一株花的角色，具体介绍自己的经历，让学生在内容的感受和理解、形象的想象和表达中，加深对内容的理解，对情感的感悟，一定是非常有效的。请看下列教学片段：

> 师：同学们，读了课文，我们对沙漠中的绿洲有了初步感受，请大家再反复读读课文，如果你是异国的一棵小草，能具体想象描述出自己的经历和感受吗？
>
> （学生阅读想象，写下经历和感受，既而引导表述）
>
> 生：我是一棵小草，生活在东方的一座城市。在这里，我和花儿、小树生活在一起，很是自在。可是有一天，一个西方的生意人来

到了我的身边，从他与主人的谈话中，得知我将被卖到阿联酋去，我不禁一惊，那不是沙漠之国吗？在那里我能生存吗？可是身不由己，我被一艘轮船带到了阿联酋的迪拜。透过窗户一看，我不禁惊呆了，这里全是沙漠，地面全是白花花的盐碱，好像罩上了一层厚厚的壳。听人说，这里土是咸的，水也是咸的，简直是块不毛之地。这种恶劣的自然环境我能生存吗？可后来的事情完全打消了我的顾虑。（后面的叙述略）

生：我是一棵树，原来生活在中国，被阿联酋买了去。一到异国他乡，我先被安排在空调间里。那天，我无意间朝窗外一看，外边热火朝天的劳动场面把我吸引住了，阿联酋人民正在为我们营造新家呢。你看，男女老少齐上阵，他们用铁锤把硬硬的地面敲碎，然后就抬的抬，挑的挑，或者用车运。等把地面的硬土清除后，他们便在最底层安上了纵横交错的自来水管。这一切都做完了，他们又用泥土把自来水管遮盖起来。据说，这泥土也是从国外买的，真是不可思议。花草树木是买的，水是买的，土也是买的，真不容易！

生：有一天，我和我的伙伴们被几个老伯伯小心翼翼地移植到为我们准备的床上，起先，他们怕我们受不了高温的烘烤，还用一个大棚为我们遮荫，直到我们扎下了根，才给我们掀掉。从此以后，我们都生活得很好，地下有纵横交错的自来水管，它源源不断地为我们送来清甜的自来水，让我们时时有水的滋润。更开心的是，园林工人还经常为我们洗澡呢？记得那一天，我突然感到有水点飘落下来，原来一位园林工人正举着一根水管向我们喷水，水雾洒在身上，是那么清凉，眨眼工夫，树叶更绿，小草更翠，鲜花更艳了。生活在这样的国度里，我真是太幸福了。

这样充当角色，自我表述，简单的语言变成了有趣的故事，平淡的语言变成了生动的情节，文中的诸多语言都在学生形象的想象构建、故事的想象创造中得到了移植和运用，有效地促进了语言的内化和情感的升华。

五、扮演角色：情感真挚一点

新课程倡导的"对话"，是学生与文本、教师、文中人物心灵的交会、情感的融合。而小学生阅读多立于文外，结果只有形式上的"对话"，缺乏实质性的"沟通"。为此，可抓住课文情感聚焦点，通过情境创设，情感诱发，带学生走进文中，扮演角色，亲近人物，真心对话，真情表达。

阅读《轮椅上的霍金》（苏教版国标本六年级上册），教者抓住霍金与女记者的对话，创设情境，让学生进入境中，与人物真心交心，真情对话。请看下列教学片段：

师：这就是霍金，命运对他如此残酷，但他却始终怀有一颗感恩的心。女记者认为命运让霍金失去太多，而他却说自己拥有很多。听了霍金激动人心的话语，联系课文中霍金所做的一切和你从课外书中对他的了解，如果你面对女记者，针对她提出的有些唐突和尖锐的问题，一定有很多话想说，请你把想说的话写下来。

（学生练笔后引导交流）

生：记者小姐，你好！你不觉得你的问题太唐突、太尖锐吗？一个全身瘫痪的人，竟然在科学上取得如此辉煌的成就，成为举世闻名的科学巨匠，成为宇宙的王子，这是多么不可思议。他拥有了整个宇宙，我们怎么能说他失去的太多呢？可以说，我们拥有的他全部拥有，而我们没有的他也拥有！当然，我也知道，你从心底里是对他非常景仰，但当着这么多人提出那样的问题，有些不注意场合了。你说是不是？

生：记者小姐，你说他失去的太多，我觉得你看到的仅仅是表面的东西。虽然他没有健全的双手，但是他能凭借三根指头操纵电脑；虽然他不能动弹，但他的大脑能够思维，他凭借超人的思维，飞出了地球，飞出了太阳系，飞出了银河系，飞到了上百亿光年外的宇宙深处，飞向了神秘莫测的黑洞。是他，发现了黑洞的蒸发性；是他，推论出黑洞的大爆炸；是他，建立了非常美的科学的宇宙模型。你知道，他被选为最年轻的英国皇家学会会员，成为只有像牛顿这样的大科学家才能跻身的卢卡逊数学讲座的教授。从这些来看，你不觉得他拥有的太多太多了吗？

生：记者小姐，也许你不知道，霍金瘫痪以后，他得到了亲情，家人无微不至地关心他；他得到了爱情，他瘫痪后，一个叫"简"的天使般的姑娘走近了他，给了他无穷的力量，他们有了两个可爱的孩子；他得到了友情，他的同事、他的学生、他的朋友，时时刻刻关心着他……你能说他失去的太多吗？

对女记者的态度，学生有自己的思考。为此，教者为他们提供机会，让他们舒展心灵，畅快表达。这样，学生的语言得到了发展，他们的心灵也得到了滋润。如此引导，文本解读的空间拓展和深度掘进，都达到了理想的状态。

六、寓理于境：理解形象一点

感悟语言情理，是寓言、童话等说理类课文的教学重点之一，如简单地让学生说道理，语文课与思想品德课就并无区别。可见，须把语言情理的感悟作为语言活动的凭借，拓展语言空间，构筑语言形象，让学生在生动活泼的语言实践中、在具体真切的语言形象中，得到情理的感悟和语言的训练。如《骆驼和羊》（人教版课标本二年级上册），在整体阅读、初步感受后，教者做如下引导：

师：听了老牛的话，骆驼和羊想了很多。如果骆驼和羊又一次相遇了，事情会怎样呢？

生：他们会互相帮助，用各自的长处帮助对方。（提示学生说具体）这一天，骆驼和羊又一起出去找吃的。他们先来到一个园子旁边，里面种了很多树，茂盛的叶子伸出墙外，骆驼对羊说："树长得太高了，你够不着，我来帮助你。"说着，一抬头，咬下一簇绿绿的树叶给羊，羊感激地说："谢谢你。"骆驼说："不要谢，我们是朋友嘛。"于是，两个人都甜甜地吃了起来。（"羊帮助骆驼吃草"略）

师：他们遇到其他困难会怎样互相帮助呢？

生：这一天下雨了，山羊的屋子漏雨，他想修理，可屋子那么高，怎么也上不去。就在他焦急的时候，骆驼来了，他对山羊说："别急，我来帮助你。"说着，骆驼伸出长长的脖子，三下两下就把屋子修好了。山羊非常感激。还有一天，天气晴朗，骆驼晒了不少衣服。可傍晚时分刮起了大风，把一件衣服吹到了小山洞里，他真是焦急！也不知怎的，山羊知道了，很快赶来帮骆驼把衣服衔了出来。

（其他学生发言略）

师：可见，人都有长处和短处，只要互相帮助，就能把事情办好。你能想象其他两个动物间的故事，并说明这一点吗？比如，小鸡和小鸭、小狗和小猫，等等。

生：这一天，鸡和鸭去找吃的。他们先来到草地上，草丛下有许多小虫，鸡有尖尖的嘴和爪子，找小虫很方便，可鸭子嘴是扁的，爪子又短，怎么也找不到。鸡见了，对鸭说："你别焦急，我来帮助你。"说着，就用那尖爪子、尖嘴，找出了不少小虫，等鸭甜甜地吃起来，鸡才去找吃的。一会儿，他们来到小溪边，鸡看见小溪里的小鱼，真是嘴馋，可又没有办法。鸭见了，就跳下水捉了一条条小鱼给鸡，等鸡甜甜地吃起来，他才下水找吃的。

（其他学生发言略）

《骆驼和羊》是有趣的童话故事。对此，不少老师都注重通过文本的解读，让学生从语言中读出形象，从形象中读出感受，在角色朗读和角色表演中，得到语言的发展和情理的理解。而在上述案例中，教者并没有止于此，而是以文本为基础，拓展情节，创编故事，给了学生形象构建和情理感悟的广阔空间，从而有效地培养了学生语言的感悟能力、迁移能力和表达能力。

文本运用的秘妙贵在灵活

大凡知名教师，总是既有相对稳定的教学风格，学生能顺利把握学习的规律，又有灵活变通的教学艺术，学生能不断感受学习的新奇。他们深知，固守某一教学模式，学生必然感到厌倦；一味追求花样翻新，学生必然应接不暇。可见，课堂教学作为封闭与开放的统一体，处理常式与变式的原则必须是：莫为常式禁锢变式，莫为变式舍弃常式，须以它们的融合，带教学进入佳境。

而实施假设导读，就在于最大限度地为学生展示开阔而灵活的语言实践空间，让学生在连续不断、情趣盎然的语言实践中，吸纳精神的、语言的营养，让他们享受语文成长的快乐。而真正让语文课堂成为学生快乐的天地，教材运用的灵活显得至关重要。只有根据教学目标，依据教学实际，灵活而有效地进行教材处理，寻求教材呈现的最佳形式，课堂才能始终让学生感觉新鲜而刺激，让学生向往而期待。

一、重组教材，主动融合，凸显语文的学科本质

文章一旦选为教材，解读重心就该发生变化。一般性阅读能把握语言内容就行；而语文性阅读，凭借的是语言内容，着眼的是语言形式。把握内容只是一种凭借，引导学生学习语言的凭借。唯如此，阅读教学才能体现语文本色。我们的重点，就在于引导学生研究作者是如何运用语言来准确地传情达意的。为凸显语文学科的本质，要想方设法地通过教材的创造性运用，使语言本身的魅力能清晰而具体地呈现在学生面前，让学生更好

地去感受它，去运用它。因此，在用好教学常式的同时，对特殊课文可巧用变式，通过教材重组，让教学增强语言性，让课堂弥漫语文味。

《滴水穿石的启示》（苏教版国标本五年级上册）是简单的说理文，为引导学生通过内容的理解，情理的感悟，初步把握课文的"有理有据"，感受语言文字的魅力，可删除文中"滴水穿石的奇观"、"古今中外的名人"、"司空见惯的雨点"等内容，并对开头适当变更，以形成下列短文。

滴水穿石的启示

滴水穿石这一成语大家都听说过，坚硬的石块，怎么会被水滴滴穿呢？其实，只要上面有水滴接连不断地滴下来，而且滴在一个地方，几百年、几千年、几万年过去后，水滴锲而不舍，日雕月琢，肯定会滴穿石头。

看起来，水滴的力量是微不足道的，可是它目标专一，持之以恒，所以能把石块滴穿。如果我们也能像水滴那样，还有什么事情做不成呢？

事实上，古今中外所有有成就的人，在前进的道路上，不都是靠着这种滴水穿石的精神，才"滴穿"一块块"顽石"，最终取得成就的吗？

因此，我们要铭记滴水穿石给予我们的启示：只要目标专一而不三心二意，持之以恒而不半途而废，就一定能够实现我们美好的理想。

这样删除变更，能有效地凸显课文有理有据的写作技巧。阅读中，可在学生整体把握内容、初步感受事理后，下发短文，引导细读比较，感悟事理，感受语言。通过比较，学生定然明白：课文以滴水穿石的奇观引出了启示，真实可靠，令人信服，而短文仅以成语引出启示，显得苍白无力。课文借名人来说明道理，令人心悦诚服，因为名人选自古今中外，富有代表性；且这些名人家喻户晓，很有说服力。短文仅有结论，并无依据，说理成了空中楼阁。课文借助"雨点"从反面说明，使其道理更加无可辩驳。

这样变更重组，比较阅读，学生不仅加深了语言情理的理解，还真正感受了课文有理有据的说明方法，有效地凸显了语文学科的本质特征。

二、透视画面，有机融合，丰富文本的语言内涵

"他们翻山越岭，披荆斩棘，吃尽了千辛万苦，终于从阿里山里拿到了金斧头和金剪刀。"（《日月潭的传说》，苏教版国标本三年级下册）这是展示人物特点的重点句子，一位教师要学生反复朗读，体会语言情感，但学生总难得到真切的感悟。其重要原因就在于，教者未引导学生从语言中读出形象，大尖哥和水社姐拯救日月的过程，未变成具体画面展现在学生眼前，学生难以得到境的感受和情的感染，自然朗读效果便难如人意。

对上述句子，可抓住"翻山越岭"、"披荆斩棘"、"千辛万苦"、"终于"等词语，让学生仔细阅读，合理想象，构筑形象，并借助语言描述所看到的画面，叙述自己的感受。在此基础上，出示句式，梳理形象（括号里让学生填写成语）：

> 悬崖峭壁令人（头晕目眩），他们（想方设法）地攀了上去；羊肠小道令人（心惊胆寒），他们（小心翼翼）地走了过去；杂草灌木令人（望而生畏），他们（从容不迫）地踩了过去；毒蛇猛兽令人（毛骨悚然），他们（无所畏惧）地闯了过去……暴雨是那么狂，淋得他们（有气无力）；冰雹是那么猛，打得他们（遍体鳞伤）；山洞是那么多，看得他们（眼花缭乱）……终于，他们找到了藏宝洞，拿到了金斧头和金剪刀。这时二人已经（筋疲力尽），但他们又（马不停蹄），直奔潭边……

这样引导，"翻山越岭"、"披荆斩棘"、"千辛万苦"就化作具体生动的形象，有了这么丰富的形象，大尖哥和水社姐拯救日月付出的艰辛、做出的努力，就成了学生真切的感受。有了这样的基础，学生朗读就不仅

有表面的有声有色，更有实质的情真意切。而借助形象的梳理，学生不仅能形成语言形象的整体认识，而且盘活了语言"库存"，促进了语言积累。如此，精神提升与语言发展就真正达到了自然融合。

三、扬长避短，提前融合，引发学生的精神生活

课文内容、背景、结构等方面的相似，是教者选择常式的重要依据，虽然这有助于知识和方法的迁移，但如果千篇一律，这无异于总让学生看毫无悬念的电影，难有激情可言。因此，对同类型课文，既要异中求同，用好常式，使学生似曾相识；又要同中求异，定好变式，让学生适度陌生。这样，提前融合，"常"中有"变"，"变"中有"常"，能扬长避短，带教学进入佳境。

《冀中的地道战》是介绍地道结构特点和作用的小品文，一般教师都会引导学生借助简笔画再现地道结构，感受地道的神奇，感悟冀中人民的无穷智慧。这样设计，优点是图文结合，便于感受地道神奇；不足是缺乏动感，难以诱发主动参与。如以地道结构图为凭借，引导想象，创造战例，描述战况，就能引发心灵参与，激发精神生活，教学便会进入佳境。

为此，在凭借语言，还原地道结构后，教者可以这样引导："同学们，日寇在我们的土地上犯下了滔天罪行，欠下了中国人民大批血债，你们了解有关情况吗？"（课前曾布置学生调查）巧妙的引导，有机的引发，一下子激活了学生的相关经验：听家人讲述的，影视中了解的，课外书获取的……学生汩汩流淌的语言，充满了对日寇的刻骨仇恨，对往事的不堪回首，有效地激发了学生对日寇的刻骨仇恨。接着，教者这样引导："如果这一天鬼子下乡'扫荡'了，地道会如何发挥'消灭敌人，保存自己'的作用，能具体想象叙述吗？"（让学生练写片段）地道形象的直观显示，地道作用的具体了解，学生情感的有效引发，化作了学生眼前具体形象的战斗画面，变成了学生笔下令人激动的战斗场景，一名学生是这样描述敌人下地道以后的情况的：

龟田见老半天没有人上来，又派了八九个黑狗子下了地道。几个人明知下去是送死，但又不敢说个"不"字，只得壮着胆子下了地道。他们猫着腰，慢慢地摸索着前进。走着走着，突然前面出现了两条岔道，他们立即兵分两路，一路人摸进了"死道"，走不多远，"轰"的一声，全被地雷送了命。另一路人进了"活道"，没走多远，就发现地道逐渐小了，最后只剩下窄窄的一个口子。这一来，几个人都吓得趴在地上不敢动弹，好像在等死似的。好半天不见动静，他们便又大起胆子来，几个人你推我搡，最后一个矮胖子被大家推进了洞。可刚进了洞，只听得"啪"的一声，一个民兵在洞里边一棒就把他送进了阎王殿。其余的人犹如丧家之犬，拼命逃了出去。可哪里还有他们的活路呢？

借助常式，学生凭借简图，清晰地感受了地道的神奇结构；借助变式，学生凭借战例，生动地感受了地道的神奇作用。这样引导，"常"与"变"互相融合，"动"与"静"相得益彰，使课堂教学进入了理想境界。学生生动的描述，既是地道作用的描述和地道特点的显现，更是他们复杂情感的综合释放。这情感，有对日寇的恨，有对人民的爱；有自豪，有骄傲；有激愤，有欢呼……这是课堂教学对学生心灵撞击的回音。

四、调整预设，及时融合，激发学生的阅读情趣

一般老师习惯以常式安排教学，而课堂不可测因素很多，教学设计在实际运用中总可能遇到意外。或者预设超越学生认识能力，学生力不从心；或者预设未曾顾及学生认识特点，学生不感兴趣；或者预设滞后学生实际水平，课堂教学缺乏张力。不管遇到上述什么情况，都须对预设进行调整，使预设贴近学生，让教学顺应学情。

教学《夜晚的实验》（苏教版国标本六年级下册），一位教师根据以往经验，想以表格引导把握内容，进行思维训练和语言训练。而下发表格

时发现学生不感兴趣，有人竟小声嘀咕说表格在习题册中见过。如固守预设，学生肯定不感兴趣。于是教者灵机一动，及时调整了方案，通过现场采访，趣化教学形式，融合训练内容，其做法具体如下。

一是导入新课，引发兴趣。教者这样导入：同学们，今天老师想带大家跨越时空，走向200多年前，去了解一次具有划时代意义的"夜晚的实验"（板书课题：夜晚的实验），去见识、感受和采访一位伟大的科学家。知道是谁吗？（板书：斯帕拉捷）

二是初读课文，促进感知。教者告诉学生，要采访斯帕拉捷，须把课文读通、读好。很快学生全身心地开始了课文朗读，那种认真劲儿令人欣喜。

三是引导讨论，确定话题。为让学生能走近斯帕拉捷，初读课文、感知内容后，引导学生质疑问难，共同进行梳理，作为采访话题。同时由课文生发开去，考虑在采访中还可根据课文内容把当初科学家不知道的事告诉他，以便在与科学家的对话中共同受益。

四是深入探究，促进感悟。引导变换角色：如果你就是斯帕拉捷，别人采访你，该怎样回答上述问题？如果你采访，会怎样把相关情况向斯帕拉捷进行介绍？这样，学生就能在双重角色的扮演中深入阅读感悟。

五是现场采访，促使内化。分四人小组，二人充当科学家，二人充当记者，进行平等交谈，"科学家"尽力回答"记者"的提问，"记者"尽力向"科学家"介绍相关情况。此后，要学生自告奋勇地充当记者，行间巡回，对"斯帕拉捷"（全班学生）进行采访。

其实，这样调整，教学目标、教学重点都没有变，以表格为载体的语言训练、思维训练也未变动，只是对教学形式进行了变更。而正是这种调整，使课堂教学发生了根本性变化，学生兴趣浓了，参与意识强了，参与率高了，以推理为重点的思维训练，以转换为重点的语言训练，以形象为重点的内涵感悟，都得到了动态生成。

五、着意捕捉，相机融合，促成精彩的不断放大

美国教育学家布鲁姆曾经说过，人们无法预料教学所产生的成果的全部范围。没有预料不到的成果，教学也就不成为一种艺术了。课堂教学不应当是一个封闭系统，预设的目标、预设的形式在实施过程中需要开放地纳入直接经验、弹性灵活的成分以及始料未及的体验。教者既要鼓励学生在互动中大胆超越和即兴创新，也要暗示自己在互动中即时调整和不断创造。

课堂上，学生智能的火花往往时时迸发，处处闪光，教者需要及时捕捉，着意运用，调整常式，融合变式，催生教学资源，放大教学精彩。如阅读《自相矛盾》（苏教版国标本五年级上册《成语故事》），课文阅读结束，教者想引导学生说说学习这则寓言的体会，让学生明白寓意，可一名学生提出了这样的问题：那人推销自己的产品有什么过错？我们今天不是时时看到产品广告吗？这一点真是始料未及，但教者马上镇静下来，进行有针对性的点拨，请看下列教学片段：

> 师：是啊，那人推销产品，这是人之常情，有人却出他的洋相，太不像话了。（生笑）你能说说你的看法吗？
>
> 生：不能怪别人，是他自己的话语有漏洞。那人说他的矛能戳穿所有的盾，也就能戳穿自己的盾；说他的盾所有的矛都戳不穿，他自己的矛也就戳不穿。这不是自打嘴巴吗！
>
> 师：你们说，一把世界上最锐利的矛能戳穿所有的盾吗？（生齐："能！"）一块世界上最坚固的盾能抵挡所有的矛吗？（生齐："能！"）既然如此，怎么又说他自打嘴巴呢？
>
> 生：两种情况虽可能存在，但不可能同时存在。
>
> 生：有这样的矛，就没有那样的盾；有那样的盾，就没有这样的矛。

师：看来，那人的矛和盾只能带回家了。

生：不一定，他可先把盾藏起来，说自己的矛尖锐，把矛卖掉后再卖盾。

生：还可分头行动，让家人帮忙。一个在东街说矛锐利，一个在西街说盾坚固。这样，别人就看不出"矛盾"了。

师：这不是坑人吗？以前一个人两样一起卖，别人还能从他矛盾的话语中看出破绽。现在好了，你们不仅让他一个人蒙骗，而且让他一家人合伙蒙骗。这不更糟吗？

生：如果产品确实很好，还是要讲究推销方法。今天的各种广告不都是"王婆卖瓜——自卖自夸"吗？为什么要难为古人呢？

师：你们看，这人说话自相矛盾，不仅东西卖不了，还被人嘲笑。这个故事对生意人是个提醒。我们不做生意，没什么可追究的。

生：不对！不管什么人，说话做事都要前后一致，不能互相矛盾，不然就要闹出笑话。

生：说话做事自相矛盾是要遭到别人批评甚至嘲笑的。

师：你们的意思是，说话做事自相矛盾，就要被别人笑话，是吗？（生点头）说说看！

（学生列举笑话略）

生：那次回家，弟弟从我房里出来，见我盯着他，便支支吾吾地说："哥哥，我没有拿你的游戏机，只玩了一会儿。"我一听便笑了，因为弟弟的话实在可笑。今天看来，也就是自相矛盾的。

师：你觉得弟弟值得批评、值得嘲笑吗？

生：不！我觉得弟弟很天真，很可爱！

师：（笑了笑）你看你，自己的话不也自相矛盾吗？刚才说"自相矛盾"都不好，现在又说从中看出了弟弟的天真可爱。（众笑）

生：（笑了笑）看来，还得考虑具体情况。

生：一般来说，说话做事自相矛盾不行，但有时却让人感动。那次学校开会后，你匆匆来给我们上晚自习，我问你吃了饭没有，你说吃过了，但紧跟着又说不饿。一听你"自相矛盾"的话就知道你没吃，当时我真感动。

师：好厉害，用"自相矛盾"夸老师呢！（生笑）看来，"自相矛盾"既可用来批评，又可用来赞扬。是吗？（生点头）

《自相矛盾》内容浅显，简单地读读课文，抽象地说说寓意，学生对内涵的理解就是浅层的，对事理的感悟仅是抽象的。上述案例中，教者通过巧妙地捕捉课堂有效的教学资源，制造认知冲突，引领学生在语言联系和情境拓展中理解自相矛盾的内涵，在生活联系和现象剖析中感受自相矛盾的运用。这样，连续不断的认知冲突，接二连三的困惑情境，给了学生智慧的挑战、思维的碰撞，他们时而进入困境，苦思冥想，时而柳暗花明，茅塞顿开，课堂波澜起伏，高潮迭起，精彩纷呈。

可见，在阅读教学中，语境的感受、情感的感悟、语义的理解，都离不开以思维为核心的心智活动。精心预设，合理引导，保证课堂精彩固然重要，而巧妙捕捉学生疑问，促使精彩放大也很重要。在充满张力的课堂上，学生总会不断地提供心智活动的各种话题，我们可以认真权衡，合理选择，有效运用，以引领学生走进探索的乐园。

5 从读到写：假设导读法在教学实践中的运用

　　教学方法的选择和运用，都是以达成学科本体目标为第一要义的。假设导读集中指向的是学生语文素养的提升。内容的确定和运用，空间的拓展和选择，形式的追求和展示，关注的都应该是学生语言能力的发展。为此，这一章专门就假设导读操作层面的问题进行阐述，旨在提示老师们：运用假设导读法，既要彰显语文魅力，又要落实情感教育；既要凸显语感训练，又要关注学法指导；既要重视生活链接，又要改进课堂提问；既要重视矛盾创设，又要创新读写结合。这样，才能让语文教学富有张力，充满活力，才能带学生走进语文奇妙的世界中，去享受语言发展和生命成长的快乐。

以语文的魅力诱发学习兴趣

　　兴趣是构成学习动机的重要心理成分，它是获取知识的潜在动力。在阅读教学中，以有效的方法激发学生的学习兴趣，这对于引发学习动机，唤起学生注意，促使学生潜心，以提高教学效果颇为重要。然而，一旦兴趣诱发对教学媒体产生依赖症，由此产生的兴趣肯定是浅近的，失却本质的意义；是短暂的，缺乏持续的功效；是外在的，失却内在的驱动。这样，阅读教学则难以走出高耗低效的怪圈。

　　实施假设导读，可以凭借假设"一切皆可假设，一切皆有可能"的特殊功能，让抽象的文字变成画面，让窄小的教室变得开阔，让陌生的人物变得熟悉，让悠远的过去近在眼前，让缥缈的世界变得真切……从而让语文世界变得明晰，让语文学习充满魅力……如此，课堂展示的便既是学习的场景，也是生活的画面；学生享受的既有语文的兴趣，也有生活的情趣。在这样的课堂上，学生肯定兴趣盎然，乐此不疲。

一、导入引趣：课伊始，趣已生

　　新课伊始，学生往往由于诸多因素的干扰和影响而心神不定，注意力分散。而兴趣则是唤起和维持学生注意的内在因素。因此，新课导入时，以假设设计导语，引发兴趣，可以先声夺人，使学生以愉快的心境投入学习。

1. 假想旅游
　　现行教材中，描写景物的课文不少，那奇特的山水，迷人的风光，对学生本身就有无比的诱惑力，如果以假想旅游法导入，带学生走进语言描述的画面去欣赏，进入语言叙述的情境去游玩，他们定会兴趣盎然。如阅读《林海》，可这样导入：同学们，你们到过大兴安岭吗？你们见过那里的林海吗？那里岭美、林美、花也美，是一个美丽的大花园，又是一个天然的宝库，今天老师想带大家去那儿游览观光。（出示挂图）学生一个个兴致十足，循着教棒的"导游"，全身心都进入了画面中。

2. 析题揣摩

课题亦即文眼，它是窥测课文内容的窗口。小学生好奇心强，每接触一篇课文，总可能做出种种猜想：课文会写什么呢？如果写人会写怎样的人，如果写事会写怎样的事？如果写景会写怎样的景？如果把他们的好奇心成功地转移到探求知识上去，使其上升为学习兴趣，这将为阅读教学的深入奠定基础。

为此，新课导入时，可以假设引导剖析文题，对课文内容、思路及中心进行揣摩。对写景文，可以假设将学生引入其中，唤起他们头脑中的记忆表象，让其借助想象再造画面。如《草原》揭题时这样引导：同学们，草原是很美的，如果你现在到了草原，出现在你面前的是怎样的画面呢？一句话拨动了学生想象的琴弦，他们一个个展开了想象的翅膀，好像真的来到了草原，一会便争着口述"见闻"，他们从草原的广阔说到了草原的碧绿，从蓝天白云说到绿草红花，从牛马羊群说到蒙古包，从飞鸣的小鸟说到高歌的牧童，不仅想象丰富，而且叙述生动。他们把羊群比成绿毯上的朵朵白花，碧海中的点点白帆，蓝天里的片片白云，从而为阅读课文做好了铺垫。

对贴近学生生活的课文，可让学生剖析文题，参与写作，以尝试写作法揣摩内容、中心及思路，使阅读中的解题与作文中的审题融为一体。如阅读《跑进家来的松鼠》（人教版课标本六年级上册），出示课题后教者启发思考：松鼠活泼可爱，如果一只松鼠跑到了你家，你将如何呵护它？它与你相处了一段时间，你想写《跑进家来的松鼠》，准备写什么？为什么写？你能与作者想到一处吗？学生都希望和作者想的一样，再加上他们对松鼠并不陌生，因而思维积极，发言踊跃，除了对内容、中心进行了揣摩，还以"顺叙、倒叙、插叙"的方法揣摩了思路。这样引导，既有助于内容和中心的把握，还有助于段落层次的梳理。

3. 推理验证

不少课文上下内容联系紧密，显示出极强的逻辑性。揭题时可抓住理解内容和中心的聚焦点，以假设设问引导推理，辐射全文。这样，不仅能激发学生的学习兴趣，还可以培养学生的推理能力。如阅读《琥珀》，教者这样引入："琥珀"是什么？本文的"琥珀"是什么样子？（直奔结尾，搞清楚琥珀的样子）这块琥珀是多么奇妙啊！本文主要叙述了它的来历，而它的来历是科学家根据它的样子推测出来的。如果你是科学家，面对这块琥珀，能准确推断出它的来历吗？学生一个个信心百倍，通过对"琥珀"的"细看慢瞧"，便推测起它的来历，且大都循着"琥珀"→"松脂球"→"松脂→蜘蛛→苍蝇"的思路推测。

4. 目标设计

学生是学习的主体、课堂的主人，这谁也不会否认。然而直到今天，学习目标教师确定，学习任务教师安排，却总是不争的事实。学生进了课堂，就是听候安排，接受指令，主体作用难以发挥。如果让学生以教者的身份剖析课题，通过明确教学目标而明确学习目标，学生定然感兴趣。如《山中访友》（人教版课标本六年级上册）揭题时，教者这样引导：如果你教这篇课文，准备让学生搞清楚哪些问题？这样，把学生由讲台下推向了讲台上，大家劲头十足，有的说：要让学生搞清楚为什么到山中访友，山中的朋友指谁，是怎样到山中访友的；有的说：要让学生搞清楚作者是怎样有顺序、有重点地写出访友的过程，表达与朋友真挚的情感的。进而稍加梳理，学生就能顺利地明确学习目标。

新课导入中，兴趣的诱发只是一种手段，目的在于给学生以自我求索的内驱力，为使假设真正成为兴趣的引子，并把这种兴趣引向以思维为中心的课堂教学活动，无论采取上述哪种方法导入，学生发言时，可不置可否，而待他们充分发言后，以"你们是这样想的，课文又是如何写的呢"，

"大家说法不一，谁和作者想的一样呢"，"你们这样设计，老师又会如何设计呢"等简洁的语言进行点拨，以促成兴趣向求知欲的转化，并使这种求知欲尽快变为求知的行动。

二、读中生趣：课渐进趣愈浓

心理学研究表明：小学生的兴趣往往难以持久。为此，在新课导入诱发兴趣的基础上，有必要在课堂教学中以假设不断地推波助澜，使课堂教学波澜叠起，使学生永远保持浓厚的学习兴趣和旺盛的学习热情。

1. 引发想象

感受语言形象，这是理解语言意义、感受语言情感的基础。教学中，须合理引导，启发联想，使语言与形象之间建立起联系，使学生在广泛的语言材料的接触中，加深对语言形象的感受、语言意义的理解、语言情感的感悟，以保证语言感受的深刻。如"你把多少人马渡过对岸，滚滚河水流向远方，你弓着腰，俯身凝望着那水中的人影、鱼影、月影。岁月悠悠，波光明灭，泡沫聚散，唯有你依然如旧。"（《山中访友》）句中的"依然如旧"，蕴涵着丰富的形象。作者目光深邃，从外界的形象，透视出了古桥内在的美，感受到了它品德的高尚。对此可这样引导：句中的"依然如旧"你怎样理解？你从中看到了怎样的形象？从而为学生展现广阔的形象空间：日月如梭，星斗转移，时光飞逝，而老桥依然横跨于山间，勤勤恳恳地为大家服务；不管风吹还是雨打，不管严寒还是酷暑，老桥都挺立于山间，默默无闻地为人们服务；一切都在变化，而老桥躬身俯首，为行人服务的行动没有变，那默默奉献的精神没有变……

2. 转换角度

在阅读教学中，学生常会遇到语文知识、文法内涵等诸多难点，以假设转换思维角度，可以化平常为神奇，化抽象为具体，以引发兴趣，浅化难点，促进理解。如"春秋末期，齐国和楚国都是大国"。"有一回，齐王派大夫晏子去访问楚国。楚王仗着自己国势强盛，想乘机侮辱晏子，显显楚国的威风。"（《晏子使楚》，人教版课标本五年级下册）这里交代了背景，它对事情发生和发展起着决定性的作用。如果直接引导说作用，学生理解起来肯定力不从心。为此，教者这样引导：

师：一个使者，能从容地对付不可一世的国王，这是为什么呢？

生：晏子凭借的是勇敢和智慧，没有勇敢，不敢与楚王斗；没有智慧，无力与楚王斗。

生：之所以晏子能机智勇敢地与楚王斗，并最终维护了国家的尊严，一个重要原因是背后有强大的祖国在支持着他。祖国的尊严由于晏子的机智和勇敢得到了维护，晏子个人的人格尊严也由于祖国的强大而得到了维护。

师：说得太好了！没有祖国的强大，晏子就难以与楚王进行斗争并最终取得胜利，没有晏子的勇敢机智，祖国的尊严也就难以得到维护。

上述案例中，教者没有直接介绍背景的概念，没有简单叙述背景的作用，而把背景的发现和运用，巧妙、合理而又有效地融合于文本的阅读感悟之中，使得背景对人物的凸显作用那么清晰，使人物对背景的依托作用那么明显。可见，在阅读教学中，巧妙转换角度，可以让语文知识变得形象而具体，让文法内涵变得立体而感性，以便学生去触摸与感悟。

3. 推理比较

比较是认识事物的重要方法，在阅读教学中，运用假设不仅可以创设比较教材，而且可使其像纽带一样把事物联系在一起进行比较。教学中，可以假设引导推理，构成比较，让学生在比较中生趣。请看《游园不值》（苏教版国标本五年级下册）的教学片段：

师：如果你是诗人，看到紧闭的柴门，心情怎样？

生：心中肯定不快，本想来会会朋友，欣赏欣赏园里的春色，可结果吃了闭门羹。

生：我肯定埋怨园子的主人，好不容易有空来园里散散心，可主人不开门，让我的计划泡了汤。

生：我还觉得主人有点小气，人家来园里赏景，你应该敞开大门迎接宾客，为什么要闭门谢客呢？

（其他学生发言略）

师：是啊，专程前来赏景，结果柴门不开，心中自然不快。你们再看——（出示"红杏出墙"的画面）先欣赏欣赏这出墙的红杏，再请你闭上眼睛想一想：这枝红杏准会让你看到院内的景色。此刻你的心情如何呢？

（学生想想后进行描述）

生：门开了，沿着一条弯弯曲曲的小路，我慢慢地向前走去，路边的那棵杏树，花开得密密层层的。这繁花从树枝开到树梢，不留一点儿缝隙，阳光下就像一座喷花的飞泉。而杏花旁，几棵桃树一字儿排开，树上的花儿也是你不让我、我不让你地争奇斗艳。此刻，刚才的不快已经烟消云散。

生：走在园内的小路上，微风拂面，令人无比惬意！顺着小路向前走，不多远就来到了一条小河边，河水平静得像一面镜子，蓝天白云、绿树红花倒映在水中。这时，几只鸭子下了河，悠闲地在水中漫游，是那么快乐，那么自由。原本平静的小河上，漾起了一层层的微波，蓝天白云、绿草红花变得若隐若现。这时候，满心的喜悦早已代替了刚才的不快！

上述案例中，教者让学生扮演诗人，先揣摩看到柴门紧闭时的心情，既而由出墙的红杏推理想象，走进园子欣赏满园的春色。这时，"柴门紧闭"已转变为"满园春色"，"意外扫兴"也变为"意外惊喜"。这样，诗句转化为画面，语言转化为情境，学生必然感到情趣盎然。

4. 投石击浪

有时课堂波澜不惊，犹如一泓清水。运用假设选准石块，巧妙"投掷"，则可"一石击破水天"，学生便会顿生兴趣。如《冀中的地道战》

叙述地道结构时多用说明的方法，如果就课文讲课文，必然索然无味。为使学生生趣，并使其从地道的结构特点和作用中理解冀中人民无穷的智慧。在学生初读课文、初步理解地道的结构特点后，教者这样引导：地道结构巧妙，作用很大，如果你今天去冀中参观地道，冀中人民会如何向你介绍利用地道与敌斗争的情况？真是"春风吹皱一池水"，这样一引导，课堂气氛顿时活跃起来，通过对"访问"情况的想象描述，学生对地道特点和作用的理解就形象了，对课文中心的理解也就具体了。

5. 现场采访

在阅读中运用假设，创设采访情境，要学生充当文中角色，接受"记者"采访，他们必然兴趣十足。如阅读《东郭先生和狼》，教者让学生充当文中人物，自己以记者的身份出现，以下列问题进行采访：①请问东郭先生，为什么你要救狼呢？当狼要吃你时，你心里会想些什么？当老农把狼打死后，你又想些什么呢？②请问你，老伯伯，你真的不相信布袋能装得下狼吗？你为什么要将它打死呢？这样，学生"亲临"现场接受采访，加强了感受，发展了语言，有效地增强了教学效果。

在阅读中假设生趣，必须围绕教学目标和教学重点，准确捕捉兴趣点，以假设点拨，促其生趣，激发学生热情，并使其落脚于理解内容，体会感情，训练语言上。

三、读后存趣：课虽止，趣亦在

寻求知识是孩子的天性，看了一部电影，听了一个故事，学了一篇课文，他们总要寻根问底，这是孩子求知的表现，说明他们对知识的需求是永远不会满足的。赞科夫说："只有儿童感到在理解教材上还有这种那种的空白点，感到还有某些衔接不到的地方，感到要使知识彼此贯通并形成严整的体系还欠缺某些东西时，他们才会真正去掌握知识。"① 可见，学

① 赞科夫. 和教师的谈话［M］. 杜殿坤，译. 北京：教育科学出版社，1980：50.

生的"知不足"是其获取知识的良好条件。因此，在教学任务基本完成后，可抓住时机，因势利导，以假设创设空白点，鼓励和引导学生进行新的探索，使课堂兴趣如烟袅袅，使学生感受学习的无穷乐趣。

1. 存疑自究

"疑"是激奇引趣的诱因，新课结束时，可巧用假设存疑，以激发学生自我探究。如阅读《金色的鱼钩》（人教版课标本五年级下册）后，可这样引导：如果老班长在战士们的劝说下喝下了鱼汤，并没有牺牲在草地上，事情将怎样发展？由此，学生饶有兴趣地进行探究，从而深入理解中心。

2. 编剧表演

课文阅读后，可用假设创造条件，引导学生编剧表演，以深入理解课文内容，体会语言情感。如阅读《新型玻璃》（人教版课标本五年级上册）后，可让学生分四人小组分别扮演各种玻璃，以"玻璃家族的晚会"为题编剧表演，这不仅能促使学生对新型玻璃的特点和作用有进一步的感受，而且能有效地促进语言的内化。

3. 阅读延伸

课文阅读后，可以假设延伸出课外阅读。如阅读《少年闰土》后可这样引导：学了《少年闰土》，那月下瓜地勇敢机智的少年形象给我们留下了多么美好而又深刻的印象啊！你们知道吗？这么个英俊的少年三十年后变得怎样呢？（稍停，让学生思考想象）告诉你们，你看了三十年后的闰土，一定会大吃一惊的。为什么呢？你读了鲁迅先生的小说《故乡》就知道了。课文《少年闰土》就是从中节选的。这样，学生一般都能饶有兴趣地寻找原文阅读。

可见，当我们凭借假设，尽力彰显语文自身魅力的时候，这种兴趣的诱发，已经远远超越了兴趣诱发本身，它给予学生的既有目标的引领和指点，也有情境的创设和感受，还有情感的体会和表达。这样的兴趣，来自语文，指向语文，落脚于语文，真正能让学生感受语文的神奇，享受成长的快乐。

追求无痕的情感教育

情感是人的一种内心体验，是人生命的重要标志。因此，情感教育是完整教育的一部分。语文作为重要的人文学科，情感教育占有非常重要的位置。《语文课程标准》指出："义务教育阶段的语文课程，应使学生初步学会运用祖国语言文字进行交流沟通，吸收古今中外优秀文化，提高思想文化修养，促进自身精神成长。工具性与人文性的统一，是语文课程的基本特点。"可见，语文教学中，学生精神世界的完善和丰富与语言系统的丰富和优化，两者必须统一在同一过程中，实现语言与精神的和谐同构。须处理好情感教育和语言训练的关系，把握好语言训练与情感教育的平衡，寻求悄无声息的情感教育，追求充满活力的语言训练。

假设导读的实施，就为上述需要提供了可能。在假设导读中，学生可以随时随地地走进教材，置身语境，感受形象；扮演角色，步入情境，亲近人物……这样，就可以课文情境和情感、作者情感和情思、课堂情境和情趣，去撞击学生心灵，从而丰富学生的精神生活，增强他们的情感体验，使他们在语言学习中得到语言的发展，情感的陶冶，使"双基"的扎实与情感的熏陶成为有机的统一体。

一、坚持有效激发，唤醒学生情感，引领学生拥抱语言

激发策略，就是重在激起和唤醒学生情感的一种情感教育策略，也就是根据教学需要，引入、营造或创设与课文内容相适应的具体场景或氛围，以触发、引起或唤醒学生的某种情感，使学生全身心地投入阅读活动

中去。

1. 精心设计导语，激发学生情感

在现实生活中，遇到令人感动的人物和场景，小学生也会和成人一样情感涌动，话语飞扬。因此，在阅读教学中，可想方设法使语言文字变成鲜活的情境，并引领学生走进情境，去亲历事情，感受场景，见识人物，以拨动他们情感的琴弦，引发他们涌动的情思，诱发他们心中的语言，达到精神提升与语言发展的统一。

《听爷爷说汉字》（苏教版第八册）一文，缺乏精彩的情节，为挖掘语言的情感因素，使学生受到情感的熏陶，得到语言的发展，一位教者这样导入："同学们，如果你身居外国，面对的是陌生的人群，听到的是陌生的语言！有一天，你在街上散步，突然间看到一个商店前霓虹灯做的闪烁的一行汉字。此时此刻，你心情怎样？"这样引导，旨在让学生置身特殊的情境，在孤独寂寞中去感受祖国语言——汉字给自己带来的温暖和慰藉。学生有的说："看到汉字，我好像回到了祖国母亲的怀抱，看到了祖国妈妈的笑脸。"有的说："看到汉字，我仿佛看到了家乡无边的田野、弯弯的小河；好像看到了自家温馨的房间，妈妈慈祥的笑脸。"此刻，教者巧妙设疑，有机勾连，使学生全身心进入了课文的阅读感悟。

在学生自读课文，了解了汉字的特点，感受了汉字的神奇后，教者则引导抒发对汉字的感受，学生有的说："汉字是中华民族智慧的结晶，是我们中华民族的骄傲和自豪。"有的说："汉字的博大精深，是任何民族的语言不可比拟的。从小小的汉字中，我深深感受到了中华民族的聪明才智。"有的说："在人类文字的宝库中，汉字如同一颗璀璨的明珠，放射出耀眼的光芒，折射出中华民族的聪明和才智。"这样引导，就达到了语言与精神的同构。

2. 引进现实生活，激发学生情感

一个从没住过医院而且对与医院有关的概念没有一点了解的孩子，一旦阅读中碰到"医院"、"住院"、"挂水"、"把脉"等词语，不管教者怎样讲解，他（她）也难以获得真切的感受。可见，生活是还原语言形象

的原型，解读语言内涵的钥匙，感悟语言情感的基础，引发语言规律的前提。阅读者只有调动起自己的生活体验、情感体验，力求和作者想在一起，思在一处，才能从语言文字中触摸到作者情感的脉搏，感受到作者情思的琴弦，才能感悟到语言运用的技巧。

为培养学生的悟性，可沟通阅读与生活的联系，缩小生活与阅读的差距，让学生在生活与阅读、课堂与课外的联系中，增强体验，促进感悟。如阅读《月光曲》（人教版课标本六年级上册）"兄妹俩的对话"时，学生只能理性地理解其中的情感，朗读时难以真切地表达。这是学生生活与课文语境的差距所致。为此，教者可以饱含深情地引导：不知为什么，一读到这段话，我便想起了这样一件事：那天，校长向我推荐了杂志上的两篇教学论文，他告诉我，文章是两位青年教师写的，嘱咐我细细看看，并认真地说："要是他俩到我校工作该有多好！"听他这一说，我不禁脸一热，自己工作快十年了，可……我忙说："校长，都怪我们不争气。"校长一听，又是摇头，又是摆手："不，不，我是说着玩的。"望着校长，我心头一阵激动，不知说什么好。校长的话像重锤一下敲在我的心上。我从他的话中，听出了他对我们青年教师的希望，感受到了他对我的理解和宽容。你们生活中可能也有类似的事吧？

真情的回忆，有效的引导，唤醒了学生相关的生活记忆，他们大多想到了自己类似的经历。一名学生是这样描述的：那次，同桌张翔买了件羽绒服，可我老是穿那件棉袄。放学一到家，我便对妈妈说："妈妈，给我买件羽绒服吧，看人家张翔……""是啊，是该买。"停了一会她说，"可是，一件像样的羽绒服得 200 多块呢！"望着妈妈焦急的样子，再看着她满手的老茧，我不禁后悔起来，忙说："妈妈，我说着玩的，其实，我这棉袄不一样防寒吗？"妈妈一下子把我搂在怀里，我抬头看时，她眼圈红了。（说到这儿，该生声音低了下来，显出难过的样子）由于有了真实的生活奠基，有了自我的体验铺垫，学生再次朗读时，大多声情并茂，情真意切。

3. 创设教学情境，激发学生情感

要提高学生的语文素养，须尽量诉诸学生感性，培养学生语言感觉，让他们用心去感知，用心去体悟，用心去感受，使课堂教学进入叶圣陶曾经描述过的那种境界："一个教室，四五十个学生，心好像融化在一起，忘记了旁的东西，大家来读，来讲，老师和学生一起来研究。"这是一种审美的氛围，师生融化在自由平等的气氛之中，都有一种积极饱满的精神状态。在这样的情境中，学生能更好地得到语言形象、语言意义、语言情感的感悟。为此，在阅读教学中，可创设教学情境，为学生提供语言感悟的情感场和语言运用的实验园。请看《美丽的公鸡》教学片段。

师：小朋友们，我就是那只大公鸡呀（笑声），我真不理解，我与人家比美，他们都不理我，我该怎么办呢？

生：老师啊！（师：不对了，我是一只公鸡呀！众笑）公鸡啊，你一天到晚只知道跟别人比美有什么用呢，我看你还是去干点儿对别人有用的事吧。

生：公鸡啊，你长得是很美，只有去为别人干点儿有用的事才算得上真正的美。你说是不是？

师：是！是！（众笑）

生：公鸡啊，你长得比我们美，我真是羡慕，要是你能为人们做事，你就更美了，那时候，我们就更羡慕了。

师：真的！那我一定按你说的去做。（众笑）小朋友们，课文中的公鸡见大家都不理他了，非常伤心。你们该怎么办呢？

生：我认为该叫他别伤心。

生：我认为不要理他，谁叫他一天到晚不干事儿去跟人比美呢？（众笑）

生：是啊，他还笑我们不漂亮呢。

师：能这样吗？大家说说看。

生：我认为不能这样，犯了错误只要改正就行。

师：对呀，我们小朋友犯了错误只要改正就行了，更不要说是一只公鸡了。想想办法。

生：我认为还是要劝他别伤心，并且为他出出主意。

师：怎么劝他呢？大家在下面互相说说，马上"劝"给老师听听。

（生互相说）

师：下面请一个同学来做公鸡，请大家来劝劝。

（学生争着做公鸡，老师让一位男生上台。他上台后，就显出没精打采的样子。众笑。）

师：小朋友们，你们看，公鸡多么着急呀，大家来劝劝他。

生：公鸡啊，你别伤心，你只要像啄木鸟、蜜蜂、青蛙一样，去为别人做事，人们就会喜欢你了。到那时，你就真正美了。

生：公鸡啊，不要难过，抬起头来，向课文中的三个人学习，像他们那样，去为大家做事。到时候，大家就会夸奖你了。

（其他学生发言略）

生（公鸡的扮演者）：谢谢大家为我出主意、想办法，你们真是我的知心朋友。（深深鞠躬。众笑）

在上述案例中，教者让学生扮演公鸡和劝导者，让劝导者对公鸡真心劝说。学生角色的随机引入，教学情境的随机创设，使学生走出了教室，进入了课文描述的情境。在这样的境界里，他们全身心投入，尽全力参与，对公鸡的批评是那样得体、准确；对公鸡的劝说是那样真诚、贴心；对美丽的理解是那样具体、清晰。情境的创设打破了教师与学生、课堂与课外、学习与玩乐的界限，师生都走进了教材，进入了情境。教者不是在简单地讲解句子，而是在引导学生与文中人物见面；学生不是简单地理解句子，而是在与文中人物交谈。他们是多么希望以自己的真诚打动公鸡，让他回心转意啊！正是这种希望，使学生产生了强烈的心理驱动，使他们在课堂中的语言获得了超越。事实上，如果学生真正能够在公鸡与自己比美时，以自己的亲身经历说清楚什么是美，如果学生能够在公鸡不解时，给予它真心的帮助和真诚的劝说，那么，其句子的理解就是具体的、形象的。这样的理解，是简单的意义讲述、抽象的意思陈述无法比拟的。

二、引导自主参与，增强情感体验，沟通学生的心灵语言

体验能使人的情感得以唤醒和自由释放，使人的个性得以张扬和自由舒展。而情感是生命主体的内在体验，具有自我投入的性质，不能给予，不能灌输。因此，阅读教学中情感的展开、发现、交融、生成、陶冶与提升，都须由学生自身的体验来实现和完成。但从教学现状看，阅读教学中对情感的培养，还多停留在通过解读语言文字、理解语言情感上，它所给予学生的多是抽象的知性认识，情感的理性状态，难使学生得到情感的熏陶。因此，必须切实重视阅读教学中的自主参与、自我体验，把语文教育作为陶冶情操，促进人的生命成长的过程来设计，把人的精神世界的完善和语言系统的丰富有机地统一到学生自主参与、自主体验的学习活动之中，引领学生以自己生命历程的全部积累作为起点去阅读，去体验，去与作者、与文本进行心灵世界的对话与交流。

1. 在朗读品味中体验情感

研究表明，琅琅的书声，可促使学生用心灵去拥抱语言，和作者的心灵直接交流，在思维和情感的强烈震颤中领会作者伟大的人格、深邃的思想和美好的情操；在琅琅书声中，学生不仅能够感受和再现作品的情思美感，还能体验到语言的节奏感、音韵感。可见，在阅读教学中，加强朗读训练，促使学生全部心智投入其中，可充分挖掘和运用教材的情感因素，引导通过语言情境的想象和感受、语言情感的体会和表达、语言情理的感悟和理解，以促使学生在语言知识积累、语言能力形成的同时，得到境的感受、情的诱发、理的启迪。为提高朗读效果，让学生掌握一些有声语言的"表现技巧"是必要的，但这只是"自读感悟"的辅助手段，朗读训练的重点，在于引导学生全身心参与，真情感参与。

要定准情感基调。引导准确把握课文情感基调，这是朗读感悟的基础。而学生对课文情感基调的把握往往须借助于与之协调的课堂气氛。为此，可根据课文情感选择导入方法，形成与课文和谐的情感氛围。如《十里长街送总理》，可先引导回忆总理的故事和电影的情节，谈谈对总理的印象，既而语调深沉地描述：同学们，谁能想到就是这样的好总理啊，1976年1月8日，他竟永远地离开了我们。噩耗传来，高山哭泣，江河呜咽，全国人民处于无比的悲痛之中。这天，总理的遗体就要送去火化了，首都人民扶老携幼，伫立长安街两旁，与总理告别。《十里长街送总理》就具体描述了那叫人撕心裂肺的送别场面。这样引导，就为课文阅读感悟奠定了情感基础。

要强化情感体验。可引导学生在目视、口诵、心惟的同时，借助想象调动起自己的经验积累和语言积累，还原语言文字所描述的形象，使文中的人"活脱"，事"活现"，物"活化"，使语言文字变成活的画面。这样，就能为语言内容的理解和语言情感的感悟提供形象支撑，以强化学生的情感体验。如阅读《草原》，可让学生边读边思边想象：读了第一段，在你眼前出现了什么样的画面？读了二至五段，在你眼前分别出现了什么样的画面？读后让学生借助投影口述"见闻"。这样，写景的语言文字就成了一幅色彩明快的草原风景图，天空的碧蓝、草原的碧绿、小丘的柔美、羊群的活泼，便活现在眼前；写事的语言文字则成了一幅具体形象的主客欢聚图：迎客的热情、会客的激情、款待的盛情、联欢的深情便溢于画面。这样语言变成了形象，就为引导感受画面、体会情感、进行朗读提供了依附。

要促成情感共鸣。有时仅靠形象的还原、角色的扮演，学生朗读时往往还是"情不由衷"。其时可进行朗读提示，点拨引读。或描述画面，提示情境；或挖掘内涵，提示情感；或渲染气氛，提示语气，以促使学生与作者和文中人物产生心灵的共振、情感的共鸣。如《诚实与信任》（苏教版国标本四年级上册）中有这么一段："不，人与人之间还有比金钱更重要的东西，你给我留下了诚实和信任，这比金钱更重要。我再一次谢谢你!"弄清句子的意思和情感，对理解"诚实与信任"的内涵颇为重要。可这样引导：读了他们的对话，你觉得两人当时的心情如何？——学生自由表述。接着这样引导：同学们，你就是小红车的主人啊，也许你怎么也不会想到，自己停车超过了停车线，人家把你的反光镜碰坏后竟然留下姓名、电话，向你表示深深的歉意，现在还要你把发票寄给他以便把钱寄给你，听到这些，你心情怎样啊？让我们一起借助朗读，把此刻的心情表达出来吧！——朗读表达。这样引导，能促进语言、情感、内涵的有机统一，教师、学生、作者的有机融合，使学生朗读课文，体会情感，化作作者情感、文中人物情感的自然显露，以达到情真意切的境地。

2. 在角色转换中体验情感

语言和精神和谐同构，还须以有效的方法让学生充当角色，去经历，去感受。有些课文，情感比较隐含，学生难以感悟。对此，可通过教材的活化，引导学生充当角色，去经历生活，参与活动，舒展心灵，张扬个性，飞扬语言，以达到语言训练和情感熏陶的双重收获。

《世纪宝鼎》（人教版第十二册）介绍了世纪宝鼎的样子和含义，没有曲折的情节，没有华丽的语言。为唤起学生的情感体验，促进学生的情感感悟，在初读课文，了解了世纪宝鼎的样子和内涵后，教者引出"设计者、铸造者、赠送者、介绍者"等诸多鲜活角色，并联系课文引导、明晰角色职责，又以"如果你是其中的角色，国家领导人亲自接见了你们，把为联合国准备礼物，表达我国政府和人民对联合国、对世界人民良好祝愿的任务交给了你们，你心情怎样"加以诱发，并让学生自由选择，定好角色，依据课文，揣摩行动，以促使"设计者"精心选择礼品、精心设计造型；"赠送者"精心考虑语言、准确表达情感；"介绍者"有序介绍样子、逐步显化内涵……既而引导角色交流。

这样，变语言的学习为情境的参与，变语言的阅读为精神的活动，就为学生参与现实生活提供了实验园，为学生展示精神世界创造了条件。带着这样的情感去参与情境活动，去阅读探究课文，学生的感受岂能不深呢？请看设计者的陈述：

在"世纪宝鼎"设计成功后的今天，向大家介绍设计过程，我真有一种说不出的快慰和轻松。接到国家交给的为联合国 50 周年设计礼品的任务，我激动得几天睡不着觉。向联合国赠送礼品，不仅要能表达良好的祝愿，还要能展示国家的形象。对苏州刺绣、杭州丝绸、景德镇陶瓷等工艺品，对名字、名画等，我都有过考虑……那次，我到大街散步，想去寻找灵感，在市建行大厅内，看到了鼎，我不禁眼睛一亮。是啊，"鼎"在远古时候，是中国先民的一种炊具，后来又发展成为礼器。从成语"钟鸣鼎食"和"一言九鼎"就可看出鼎在中国古代社会生活中的独特地位。而且鼎作为一种重要礼物，象征着团结、统一和权威，代表着和平、发展和昌盛。因此，以鼎作为礼物，不仅意义深远，而且可露天存放，供众多人参观，使它产生更大影响。（有关式样及内涵的语言略）你们看，最终定型的就是今天出现在你们眼前的鼎。靠了自己的努力为祖国争得荣誉，我们感到无比的自豪。谢谢大家！

虽然"设计者"和其他诸多角色在"成果展示"中，都较多地引用了课文语言，但这不是简单的移植，更不是机械的套用，而是融入了精神活动后的自由选择和自由组合。这样，原有的课文语言已经转换成了学生的语言作品，变成了他们语言和精神同构的心灵成果。

3. 在弹性感悟中体验情感

由听觉和视觉传递的语言和文字本身没有意义，有意义的是隐藏于视听信息背后的弦外之音、言外之意——语言形象、语言意义和语言情感，它具有丰富性和模糊性的特点，对情感的感悟须防止刻板、体现弹性。有弹性才有个性，才有丰富多彩的思想情感。为此，引导学生解读语言，体验情感，须给予学生充分的自由，不画框框，不设条条，不以教师的理解代替学生的理解，不以教材的理解设定学生的理解，以寻求"一千个读者就有一千个哈姆雷特"的效应。这样，学生从语言解读中所获取的语言形象、语言意义、语言情感才是真切的、自我的。如阅读《鸟的天堂》（人教版课标本四年级上册），一教师要学生一边听读第五至第八自然段，一边闭目想象大榕树的样子。结果，有的说，这棵树像一个绿色的大帐篷；有的说，榕树像一片树林；有的说，榕树就是一个绿色的小岛；有的说，榕树是一座小山；还有的说，和那棵高大的皂荚树差不多……这样，引领一颗颗充满灵气的心去展开想象，全身心地感受那棵榕树，并借助自己的语言方式来表达自己的感受。从学生一个个形象的比喻可以看出，这种感悟是学生主体用心参与、深入参与的过程，是人心和文心的通融、情感与理智交融的过程，它所关注的对象不仅包括语言和语言所含作者的情思，还有学生自身的情思。因此，这样的感悟是灵活的，独特的，富有弹性的，绝不雷同的。这样引导，能在培养学生感悟能力的同时，完善学生的个性品质……

三、引发精神生活，促进情感表达

语言与精神和谐同构，就是要给学生语言的发展和精神的提升创造一个"场"，让这个"场"去激起学生心潮的涌动、心灵的颤动、奔涌的情感，使学生产生不吐不快、非吐不可的心理状态，从而借助合适的语言外化涌动的心潮，放飞震撼的心灵，抒发奔涌的情感。而由于阅历和能力的限制，小学生难以与作者、教者、编者和文中的人物产生心灵共振和情感共鸣，阅读教学中难以看到学生情感涌动带来的语言飞扬，难以看到学生情感激动带来的语言流淌。结果工具性因情感性的缺失而难以发挥功能，情感性因工具性的失灵而显得苍白无力，从而影响了学生语文素养的提高。可见，坚持语言与精神同构共生，须采取有效的方法引发学生的精神生活，触发学生心中积蓄，以形成语言与精神同构的心灵产物。请看《冀中的地道战》的教学片段。

　　师：冀中人民想出这么巧妙的办法与日寇做斗争，这充分反映了他们的智慧和才能，反映了他们与敌斗争的顽强精神。日寇在我国土地上犯下了滔天罪行，欠下了中国人民一大笔血债，有关情况，你们知道吗？

生：听我爷爷说，1942年11月的一天下午，驻在泰兴城的日本鬼子下乡"扫荡"，村里人听到消息，赶紧跑掉了。鬼子进村后发现一个人也没有，把能抢的都抢走了。临走，一把火，把全村200多间房子烧得一间不剩。多么狠毒的鬼子啊！

生：我从电影《南京大屠杀》中知道，日本鬼子在南京仅几天时间就屠杀了30多万中国老百姓，南京城尸体成山，血流成河！那情景惨不忍睹。鬼子见了谁都杀，连老人和婴幼儿也不放过，他们比豺狼还残忍。

生：我从课外书上知道，日本鬼子在中国实行"烧光"、"杀光"、"抢光"的"三光"政策，他们欠下的血债怎么说也说不完。

（其他学生发言略）

师：同学们，日寇在中国的土地上干尽了坏事，他们欠下的血债我们永远不会忘记。当日寇在中国横行霸道时，中国人民不屈不挠地与他们进行斗争，创造了许多斗争方式。冀中人民创造的地道战就是其中的一种。从课文阅读中，我们已知道了它的结构和神奇的作用。大家想一想，如果这一天鬼子下乡"扫荡"了，地道会如何显示出它的威力，你将如何让鬼子尝尝中国人民的厉害。大家可以对照自己所画的简图，一边看，一边想，一边写。

（生写片段，然后同桌交流修改，最后教者有选择地让学生朗读）

在学生了解了地道的结构和作用后，教者没有引导学生随即想象描述冀中人民利用地道跟敌人作战的情景，而是引导他们控诉日寇的滔天罪行。这样，日寇下乡扫荡的画面，南京大屠杀的惨案，一下子出现在学生面前，日寇的罪恶行径激发了学生的切齿痛恨。此时，再引导描述人民利用地道与日寇作战的情景，就不是简单的事情想象，也不是简单的场景描述，而是学生心中火山的喷发，心灵怒火的燃烧。学生描述的不仅是冀中人民利用地道与日寇作战，而且是自己在运用地道为中国人民而战。

可见，如果我们都能像案例中的老师那样，尽力捕捉和着意用好教材中语言与情感的聚焦点，选择有效的假设时机，寻求合理的假设方法，把学生引入"语言与精神"的"场"。那么，在阅读教学中，作者着意安排的每一个精彩内容，编者精心设计的每一个教学练习，教者精心设计的每一个教学环境，都会在学生心灵上引起强烈的反响，学生语言系统的完善和精神境界的提升就能真的得以实现。

尽情享受语文的美

审美教育是指引导学生通过对文学艺术、社会生活及大自然的美的感受和欣赏，自觉地树立正确的审美观念，培养学生感知美、欣赏美、审辨美、创造美的能力，陶冶学生美的心灵。

美育在现代教育中占有十分重要的地位，教育部前部长何东昌曾经说过："没有美育的教育是不完全的教育。"小学语文是思想性和艺术性很强的基础学科，选编的内容大多是古今中外的名篇，相当多的文章再现了自然美和社会生活美，体现了艺术美。因此，语文教学是学校美育的重要途径和手段，须根据语文学科的特点，将语言发展与审美教育融为一体，通过语文美的尽力展示，让学生尽情享受语文的美。

我们知道，潜移默化是美育的基本特点，"润物无声"才是美育的必要境界。而实施假设导读，文本转换方便快捷，情境创设简单易行，学生不知不觉就进入了情境之中，或游历世界，饱览山水风光，以感受自然的美；或亲近人物，倾听心灵之声，以感受人物的美；或漫步城乡，体验家乡新貌，以感受社会的美……而这些美的感受，多来自对文本的解读和语言的品味。在美的感受中，可引导谈所见，话所闻，叙所想，这样，学生感受美、欣赏美、创造美的能力便能得到和谐的发展。

一、运用假设，培养学生感受美的能力

罗丹说："美是到处都有的，对于我们的眼睛，不是缺少美，而是缺少发现。"小学语文教学正是要培养学生发现美的能力，这是感受美的一

个方面。因此，在阅读教学中，可凭借文本提供的语言材料，运用假设启发诱导，使学生入情入境，引导他们体会蕴涵于景物、人物、社会中的美，以培养学生感受美的能力。

1. 假设入境，认识自然美

教材中，描写自然景物的课文不少，或山或水，或花或草，或虫或鱼，这是引导学生感受自然美的很好教材。而小学生阅历浅，认识能力有限，课文描述的自然画面不少未曾见过，这给学生认识其美带来了困难。为此，可巧妙地利用学生对各种自然景物的零星的知识储备，发挥假设"化远为近，化静为动"的功能，创设并促使学生进入情境，以感受画面，理解自然的美。

（1）假设想象，构筑美的形象。美的基本特征是形象性和具体可感性，黑格尔曾说过，"美只能在形象中见出"。文学作品用语言文字表情达意，塑造形象，其美的形象有一定间接性，凭借幻灯、录音、视频、电影等现代教学手段，使其形象形声兼备，让学生视听参与，这对于学生感受自然的美无疑是有效的。虽然诸多景色学生未身临其境，但影视、电脑的普及、阅读量的增加，使学生对相当多的景物均有"虽未经历，似曾见过"的感觉。如果巧妙地运用学生的知识储备，借助假设，或者引导创造想象，或者引导再造想象，使其头脑中形成立体画面，让其在形象的感受中认识美，这是极有效的。如阅读《望洞庭》（选自苏教版国标本四年级上册《古诗两首》），教者可以这样引导："望洞庭"是什么意思？（遥望洞庭湖的景色）同学们，一个明月高悬的晚上，如果你来到了江边，出现在你面前的会是一幅什么样的画面？通过入境想象，学生描绘了"清风吹拂，明月高悬，湖面波光粼粼，时有小船来往"的"洞庭晚景图"，这为引导其理解诗句，感知诗中美的意境奠定了基础。

（2）假设入境，感受美的画面。由于语言感受能力的限制，学生往往难以还原语言文字所描述的画面，而语言文字的还原、景物视像的构成，又是学生感受自然美的重要前提。为此，可以假设促学生移步，让其借助联想和想象，还原语言文字所描述的画面；或者尽可能接近画面，并进而步入其中，以加强学生对美的感受。如阅读《桂林山水》时，教者可以这样引导：如果你来到桂林，面对那里的山，那里的水，你会怎么做，怎么想，有何体验？学生有的说"荡舟漓江欣赏水下世界"，有的说"立于老人山前听念经"，有的说"骑上'大象'（象山）去溜达"，有的说"跨上'骆驼'（骆驼峰）去远征"……这样，就能让学生设身处地地感受桂林山水的美。

（3）假设抒情，诱发美的情感。诱发美的情感是审美教学中引导感受美的重要环节，在创造并引导学生步入画面以深入感受其美的基础上，可运用假设强化情感体验，诱发美的情感，以促使学生借助语言外化感情。如阅读《可爱的草塘》（人教版课标本四年级下册），在引导感受草塘的可爱后，可以这样引导：草塘景色这么美丽，物产这么丰富，如果是你在草塘边会说些什么？学生有的说，想高歌一曲来赞美草塘；有的说，要是有架照相机摄下这美好的画面，当作永久的纪念就好了；有的说为自己祖国有这么美丽的草塘而感到骄傲和自豪……这样，就有效地激发了学生对草塘的热爱和向往之情。

2. 假设揣摩，认识人物美

培养学生对人物美的感受能力，这是美育的重要任务，而人物美是"外表美、行为美、心灵美、语言美"的综合美，它是诸多美的因素组合而成的整体美，学生感受其美往往颇有难度，在审美中往往会出现偏差或错误。为此，可运用假设沟通联系，加强感受，使其进入境中感受人物，认识其美。

（1）假设选择，理解美的行为。我们所说的行为美，是指人物特有的思想、道德、情操、意志、智能的外在表现，要求一切行为以符合社会利益为准则，它是人物美的外在体现。为引导理解人物美的行为，可以假设促其入境，选择符合自己的情境角色，如选择正确，则进行追问，探究原因；如出现偏差，则引导比较，找出差异。如阅读《猎人海力布》（沪教版四年级下册），学生初读后这样引导：如果小白蛇的父亲要给你报酬，你要什么？为什么？学生有的说要珠宝，说这样可以吃穿不愁；有的说要那块宝石，因为这样可以获得更多的猎物，更好地为乡亲们服务。教者未急着评价，而是引导弄清海力布的选择，理解要珠宝与要宝石的根本差异。这样，学生便理解了海力布美的行为，知道海力布想的是别人，为的是乡亲，从而使学生明白了做人的道理。

（2）假设揣摩，理解美的心灵。心灵美是人的内在美、实质美，它是人物行为美的内蕴，是对人物审美的重要内容，也是对人审美的一大难点。以假设让学生充当角色，揣摩人物心理，可让其感受人物美的心灵。如阅读《马背上的小红军》（北京版四年级下册），教者这样引导：同学们，你就是小红军啊，这么疲劳，当陈赓要你上马时，你为什么不上马，还要千方百计地把他骗走？你这么饥饿，当陈赓要给你炒面时，你为什么又不要呢？从而深切感受小红军"宁可自己受苦，也不愿连累别人"的崇高品质。

（3）假设比较，认识美的价值。人物心灵美和行为美是以其美的价值为充分反映的。因此，引导学生由人物的行为认识其价值颇为重要。而运用假设变更比较，可有效展示人物美的价值。如阅读《我的战友邱少云》，可以这样引导：如果在烈火烧身时邱少云动一动，结果如何？这说明了什么？学生知道：如果动一动，那他们整个班，整个潜伏部队，这一次战斗计划，就会全部落空。这样比较，使大家认识到：邱少云用自己的生命换来了整个潜伏部队的安全，换来了战斗的胜利，这就在正反比较中进一步认识了邱少云献身的价值。

3. 假设比较，认识社会美

社会美是人类社会创造的事物的美，人类精神行为的美。社会美产生于人们在长期社会实践中形成的相互关系，以及由这种关系构成的社会生活。在阅读教学中，引导学生感受社会美，这是审美教育的另一个重要内容。而运用假设，沟通学生与课文、与社会的联系，可促进学生加强对社会的感受，以理解社会的美。

（1）假设比较，认识美的制度。优越的社会制度是社会美的集中体现，为此，可以假设创造比照材料，让学生在鲜明的对比中感受其美。如

《小珊迪》阅读中教者可以这样引导：如果小珊迪一受伤就到中国，结果如何？大家知道：如果这样，人们将随即送其去医院，使其脱险，因为在我们社会主义国家，人与人之间像一家人一样。

（2）假设延伸，认识美的潜力。社会主义制度具有无限光明的前途，而小学生对此则不易理解。为此，可运用假设延伸课文，使其感受。如阅读《一张珍贵的照片》（人教版五年制第九册）可以这样引导：如果周总理今天到小山村，情景如何？为什么？大家知道，山村人民一定会盛情款待，总理一定会欣然做客，因为山村发生了变化，人民生活水平提高了，从而使学生看到了社会主义制度美的潜力。

（3）假设进境，理解美的构成。在阅读教学中，可以假设让学生感受社会美的同时，了解社会美的组合因素，让其明白如何成为社会美的一分子，为社会的美做出贡献。如阅读《草原》可以这样引导：如果你是其中一员，置身于课文描述的情境，你对草原的美会有怎样的感受？为什么会有这样的感受？通过交流、点拨、梳理学生便能明白，课文画面是社会美的缩影，它由草原景色的美、民族风情的美、草原人民情感的美、蒙汉人民情谊的美组合而成，而其美又是以我国制度的美为背景的，这就使学生在联系中懂得了社会美是制度美、人类创造的事物美、人类精神行为美的和谐统一体。

二、运用假设，培养学生鉴赏美的能力

培养学生鉴赏美的能力，这是审美教育的重要任务。而鉴赏美的能力的培养，有赖于语文教学过程中对学生加强鉴别美与丑的训练。教学中，可运用假设，借助鲜明形象的感受和辩证思想的渗透，通过分析评价景物、人物和事件，去辨别什么是美、什么是丑，进而净化心灵、陶冶情操，树立正确的审美观。

1. 运用假设，培养本质的审美观

任何事物都有其现象和本质，现象是外露的，本质是内藏的，认识事

物既要看其现象，更要看其本质。由于认识能力的限制，小学生认识事物容易被表象所迷惑，难以透过现象看其本质。为此，须在审美教育中渗透看事物、看本质的观点，培养学生透过表象把握事物实质的能力。在教学借景抒情散文时，应引导学生在感受美景的基础上，理解景物的内在美，体会课文的情感美。

阅读《林海》，可运用假设引其入境，让学生从岭的温柔、林的碧绿、花的美丽欣赏林海的景色美。可运用假设，引其排除思考：如果大兴安岭没有这么多珍贵的林木，你觉得会怎样？让学生从美与建设结为一体、与"兴安"联系在一块看它的实质美，进而从作者对大兴安岭的赞美中体会其对祖国山河的热爱之情，理解课文的情感美。长此以往，学生就能形成对写景课文的审美能力。

借景（物）写人的课文，要引导学生在感知景（物）美的前提下，了解文章的主旨美。如阅读《小站》（人教版五年制第十册），可引导学生从小站的小巧玲珑悟出小站的美景；再通过假设，揣摩工作人员的心理，以了解小站之所以如此之美，是由于工作人员的精心设计，进而从精心设计的表象体会作者对工作人员的赞美之情。

对写人文章，可采取"角色扮演、心理自述"等方法，既让学生理解外表，又要透过外表了解人物的内心。人物的外表与内心往往不尽一致，这给学生审视人物带来了困难。为此，要引导根据外表，探究其内心，体会"内"与"外"的关系。如《我的心事》（人教版五年制第九册）中姐弟俩的外表与内在一致，就要引导学生理解美的外表与美的内在的互为映衬作用。表里不一的事物是学生审视的难点，对此要善于引导：一方面要引导学生从丑中探究美，如阅读《金色的鱼钩》，要从老班长"未老先衰"的外表看其"忠于党、忠于人民、舍己为人"的美好心灵；阅读《手》（人教版五年制第八册），要从陈秉正的"丑"手看其艰苦奋斗的品质美。另一方面要引导学生从虚假的、伪装的美中认识其丑。如阅读《东郭先生和狼》，就要引导学生从狼的伪善看其凶残的本质，让学生了解这种"美"的虚伪性、欺骗性和危险性。

2. 运用假设，培养联系的审美观

唯物辩证法认为，世间任何事物和现象都是相互联系、相互制约、相互影响的。为此，在教学中，要引导学生以联系的观点对事物的内部、外部以及与之相关的各个方面进行剖析，在联系中认识美。

（1）在联系中认识景物美。构成景物的各种事物互相联系，互相映衬，形成了景物的美。为此，对写景课文，可采取假设排除法（排除某些景物），引导学生整体把握画面，把握构成画面的景点以及相互间的联系，在联系中认识美。如阅读《桂林山水》，可让学生从"静、清、绿"的水、"奇、秀、险"的山、空中迷漫的云雾、山间的绿树红花、江上的竹筏和小舟的互相联系中理解桂林山水相依，动中有静、静动有致的美景图，使其懂得桂林的美是整体的美，缺少哪一点，其美就会"失去一半"。在联系中理解美，就能对自然美有足够的认识，形成对自然美的审美能力。

（2）在联系中认识人物美。一定的人物均处于一定的环境之中，人物的美是与周围人物、事物相联系的。因此，分析人物，除了引导学生由人物言行探究其美外，还要注意从人物与周围人物、事物的联系中加深理解。

一是理解事物对人物的映衬作用。如阅读《少年闰土》首段，可假设排除（排除部分景物），让学生理解清幽的环境、伶俐的"生灵"，对少年闰土勇敢机敏这一美的形象的衬托作用；阅读《飞夺泸定桥》（沪教版五年级上册），可假设变更（变更环境），让学生理解恶劣环境对红军勇往直前美的形象的反衬作用。

二是理解人物对人物的衬托作用。如阅读《我的战友邱少云》，可假设揣摩（揣摩心理），让学生理解"我"的复杂心理和战士们勇敢杀敌的行为对邱少云高大形象的衬托作用；阅读《小英雄雨来》（鄂教版四年级下册），可假设赞美（进入情境，赞美雨来），让学生理解鬼子凶残、狡猾对雨来美好品质的反衬作用，从而使学生懂得：人和自然、人和人是联系的，这些联系使得人的美更为充实，只有在联系中理解人物的美，才能

形成对人物的审美能力。

3. 运用假设，培养发展的审美观

世界一切事物都是在不断运动、发展变化的。美学理论也告诉我们，美与丑是相互依存的，它们并非一成不变，是可以互相转化的。小学生剖析事物往往受习惯的影响，以静止的眼光来看待美丑，因而常把事物看得一成不变。为培养学生的审美能力，须在审美教育中渗透发展变化的观点，让学生以这一观点看待事物。如阅读《美丽的公鸡》，可采取假设评价（参与评价公鸡），引导了解公鸡的外表一直是美的，而它到处炫耀，就使其外表大为逊色，暴露出内在的丑，此时的美就显得空虚。听了老马的话后，公鸡不再同别人比美，每天打鸣催人早起，此时，同样的外表看了就叫人爽心悦目，其外表的美就与内在的美相得益彰，从而使学生明白：美丑是可以相互转化的。在阅读中，还可通过对教材的艺术处理，让学生懂得：有时美与丑只有一步之差。如阅读《我的战友邱少云》，可运用假设，让学生在邱少云"动"与"不动"的情境选择和结果的推理比较中体会其心理，让学生在丑与美的审视中认识事物，以明白做人的真谛。

三、运用假设，培养学生创造美的能力

引导学生创造美，这是美育的最高层次，是审美活动的最终结果。为此，在阅读教学中，可运用假设，激发学生的创造动机，启发他们的创造智慧，引发他们的创造活动。

1. 引导口述表述美

在阅读教学中，可运用假设捕捉契机，启发学生用优美的语言描述对美的内容的理解，培养学生口头表达美的能力。如阅读《第一场雪》（教科版六年级上册），教者可以分以下几步：首先是导入之中表述美：同学们，听到下雪了，你心情如何？能想象描述雪中、雪后的景色吗？其次是阅读之中描述美：课文阅读中这样引导：课文是如何描述雪后的景色的，

如果你置身其中，会看到什么？听到什么？想到什么？再则是阅读之后描述美：课文表达了作者怎样的思想感情？它为什么喜悦？（瑞雪兆丰年）最后要学生想象并描述农民喜获丰收的情景。

2. 引导习作升华美

教学中，可以假设创设写作情境，想象创造以升华其美。如对写景文，可通过想象扩写、进境描述等方法引导写作。《暮江吟》（鄂教版六年级上册）读后，以"我来到了江边"为题，让学生将诗歌改写成散文，使诗句情境具体化。对写人文，可采取重点扩写、课文延续等方法引导写作，以升华人物形象。如阅读《我的战友邱少云》后，可这样引导：如果邱少云烈火烧身时突然下起了大雨，事情将怎样发展？引导想象描述邱少云雨后忍着剧痛坚持隐蔽，傍晚时分和战士们一道英勇歼敌的情景，这就能有效地升华邱少云的形象，深化学生对邱少云崇高品质的感受。

不难看出，假设导读为美育渗透拓开了一方晴空，学生虽置身课堂，却能享受到自然美带给的快慰，社会美带给的惬意，人物美带给的愉悦……在这样的课堂上，学生的语言得到提升，情感得到陶冶，灵魂得到洗礼，个性得到完善，他们完美人生的工程将很好地在这里奠基。

让思维把语言活动引向高效

　　思维是一种理性认识活动过程，它是一个人智力和能力发展的核心。发展语言是语文学科的本质目标。语言与思维密不可分，语言是思维的外壳，思维是语言的内核。在阅读教学中，离开语言发展的思维训练必然空泛，而缺乏思维参与的阅读感悟肯定肤浅，只有坚持语言发展与思维训练有机结合，以语言提供思维训练的依附，以思维增强语言训练的力度，坚持语言发展与思维发展的同步。实施假设导读，文本空间可以无限拓展，为学生思维的驰骋提供了可能；课堂空间显得无限开阔，为学生思维的操练提供了支撑。在这样的课堂上，可巧用假设，或创造训练机会，或捕捉训练契机，或优化训练过程，或点化训练结果，可有效地提示方向、拓展宽度、掘进深度，让学生思维的发展与语言的发展同向同步，从而借助思维训练，把语言活动引向高效。

一、运用假设，培养思维品质

　　阅读教学中的思维训练必须渗透于字词句篇的训练之中，并以加强思维品质的培养作为发展学生智能的突破口。为保证效果，可运用假设，相机点拨，随机引导，以使学生形成良好的思维品质。

1. 假设发散，培养思维的广阔性

　　由于水平能力的限制，小学生思考问题思路往往比较狭窄。为此，可抓住重点，以假设引导发散，开阔背景，培养其思维的广阔性。如《高尔基和他的儿子》，为让学生具体而形象地理解中心，教者可以这样引导：

如果你是高尔基的儿子，除了种花你还想用什么方法为别人带来快乐？为什么？学生有的说："我想当一名教师，把知识传授给孩子们。我认为用自己的劳动给孩子们带来聪明是幸福的。"有的说："我想利用星期天帮助清洁工人打扫卫生，我想，能和起早贪黑地打扫街道的清洁工在一起，和他们一道做城市的美容师，并为他们减轻一些劳动强度，我认为能给他们带来快乐。给别人带来快乐，也能给自己带来快乐。"有的说："我要帮助爸爸妈妈做些力所能及的家务活，让他们休息休息。他们快乐，我也快乐。"有的说："我想在教师节期间为老师送一张贺卡，送去我们对老师的问候，对老师的深情。我想，老师收到贺卡肯定会高兴，因此，我为老师做了一点事情，也感到快乐。"……这样，不仅加深了理解，而且能训练学生的广阔思维。

2. 假设比较，培养思维的深刻性

小学生思考问题往往缺乏深度，可以假设创设比照材料，让其在比较中深入理解，以培养思维的深刻性。如阅读《小珊迪》，可这样引导：小珊迪卖火柴的目的是什么？如果他受伤后不派弟弟送回零钱，你会责怪他吗？为什么？这样送回来了你又会说什么？如果小珊迪安全换回零钱，情景又如何？（引导想象小珊迪送零钱以及买食物回家给弟弟吃的情景）这样假设比较，能促使学生深刻感受和理解小珊迪的诚实、善良的品质。

3. 假设排除，培养思维的灵活性

可运用假设，排除文中某个条件，引导多角度地推理事情发展，以培养其思维的灵活性。如阅读《黄河象》（冀教版六年级下册），对"科学家的想象合理吗？为什么"这一问题，学生大都知道合理，但原因说不到点子上。为此教者这样引导：如不这样推理，还可怎样想象其来历？学生有的说是病死后逐渐变成化石的，有的说是从山上掉下摔死最后变成化石，有的说是老死后渐渐变成化石的……接着教者追问：你们这样推理是不是合理呢？为什么？学生明白：如果病死或摔死，它腐烂后骨架会堆在一块，不可能像活象一样插在沙土里；如果老死，就不可能只有一具骨架化石。因为象一般都死在一个固定地点。根据象化石斜插沙土的情况，课

文中的想象是最合理、最严密的。这样理解就灵活了。

4. 假设延伸，培养思维的创造性

教材中的诸多课文，有相当多的探究点，每个探究点又有相当大的探究空间。在学生对课文整体阅读、深入探究后，可运用假设创造条件，引导进行故事情节的延伸，文本空间的拓展，进行深层思维，求得深度感悟。一位教师在《生命 生命》（人教版课标本四年级下册）的教学中，围绕"生命探究"这一主题，引领学生走进飞蛾、香瓜子、杏林子，感悟其顽强的生命力。在此基础上，教者以如诗如画的语言，对生命进行概括，使生命物化成窗外的依依杨柳、室内的张张笑脸、黄鹂的清脆歌声，进而让学生打开记忆的闸门，放飞五彩的生活，或写一首小诗，或写一段感言，或写一件小事，陈述自己对生命的见解。请看下列片段：

> 生命是杨树传送种子的杨絮，生命是小草顽强生长的嫩芽，生命是垂柳一根根垂下的柳枝，生命是小蚂蚁寻找食物的身影，生命是陪伴张海迪顽强学习的轮椅，生命是探险者勇往直前的勇气。
>
> 生命是海里游动的小鱼儿，生命是天上展翅飞翔的大雁，生命是不毛之地里勇敢前行的骆驼，生命是在茫茫沙漠里翠绿的灌木丛，生命是夏天里漫天飞舞的杨絮，生命是我们心目中追求的生命之树。
>
> ……

这样引导，给了学生智慧的挑战、思维的碰撞。学生笔下，生命的空间如此开阔，生命的形象如此鲜明，生命的内涵如此清晰……此刻，生命对学生来说，不再是抽象概念，而是具体形象；不再是神秘莫测，而是可感可及。这就是心灵对话展示出的精彩，是心智拓展显示出的魅力！

二、运用假设，培养变通能力

变通能力是思维能力的重要体现，学生具备了这种能力，就能在学习中主动积极地捕捉老师的指令性信息和自我学习的反馈信息，合理地调整

学习过程，使自己的"学"跟老师的"教"同步，真正成为学习的主人。因此，在教学中，对学生难以应答的问题，加以启发诱导固然是重要的，而教给其变通思维的方法，使其形成自我调控、化难为易的能力是更重要的。

1. 条件抽取

有些问题如难以作答，可抽取文中某一条件，让学生另求其解。《穷人》中有这么一段话："我也不知道她什么时候死的，大概是昨天。咳，她死得好惨哪！两个孩子都在她身边睡着了。他们那么小……一个还不会说话，另一个刚会爬……"阅读中教者这样引导：桑娜为什么这么说？起先学生难以回答，教者便告诉他们可以这样思考：如桑娜不这样说，对这件事还可如何处理？结果如何？大家知道：桑娜可直接告诉丈夫事实真相，也可什么都不说，但这样都不行。如直接告诉，渔夫很可能因没有思想准备而对桑娜发脾气；如不告诉，问题又得不到解决。桑娜这样说，既可唤起渔夫的同情心，又可进行试探，从而根据丈夫的反应采取对策。这就使学生懂得：为了把两个孩子留下，桑娜确实是煞费苦心，从而深刻感受了她善良的品质。

2. 反向思考

有些问题如难以回答，则告诉学生可反向思考。如《将相和》（人教版课标本五年级下册）中，廉颇不服时蔺相如为何处处避让？这一问题如不能直接回答，可告诉学生这样思考：如蔺相如与廉颇据理力争，结果如何？而回避了结果又如何？这就很容易理解：蔺相如所以这样，就是要避免冲突，从而团结一致，共同对付秦国，以维护赵国的利益。

3. 设身处地

有些问题难以理解，往往是课文内容与学生生活存在差异，对此可告诉学生，为求得理解，可设身处地地思考。如《月光曲》中，听到断断续续的琴声，听到兄妹俩的谈话，贝多芬会怎么想？如对此难以回答，则告诉学生可这样思考：如自己就是贝多芬，在月光下散步时听到从一间茅屋里传出断断续续的琴声，而且弹的是自己谱的曲子，会怎么想？如果自己听到兄妹俩互相体贴、互相安慰的话，会怎么想？这样，学生就能借助贝多芬的心理，顺利地感受妹妹对音乐的喜爱，对亲自聆听贝多芬弹奏的渴望，感受兄妹俩相依为命、互相疼爱的可贵品质。

4. 对象寻求

如问题显得抽象，则告诉学生可尽力寻找答问对象。如阅读《鸟的天堂》，对"为什么说大榕树是鸟的天堂"这一问题，学生总是就事论事，难以拓展，故可这样引导：一是化鸟为我：鸟儿啊，为什么你们把大榕树称为自己的天堂呢？（学生有如下回答：①榕树这么高大，枝叶这么茂密，是我们生活的好地方，是我们的天堂；②这里的农民友好善良，爱鸟护鸟，我们有归宿感，安全感，这是我们的天堂；③树上有无数的鸟窝，无数的鸟儿，我们玩得这么欢，这么乐，真像在天堂一样。）二是化人为我：如果你是当地人，为什么称大榕树为鸟的天堂呢？如果你是作者，为什么称大榕树为鸟的天堂呢？三是化物为我：如果你是榕树，你觉得自己是鸟的天堂吗？这样，学生就能全面而灵活地理解鸟的天堂的真正含义：大榕树又高又大，枝繁叶茂；当地人友好善良，爱鸟护鸟；鸟儿们长期聚集，又多又欢。因此，大榕树是鸟的天堂。这样，思路打开了，就有说不完的话了。

5. 多向思维

小学生常因思维方向单一而使思维活动陷入困境，因此，在阅读教学中，可引导围绕同一目标进行多层次、全方位的探究：或打破常规反向思考；或中间切入，双向思考；或由点发散，多向思维，从而在思维方向的拓展中开阔思维宽度，变更思维方向，寻求变通途径，使思维进入柳暗花明又一村的境界。如《凡卡》中，凡卡在梦中见到爷爷在念他的信，这说明了什么？这一问题内涵丰富，容量较大，如学生难以驾驭，可引导这样思考：凡卡为什么会梦见爷爷在念他的信？——逆向思维，弄清前因；凡卡醒来后情景会如何？——顺向思维，合理推测；凡卡的希望为什么不能实现？有哪几个方面的原因？主要原因是什么？——多向思维，探究内涵；凡卡的命运与卖火柴的小女孩命运相似吗？为什么？——横向思维，联系理解。这样引导，学生就能顺利理解：以凡卡做梦结尾，一方面说明凡卡迫切希望回到爷爷那儿去，因为他做梦都见到了爷爷；一方面说明凡卡和卖火柴的小女孩一样，美好的希望只是一场梦，是不能实现的，因为他信封上地址不详，又未贴邮票，爷爷不能收到他的信，也就不能把他带到乡下去。更重要的是因为他处于那样的社会，爷爷本身是老爷家的守夜人，是无力带他回去的。这说明，在凡卡所处的社会里，穷孩子想过上美好生活的愿望是不能实现的。这样引导，不仅使学生深入理解了内容，而且对他们进行了依据思维目标灵活确定思维方向的训练。

6. 架设桥梁

如因问题难度太大，学生思维受阻，可以假设架设思维的桥梁，引领学生逐步聚焦思维，逐步步入思维的深层。如《厄运打不垮的信念》中，有这样一句："在漫长的人生旅途中，难免有崎岖和坎坷，但只要有厄运打不垮的信念，希望之光就会驱散绝望之云。"对句中的"崎岖和坎坷"学生往往难以具体理解，一位教师这样引导：

师：知道"崎岖和坎坷"本来写什么吗？

生：是写道路的。

生：是写山路的。

师：是啊，两个词语都是写路的。大家闭目想一想，由"崎岖和坎坷"，你看到了怎样的画面？

生：我看到道路弯弯曲曲，高低不平，车辆根本不能行走，行人在上面走也十分困难。

生：我看到道路坑坑洼洼，车辆不停地颠簸。

生：我看到在弯弯曲曲、坑坑洼洼的山路上，车辆是寸步难行，连行人也非常难走。

（其他学生发言略）

师：为什么课文说"在人生旅途中，难免有崎岖和坎坷"呢？你能说说"人生旅途中"的"崎岖和坎坷"是什么吗？

生：我认为是人生中的磨难。

生：是人生前进道路上的障碍。

师：能联系课文说说谈迁人生旅途中的"崎岖和坎坷"是什么吗？

生：谈迁家境贫寒，连买书的钱也没有，要资料只得四处借书抄写，这些就是他人生旅途中的"崎岖和坎坷"。

生：他家境贫寒，经过20多年的奋斗，6次的修改，在50岁时写成了500多万字的《国榷》，这是多么不容易啊！可是书稿写成后，竟被小偷偷走了。他的人生道路真是"崎岖和坎坷"。

生：20多年的心血顷刻间化为乌有，这对任何人来说都是致命的打击，更何况此时的谈迁已经是体弱多病的老人呢。因此，他的人生道路是"崎岖和坎坷"的。

师：是啊，谈迁的人生道路是那么曲折，那么崎岖，那么坎坷，叫人难以想象。面对如此坎坷、曲折的人生道路，谈迁又是怎样的呢？

……

对崎岖、坎坷的本义，学生一般不难理解，但比喻义就不那么容易。如简单地讲解，学生或许也能接受，但难以变为学生的活的"库存"。上述案例中，教者先引导由崎岖和坎坷的本义展开，借助形象理解崎岖和坎坷，以及这给行人和车辆带来的困难。此后，又引导联系课文内容，借助具体画面理解。这样，人生的崎岖和坎坷就变成了具体的形象，借助这些形象，学生就能真切地感受到谈迁永不言败、百折不挠的精神。

实践证明，教给了学生变更思维、转换思维角度的方法，就是在思维训练中授之以渔，就能从根本上提高学生的阅读理解能力。

三、运用假设，强化发散效应

在阅读教学中，进行发散思维训练，这对于培养学生思维的广阔性和创造性颇为有效。为强化发散效果，可运用假设，沟通联系，将发散思维与集中思维结为一体。

1. 判别分类

小学生思维多带有随意性，发散中很可能掺杂一些无效信息，要引导对大量发散信息做分析判别，将其分为有效信息和无效信息。如《卖火柴的小女孩》一文围绕"爸爸为什么要打小女孩"进行发散的结果是：①等钱回去买酒；②等钱回去还债；③等钱回去买粮；④等钱回去治病；⑤爸爸不疼爱孩子。教者让学生结合课文予以辨别，使大家明白：①⑤不合理，小女孩家穷得"只有一个房顶"，他爸爸哪可能喝酒呢？世上哪有做父母的不疼爱自己孩子的呢？其余是合理的，要不是家里有这么多特殊情况，爸爸又怎么会让小女孩顶风冒雪在大年夜出来卖火柴呢？爸爸打她，完全是生活所迫。这就进一步突出了小女孩命运的悲惨。

2. 比较求佳

如发散信息全部合理，可引导对诸多信息进行比较，以提取最佳信息。如《凡卡》一文，围绕"如爷爷收到凡卡的信，事情将如何发展"发散的结果是：①爷爷无法可想，不能去看凡卡；②爷爷当即带凡卡回家，让他到别处放羊；③爷爷请求老板让他去看凡卡，老板当即同意；④爷爷请求老板让他去看凡卡，老板不肯，经多方托人求情来到鞋店，凡卡已离开了人世（或正遇上老板、老板娘毒打）。通过联系课文，比较分析，学生明白：虽然上述情况都有一定的合理性，但仔细推敲就觉得，最后一种为最佳答案。这样比较，能使学生加深对课文中心的理解。

3. 回文验证

充分发散后，可引导把发散信息放到文中进行验证，以确定信息的正误。如《凡卡》一文中，以"课文以凡卡做梦结尾说明了什么"发散的结果是：①凡卡太想爷爷了，所以梦中见到了爷爷；②凡卡的希望只是一场梦，是不能实现的；③凡卡写了信他的希望就要实现了。教者让学生根据课文进行验证，引导思考：凡卡能回到爷爷那儿去吗？为什么？从而使学生懂得：信封上地址不详，又没贴邮票，爷爷收不到信，因而不能把他带回去。即使收到信，在那样的社会里也不能把他带回去。因为爷爷自己就是守夜人。课文这样结尾，一方面说明凡卡对爷爷的想念，连梦中也见到了爷爷；另一方面暗示凡卡的希望只是一场梦，是不能实现的，这说明凡卡的遭遇实在是太悲惨了。

4. 假设筛选

充分发散后，可结合课文以假设逐个筛选。如教学《跳水》（沪教版四年级上册），围绕"除了跳水，还有其他方法摆脱危险吗"发散的结果是：①张开帆布；②水手们围成人墙；③用棉被铺在甲板上；④叫小孩抓紧横木。教者让学生思考：如分别采取上述方法，结果如何？由此引导大家明白：小孩已全身晃动，即刻可能遇险，如铺棉被，可能不等棉被抱来，孩子早就掉下来了；如拉帆布，帆布带倒桅杆，孩子会更快地落下，难以如愿；如围人墙，在有人惊慌失措的情况下，很难在短时间内围成；如叫小孩抓住横木，小孩在极度惊慌的情况下是很难镇定下来的。经过筛选大家认为，只有跳水才是孩子最有效、最可靠的脱险办法。

四、运用假设，创设顿悟情境

顿悟，在格式心理学中，指突然知觉问题情境中的目的与手段之间的关系。它是由学习者重新组织或构造有关事件的模式而实现的。在思维训练中，学生常会因遇到疑难而愁眉不展，有时并非力不从心，而是未能寻求到内容与答案间的最佳结合点。因此，当学生遇到难题时，可以假设点拨诱导，指点迷津，引导其"重新组织或构造有关事件的模式"，创设顿悟情境，促使学生顿悟。

1. 推理归谬

如理解片面，可捕捉理解的漏洞，引导推理，促其顿悟。如《第一朵杏花》（苏教版国标本四年级下册）中有这样一句："我是问第一朵是哪天开的。"竺爷爷补充了一句。孩子回答不上来了，可是他不明白为什么要知道第一朵杏花开放的时间。竺爷爷告诉他："我有用处，明年你可要留心点。"由这句话学生知道：在长期的物候观测中，竺可桢爷爷养成了主动探索、实事求是的科学精神。此刻，一名学生发表了不同看法："既然他主动探索、实事求是，为什么要把这件事交给一个小孩呢？这么重要的事应该自己做才行。"这样理解显然浮于表面，而不少学生却支持这一看法。此时，教者没有简单解释，而是将错就错，引导推测：是啊，既然认为第一朵杏花开放的时间重要，竺可桢爷爷应该怎么做？学生纷纷发表看法，有的说："他什么事都不要去做，而在家等待杏花的开放。"有的说："杏花就要开放的日子，他班不要上，从早到晚就坐在树下观察。"……接着教者追问：那竺可桢爷爷为什么不这么做？是去游山玩水吗？这样学生便恍然大悟：弄清楚第一朵杏花开放的时间，不是一朝一夕，竺可桢爷爷的时间无疑极其宝贵，他从事的其他研究工作，比这件事重要得多。因此他要请小男孩帮忙。而且小男孩是他的邻居，与竺可桢爷爷非常熟悉，知道竺爷爷的和蔼和慈祥，很乐意为竺爷爷做事。这样引导，理解就全面而又准确了。

2. 矛盾创设

有时，学生理解问题与正确答案背道而驰，思维落差很大，此刻可将错就错，让学生在岔路上越走越远，以创设其与正确答案之间的矛盾，并使其逐步暴露，促使学生顿悟。如阅读《卖火柴的小女孩》，在回答"小女孩最后一次擦燃火柴后的情景该如何朗读"时，有学生认为该用高兴的心情读，因为小女孩被奶奶带到了"没有寒冷、没有饥饿，也没有痛苦"的地方去了。这样理解显然是错误的，教者便佯装赞许：是啊，小女孩这下可以过上什么生活了？为什么？学生回答后教者加以追问：既然这样，奶奶为什么不及早带她走呢？这样，学生之前的答案不攻自破，大家知道：奶奶已经死了，不可能带她走，即使奶奶还活着，在那样的社会里，小女孩想过上幸福生活也是不可能的。这句话实际是说小女孩已经死了。自然，该用什么感情读学生也就明白了。

3. 以此及彼

如问题偏难，可暂放一边，引导思考与之相关的问题，再巧妙引渡，促其顿悟。如阅读《将相和》，学生提出：蔺相如去渑池之前曾答应完璧归赵，为什么渑池会上竟想叫脑袋与璧同碎呢？教者未直接回答，而是讲述了这样一件事：小华买了个大气球，哥哥捧住气球要玩一会，可他怎么也不肯，哥哥忙大声喊道："再不放手我将气球捏碎啦！"这句话真灵，小华一下放手了。学生开始茫然，教者便进一步提示：这件事与课文内容有相似之处吗？很快学生便明白：蔺相如这样做正是抓住秦王爱璧的弱点，迫其就范，以达到拖延时间、使璧归赵的目的。这样引导，颇为有效。

4. 条件变更

如学生理解问题顾此失彼，可对其忽视的问题进行变换，让其在变更推理中顿悟。如引导阅读《田忌赛马》，教者问道：这则寓言告诉我们什么？不少学生说：无论做什么事，只要运用巧妙的方法就能成功。这显然忽视了课文中的一个重要条件：齐威王的马比田忌的马快不了多少。为此教者这样引导：如果田忌最快的马也不如齐威王的马，他能取胜吗？学生豁然开朗：如果这样，即使方法再好，他也不能取胜。这说明：只有从实际出发，运用巧妙的方法，才能取胜。

5. 条件否定

如学生被表面现象所迷惑而难以理解，可根据错因而否定文中某一条件，促其以联系的观点理解课文，进而顿悟。如阅读《小音乐家扬科》（浙教版五年级下册）时，学生提出：管家想法处置扬科时，认为他小，吃不消而不送进监狱，这不很同情扬科吗？对这一问题，三言两语难以讲清楚，教者便这样引导：如不是管家，结果如何？这说明什么？学生很快知道：不是管家，扬科绝不会惨死在更夫皮鞭之下。既然扬科这么小，又怎能经得住"打一顿"呢？而扬科被毒打致死是管家始所料及的，且管家又没有丝毫理由说扬科是小偷。因此，管家对扬科没有丝毫的同情之心，他对扬科的死难辞其咎。

6. 模糊发散

有时还可以模糊发散的方法促使学生顿悟。如阅读《凡卡》时，学生提出：为什么凡卡洗鱼从尾巴上弄起老板娘就用鱼嘴戳他的脸呢？正确理解这一点对于认识老板娘的凶恶毒辣，理解凡卡的悲惨命运是颇为重要的。教者未直接点明，而是这样引导：你认为该从哪儿弄起，为什么？这下，学生有的说该从尾巴上弄起，有的说该从肚子上弄起……见大家争执不下，教者这样追问：到底有没有什么规矩？学生马上明白：洗鱼无论从何处弄起均可，老板娘这样，完全是故意找茬，从而让学生深入理解了内容，领悟了蕴涵其中的情感。

综上所述，实施假设导读，让假设为语言与思维牵线，语言训练与思维训练就成了阅读教学的一体两翼。有了这对强有力的翅膀，阅读教学就能走向深刻，走向厚重，走向高效。

把握语感训练这一核心

《装满昆虫的衣袋》（苏教版国标本五年级上册）中有这样一句话集中表现了法布尔对昆虫的喜爱："他把这个小宝贝放进蜗牛壳里，包上树叶，装进自己的衣袋，打算回家后再好好欣赏。"对此，教者让学生细心阅读，抓住重点词语体会法布尔对昆虫的喜爱，接着引导学生站在小甲虫的角度写一段话，记下自己的所见所想，一名学生这样叙述：

> 法布尔啊，真得好好感谢你！当初，你用手扑我，敏捷地捉住我，我不知有多害怕。我知道自己长得漂亮，落入孩子的手肯定不会有什么好结果。你捉住了我，肯定要带我回家，是抓在手上还是放进口袋中呢？要是放进口袋，不把我闷死才怪呢！我真没有想到，自己的担心是多余的。只见你环顾四周，找来一个蜗牛壳。当时我还有些纳闷，小家伙找这东西干吗？你找来后，小心翼翼地把我放进壳里，还细心地用树叶把蜗牛壳包好，我这才如释重负，看来你是真心喜欢我，我还从来没有看到哪个孩子这样善待一个小甲虫呢！

一个简单的句子，呈现出如此精彩的语言、丰富的形象、鲜明的情感，它给予学生的既是形象的感受，也是情感的感染。这是实实在在的语感训练课，是弥漫浓浓语文味的语文课。可如今的语文教学，不少教师或热衷于粗浅的感悟、空洞的情感，缺乏语言味；或热衷于机械的练习、重复的操练，缺乏情感味；或热衷于抽象的讲解、理性的分析，缺乏情境味……语文味的缺失，表现为多方面，而突出的表现则是教学中失却了最重要、最关键、最核心的东西——语感训练。

语感素养是语文素养的核心因素，语感能力是左右听说读写质量的杠杆。语感能力强的人往往能一听就明、一说就通、一写就顺。人们感悟语言和生成语言靠的主要就是语感。无论课程怎样改革，语感训练永远是语文教学的核心和灵魂。因此，"强化语感训练"是《语文课程标准》反复强调的一个重要思想。

　　一个人语言的感受能力与其知识阅历和认识能力相关，生活是语感的基础，实践是语感的前提。就小学生而言，由于他们知识水平、认识能力和生活经历的限制，阅读中往往难以使语言文字变成文章所描述的生活画面，更难以透过语言文字的表象去看蕴涵于其中的意义和情味了。

　　学生的语感能力，只能在语文实践中形成。实施假设导读，可借助假设的运用，沟通学生与作者、课文、文中人物、生活的联系，缩小其与课文的时间差、空间差、情感差，让学生更好地亲近文本，让语言材料富有感性；带学生更快地亲近人物，让语言实践趋向真实；引学生更多地运用语言，让语言运用走向生活。这样，就能在语言实践的不断参与中，在语感品质的着力培养中，在多位一体的融合训练中，使学生的语感能力得到根本的提升。

一、亲历语言实践：语感训练的基本特征

　　《灯光》（人教版课标本六年级下册）一文中有这么一段："战斗结束后，我们把郝副营长埋在茂密的沙柳丛里。这位年轻的战友不惜自己的性命，为了让孩子们能够在电灯底下学习，他自己却没有来得及见一见电灯。"对此，教者这样引导朗读："同学们，这段话表达了作者怎样的感情？能通过朗读进行表达吗？"见学生情感表达不够真切，教者又是提示情感，又是提示重音，可学生朗读还是情不由衷，教者只得鸣锣收兵。

　　类似的现象，在教学中可谓司空见惯，为什么教者也在引导体会，诱发表达，而结果难遂人愿？这是因为，语感能力和其他任何能力一样，一切讲解和传授都无助于它的形成，只有让学生亲历语言实践，真心体察，

自我领悟，才能不断形成和增强。因此，语感训练的过程，就是借助语言实践，引导学生亲近语言、拥抱语言的过程。而上述教学案例中，教者试图以"教读"引导感悟，这违背了语感培养的基本规律。

学生朗读不到位，情感表达不真切，关键是学生未能在阅读中形成语言感觉，没有语言感觉，要表达情感只能勉为其难。如果抓住引导感受语言这个核心不放，想方设法带学生走进文本，以语言情境激发学生情感，以语言情感撞击学生心灵，使语言情感的朗读表达成为学生情感的自我抒发，其效果便不言而喻。请看另一位教师的指导：

首先，教者语调深沉、饱含深情地诱发：

> 同学们，郝副营长时刻期盼着孩子们能坐在明亮的电灯下读书，为了实现这一愿望，他献出了自己宝贵的生命。（出示片段——见上文），请大家读读这句话，一边读一边想象：由这段话你看到了怎样的画面？看到这画面你心情如何？

此刻，课堂气氛凝重，学生全神贯注，静心读书，稍后便进行了语言情境的描述：

> "我看到战士们静静地与郝副营长告别的画面，大家心情况重，泪流满面，他们都在心中念叨着：'郝副营长，你不是盼望孩子们用上电灯的日子吗？为什么就这样走了呢？'"

> "我仿佛看到战友们举手向郝副营长告别的情景，他们都在心中说着：'郝副营长，放心吧，你的愿望一定要实现，一定会实现！我们不会忘记你，未来的孩子们不会忘记你。'"

> "我仿佛看到，战士们已经上路了，可他们还是一步一回头，怎么也舍不得郝副营长。"

> ……

深情的描述、真切的吐露，表明学生已走进了课文，走近了人物，感受到了语言的形象内涵，触摸到了语言的情感内涵。此刻，教者又引导充当角色，表达情感："这画面令人心醉，这场景令人心酸，同学们，你就是他的战士啊，想到朝夕相处的郝副营长永远地离开了自己，你会怎么想，怎么说啊？（稍停，让学生酝酿情感）让我们叙说心中的话语、吐露自己的真情吧——"（生朗读）

在这里，教者没有情感朗读的技术性指导，也没有情感体会的外显性话语，而学生对情感的体会是深刻的，对情感的表达是真切的，达到了心与心相通、情与情相融的理想境界。其原因就在于，教者把训练语感作为重点，让学生亲历阅读实践，引导学生从语言文字中，透视丰富的形象，感受真切的情感，孕育心底的声音。

可见，进行语感训练，须遵循语文学习的规律，不仅要重视语言实践机会的创设，而且要注重语言实践参与的引领，以促使学生全身心地走进文本，走进人物，拥抱语言，舒展心灵。

二、提升语感品质：语感训练的目标指向

人的语文素养在很大程度上体现在语感品质上，语感品质的高低优劣又主要体现在其独特性、丰富性、深刻性、敏捷性和清晰性上。因此，语文课以语感训练为核心，要以提升学生的语感品质为目标。

1. 语感的独特性：由独特走向精彩

培养学生独特的语感品质，就是要引导学生能在文本解读中，透视出语言的独特内涵，能在生活感受中，透视出生活的独特底蕴。课程标准倡导尊重学生的独特体验，重要目的也在于此。而从语文教学的现状看，不少教师一味尊重独特，忽视引领，学生海阔天空、不着边际而不予导向，学生片面求异、严重偏向而不予矫正，这是对尊重独特的曲解。可见，培养学生独特的语感，既要让学生大胆地表述，使自己的感受与众不同，又要让学生冷静地思考，使自己的见解合情合理；既要追求视角的独特，又要保证视角的准确。唯如此，学生体验的独特才能是有效的，追求的独特才是精彩的。

阅读《最佳路径》（苏教版国标本四年级下册），教者这样引导：如果你来到了葡萄园，你会选择怎样的卖主？为什么？学生一般都选择老太太，认为在这样的葡萄园里自由自在，能选择到合适的葡萄，而且价钱又不贵。但有个学生认为：在这样的葡萄园中，可以边摘边吃，很是有趣，如果不带钱也可蒙混过关。看起来，该生的感受与众不同，但明显偏离了价值导向。为此，教者这样引导：同学们，如果你光顾老太太的葡萄园，除了追求自由，还想贪小便宜吗？你给 4 个法郎摘一篮老太太肯吗？你不给钱摘葡萄老太太肯吗？你多摘可以吗？（老太太不知道，不担心）你会这样做吗？为什么呢？（抓住"起初她还担心这种办法是否能卖出葡萄"，体会"自由赢得自爱"，"信任赢得诚实"）老太太卖葡萄的最佳路径是什么呢？（给人充分的信任）通过引导，学生对老太太的最佳路径有了具体而准确地理解，对买主该以怎样的心态走进葡萄园去采摘葡萄有了清晰的理解。

可见，精彩的肯定是独特的，但独特的不一定都是精彩的。鼓励独特感受，要始终坚持正确的价值导向，对学生认识的偏差要及时捕捉，妥善处理，引导区别是非，判别正误，澄清模糊，让其成为催生教学精彩的教学资源。

2. 语感的丰富性：由丰富走向丰厚

一个人，有了丰富的语感，就能从一滴河水看到无垠的大海，从一片绿叶看到无限的生机，从一声鸟鸣看到无边的森林……有了语感的丰富，阅读才能成为学生透视丰富多彩的语言内涵的有效活动，其心中才能感受到情思丰富的语言内容，写作才能成为学生展示丰富多彩的精神世界的有趣活动，其笔下才能流淌出感受丰富、情思丰富的语言作品。为此，在语文教学中，须引导学生窥测课文丰富的语言蕴涵，展示自己丰富的精神世界，培养学生语感的丰富性。

从教学现状看，"你感受到了什么"、"你读懂了什么"、"能谈谈你的理解吗"等教学新语的运用，使学生透视文本的空间变大，学生表述的自由度增加，这对引领学生透视语言内涵起到了促进作用。但必须看到，由于教者对学生"人云亦云、依虎画猫"的思路不加限制，对"浅尝辄止、浮光掠影"的表述不加掘进，对"纷至沓来、丰富多彩"的信息不加梳理，课堂信息量的增加与质的提高难成正比，学生透视的语言内涵看起来是丰富了，但从本质上来说算不上丰厚。可见，培养学生语感的丰富性，既要引导学生多角度地透视，使语言内涵丰富起来，还要引导学生多层次地剖析，使语言内涵丰厚起来。

《只拣儿童多处行》（苏教版国标本五年级下册）中有这样一句："那几棵大海棠树，开满了密密层层的淡红的海棠花，这繁花从树枝开到树梢，不留一点空隙，阳光下就像几座喷花的飞泉……"这段话是课文语言内容、语言情感、语言艺术的聚焦。一位教师引导学生细读句子，畅谈感受：学生有从语言内容上谈的，有从语言形式上谈的，有从与上文联系上谈的，有从与课外阅读的结合中谈的……感受是丰富多彩的，表述是各不相同的。但如果就此打住，那丰富多彩就是表面的、零碎的、浅层次的。在学生充分发表见解后教者可以这样引导：从大家的答案中，你知道对这句话，我们可从哪些角度来感受？——让学生对上述答案整体梳理，从而使学生明白：从情感上看，这段话表达了作者对花儿的喜爱、对春天的喜爱、对孩子的喜爱。因为，从课文语言可以清晰地看出，花儿是孩子的象征，是春天的象征。从语言形式上看，作者把开满花儿的海棠树比作喷花的飞泉，蕴涵丰富：鲜花从树枝开到树梢的海棠树与飞花的喷泉形态是相似的，颜色是相似的，内涵是相似的——喷泉释放它潜藏的能量，海棠树显示她蕴涵的生机。这样引导，以情感为重点启发多向感悟，独特感受，整体梳理，不仅提升了学生的精神境界，发展了学生的语言能力、思维能力，而且有效地培养了学生科学的思想方法。

3. 语感的深刻性：由深刻走向具体

不少教师对阅读感悟理解片面，朗读感悟满足于你读他读，而对细读深思，具体地感受语言严重忽视；形象感悟满足于看看画面，而对透过形象，本质地感受语言关注不够；情境感悟满足于角色表演，而对引入情境，深刻地感受语言不予重视。结果，学生所感悟的只是零碎的形象、粗浅的知识、抽象的情感，难以深层地感受，深刻地感悟。《语文课程标准》指出：要"逐步培养学生探究性阅读和创造性阅读的能力，提倡有创意的阅读，利用阅读期待、阅读反思和批判等环节，拓展思维空间，提高阅读质量。"培养学生语感的深刻性，须带学生走进画里，去理解画面形象，探究画外形象，研究画内蕴涵，使学生从语言文字中，感受到具体的语境、深刻的语义、潜藏的语情、含蓄的语技，以培养学生语感的深刻性。而这种深刻，绝不是概念化的理解，也不是抽象性的话语，而要借助具体的表述，真切的理解。请看《金子》（苏教版国标本三年级上册）的教学片段：

师：同学们，我就是彼得呀，我成功了。面对姹紫嫣红的鲜花、面对来来往往的买花人，我觉得自己是唯一找到真金的人。我的金子就在这块土地里，知道这是为什么吗？

生：彼得啊，（师：我年纪已经不小了。众笑）彼得伯伯，那么多人到这里找金子，结果都一无所有，而你靠开荒培育花苗，卖了很多钱，所以说你是唯一找到真金的人。

师：是啊，人家是一无所获，我是鲜花遍地；人家是两手空空，我是满手钞票。（生笑）这就是金子——我找到的金子。

生：彼得伯伯，你开始挖金子没有成功，看到雨后松软的土地上长出了绿茸茸的小草，就若有所悟，知道这块土地很肥沃，可以用来种花，人们可以用你种出的花装饰自己的客厅。你想到的是个金点子，所以说你是唯一找到真金的人。（掌声）

师：原来我认为自己种了花、卖了钱就是找到金子。你说我找到金点子，比我想得还深，谢谢你对我的提醒！（众笑）

生：彼得伯伯，别人没有挖到金子就扫兴离去，而你坚持了下来。你肯定明白了"坚持就能获得成功"的道理，这道理就是你找到的真金。

师：哟，你夸我懂得了这样的道理。说实话，还真是这样，开始没有挖到金子，自己也想离开，发现地里长出的小草，我就坚持了下来。谢谢你对我的肯定！看来，我明白的这个道理比挣到的钱还要贵重，这是真金！（众笑）

　　生：彼得伯伯，如果面对长了小草的土地，你继续去挖金子，肯定还是白吃苦。你不仅肯吃苦，而且肯动脑筋，想到了好办法，你就成功了。你肯定明白了"能吃苦、肯动脑，才能成功"的道理，这是你获得的真金。

　　师：是啊，你们说得对！如果种花挣的钱是我找到的金子，那么我明白的"能坚持、肯吃苦、肯动脑，才能成功"的道理，是我得到的真金。你们与我想的一样，真是英雄所见略同，你们是我的知音。（众笑）

　　联系课文内容，理解"真金"的含义，对三年级学生来说是难点。就事论事地引导，学生难以接受；直截了当地告诉，又失去意义。上述案例中，教者通过情境创设，让学生与文中人物会面，揣摩"真金"的内涵。有了兴趣的诱发和思路的点拨，学生便在人物的亲近、事情的回忆、场景的再现中，陈述见解，叙谈感受，从而具体形象地理解了"真金"的内涵。

4. 语感的敏锐性：由敏捷走向准确

　　说话、作文者，都有自己的语言风格，有的语言明了，有的语言含蓄。准确快速地领悟语者的心声，这是一个人必须具备的能力，这就是语感敏锐的理解力。培养学生敏锐的语感，就是要引导学生在解读语言作品（书面的和口头的）时，能准确地把握语言的意义蕴涵和情感内涵。学生解读语言容易断章取义，难以居高临下，因此，感悟语言内涵往往有失准确。因此，语文教学中要巧用引导，细加点拨。

　　阅读《一路花香》（苏教版国标本四年级上册），整体把握内容后，教者要学生发表意见，叙谈感受。学生有的说好水罐好，因为它能忠于职守；有人说好水罐不好，因为它骄傲；有的说破水罐好，既能运水，又能浇花；有的说破水罐不好，因为它自卑。这样理解，显然就事论事。为此，教者引导学生细心地阅读课文，从好水罐、破水罐、挑水工三方面全面地谈谈自己的感受：从好水罐的角度：一个人无论有多大本领，也不能骄傲；一个人的本领毕竟是有限的，如果没有挑水工的辛勤劳动，好水罐也是没有用的。从破水罐的角度：人不可能十全十美，无论是谁，只要扬长避短，总能有所成功；一个人既要看到自己的长处，又要看到自己的短处。看到长处，就要坚信必胜信念，勇于战胜困难；看到短处，就要不断告诫自己，山外有山，天外有天。从挑水工的角度：在用人上，要知人善任，用其所长，避其所短；在教育人上，要循循善诱，耐心启发。在此基础上，教者让学生综合各方面的意见，说说作者写这则寓言的主要目的。这样，学生对寓意的理解就不仅全面，而且深刻；不仅合理，而且真切。

由此可见，引导挑战教材，超越教材，学生的眼光必然变得深远，课堂必然会向我们呈现出空前广阔的信息空间，面对各种信息，教者要冷静头脑，引导处理，或分清正误，或区别优劣，或综合梳理。这样，才能保证挑战和超越的效果。

5. 语感的清晰性：由含糊走向清晰

《语文课程标准》指出：要使学生"学习科学的思想方法，逐步养成实事求是、崇尚真知的科学态度。"语感的清晰性是指对感知和表达的语言内容，在心理上有十分清楚和明晰的反映，有了清晰的语感能力，语言阅读才能获取清晰的语言形象、语言意义、语言情感、语言技巧，以获取清晰的语言信息；同样，在使用语言时，才能对语言形象、语言意义、语言情感、语言技巧有清晰的表达，给人以清晰的语言信息。

从教学现状看，不少老师把尊重学生独特感受与清晰语言内涵对立起来，诸多语言信息就在所谓的尊重中让学生感到模棱两可，难以捉摸。可见，培养学生语感的清晰性，不仅要让语言内涵丰富，而且要让语言内涵明晰。如"陈赓同志回顾自己革命经历的时候，曾经深情地谈起这样一件往事"（《倔强的小红军》，鄂教版四年级下册）中的"深情"蕴涵着丰富的情感，可在理解内容、感受小红军"宁可牺牲自己也不连累他人"品质的基础上这样引导：陈赓同志亲身经历了这样一个感人肺腑的故事，他深情地向别人叙说这件事时，这"深情"包含着哪些复杂的情感呢？以引导学生结合课文挖掘"深情"的内涵：一是敬佩之情：小红军才十一二岁，但他"宁可牺牲自己，也不连累别人"，处处想到别人，而舍弃了自己，他的品质令人敬佩。二是怀念之情：这么可爱的孩子才十一二岁，就离开了人间，但他永远活在人们心中，陈赓将永远记住他的名字，记住他的形象。三是内疚之情：陈赓认为，由于自己的疏忽，没有发现小红军拍口袋时的破绽，使得小红军过早地离人们而去，这使他永远感到遗憾和不安。这样，课文情感就给了学生清晰的印象。

三、坚持有机融合：语感训练的真正境界

语感训练中语言内容的感悟与语言形式的赏析，是有机的整体，是语文教学的一体两翼，也是语感训练的两个方面，离开了语言内容进行语言形式的赏析，这种赏析便成为无本之木；离开了语言形式去进行语言内容的感悟，这种感悟就显得失之依附。而从教学现状看，不少教师总是自觉不自觉地割裂两者的关系：理解语言内容，忘却语言形式，使学生在内容理解中忽视了载体，语文课就变成了单纯的情感教育课；理解语言形式，丢失语言内容，使学生在形式探究中失去了指向，语文课就变成了抽象的文字分析课。可以说，出现上述偏向的课，都不能算是真正的语文课。

因此，进行语感训练，很重要的一点，就是要让学生在感受语言内容、语言形象、语言情感的同时，感悟作者运用语言文字叙述内容、描述形象、表达情感的方式方法，感受语言文字自身潜藏的美、语言文字运用表现的美，使语言内容的感悟和理解与语言形式的探究和感悟融为一体。

《广玉兰》（苏教版国标本六年级下册）中有这样一句："先前热热闹闹开过的广玉兰呢，花瓣虽然凋谢了，花蕊依然挺立枝头，它已经长成近两寸长的圆茎。圆茎上面缀满了像细珠似的紫红色的小颗粒。这就是孕育着新生命的种子。"对已凋谢的花儿写得如此充满生命活力，惹人喜爱，

令人赞叹。为让学生感受这一点，教者这样引导：

首先是朗读句子，叙谈感受。让学生读上面的句子，然后交流自己的感受。学生有的说："我开始认为，开了的花儿美，凋谢的花儿肯定不会美，可作者这样写，开和不开的完全可以相媲美。"有的说："开了的花美，没开的花美，凋谢的花也美，这就是广玉兰的特殊之处。"从学生发言可以看出，他们都通过作者的描述感受到广玉兰向人们展示的独特的美。

其次是运用比较，品味语言。教者出示句子（先前热热闹闹开过的广玉兰呢，花蕊依然挺立枝头，它长成了近两寸长的圆茎。圆茎上面缀满了像细珠似的紫红色的小颗粒，这是孕育着新生命的种子，但是花瓣凋谢了。），让学生朗读并与原句比较，叙谈收获，学生明白：虽然两句话写的同是广玉兰，但原句表达的是欣喜，改后的句子表达的是伤感，两种迥然不同的情感，是借助词语位置的变化来表达的，句中的"虽然花儿凋谢了"变成了"但是花瓣凋谢了"，用"虽然花儿凋谢了"，就让人并不注意它的凋谢，而重点去欣赏它的美丽，而用"但是花瓣凋谢了"，就把人的目光主要引到了它的凋谢上，让人感到心中不快。这就让学生感受到语言表述的内在魅力。

再则是相机拓展，促进深化。先让学生比较"虽然你成绩进步了，但是还比较差""虽然你成绩还比较差，但是你进步了"两句话，体会词语位置的变化与情感表达之间的关系，再让学生根据句子的意思，在括号里填上合适的词：

诗人望着渐渐下山的太阳，（　　　　）地说："夕阳无限好，只是近黄昏。"

诗人望着渐渐下山的太阳，（　　　　）地说："虽是近黄昏，夕阳无限好。"

结果，学生在第一括号中分别填上了"无限惆怅"、"十分伤感"、"摇头叹息"、"深感惋惜"等，在第二个括号里分别填上了"洋洋得意"、

"兴致勃勃"、"摇头晃脑"、"眉飞色舞"等，由此可以看出，学生对句子意思理解得准确而深刻。

可见，语言运用是一门艺术，语言探究也是一门艺术。引导透视语言深刻的艺术内涵，就要求教师独具慧眼，整体把握教材，深入理解教材，以有效的方法让学生在语言内容、语言形象、语言情感与语言形式的结合中去感受语言运用的艺术，加深学生对语言内容的感悟和理解。

语感能力是左右学生听说读写能力的杠杆，在假设导读的课堂上，假设则是提升语感训练成效的关键。合理运用假设，可捕捉语感训练时机，丰富语感训练内容，显化语感训练材料，优化语感训练形式，拓展语感训练空间。这样，学生的语感能力就可在扎实的训练中得到质的飞跃。

让学生成为会学习的人

叶圣陶老先生提出的"教是为了用不着教"的教育哲学思想纲领，是其教育思想的高度浓缩，他在《答林适存》中说："教师之为教，不在全盘授与，而在相机诱导，必令学生运其才智，勤其练习，领悟之源广开，纯熟之功弥深，乃为善教也。"① 埃德加·富尔指出："未来的文盲，不再是不识字的人，而是没有学会怎样学习的人。"② 这就启示我们，要把教给方法，培养学生自学能力作为阅读教学的重要目标，积极创造条件，引导学生参与语言实践。

培养学生自能读书、自能写作的能力，让学生成为会学习的人，这是实施假设导读的重要目标之一。假设的运用，则能促使学生在"编者、教者、作者和文中人物"等多角色的扮演中，在"如果我来读、我来写、我来教"等多角度的揣摩中，在多种形式的语言实践中，得到语言内涵的深度理解，语言情感的深切感悟，语言方法的具体把握。

现行教材，借单元前的导语来导向，借课文后的习题导学、导思、导练，借"语文园地"引导发现、展示课内外语文学习成果，这些都为指导学生主动学习、主动探究、主动获取创造了条件。而培养学生自能读书、自能写作的能力，这是实施假设导读的重要目标之一。假设的运用，能引导学生在编者、教者、作者和文中人物等多角色的扮演中，在"我读、我写、我教"等多角度的揣摩中，理解知识，发现规律，形成能力，全面提

① 任苏民. 教育与人生——叶圣陶教育论著选读 [M]. 上海：上海教育出版社，2008：81.
② 埃德加·富尔. 学会生存——教育世界的今天和明天 [M]. 华东师范大学比较教育研究所，译. 北京：教育科学出版社，1996：108.

升语文素养，使他们真正成为会学习的人。

一、扣"重点学法"线，在假设导读中落实读写训练重点

"重点学法"是指编者在教材中渗透的读写方法。在人教版课标本语文教材中，每组课文都渗透了具体的阅读和写作的方法，各组课文的读写知识点，构成了小学阶段读写训练的主线，它是进行重点学法指导的主要依据。须重视运用，以促使学生把握学法体系。

1. 巧用导语，明确目标性

人教版语文教材对各组课文的读写训练点以导语的形式进行提炼，它是指导学生整体把握课文内容，了解课文情感，掌握学习方法的重要依据，须充分而有效地运用。首先，教师要认真解读，把握内涵。每册教材，都要认真阅读导读部分，站在编者的角度，把握全册教材的基本内容、课文情感以及渗透的读写训练方法。如人教版课标本五年级上册教材，通过阅读剖析，可形成下面的训练表格。

组　别	内容与情感	读写方法	口语交际
第一组	享受读书乐趣，汲取书中的营养。	把握主要内容，体会作者的思想感情，享受读书乐趣，领悟读书方法。	围绕读书的专题开展活动，进行交流。
第二组	体会游子的爱乡、赞乡、思乡之情。	体会作者的情感，弄清楚作者是怎样借助事物或事情表达情感的。	围绕"浓浓的乡情"主题活动开展讨论。
第三组	了解植物的形态特征、动物的生活习性、产品的使用方法、自然现象形成的原因，感受生活的奇妙。	抓住课文要点，了解基本的说明方法，并试着加以运用。	做"小小推销员"，向别人介绍一种商品。

续表

组　别	内容与情感	读写方法	口语交际
第四组	感受书中的知识和受到的启示，享受生活的乐趣。	把握课文主要内容，领会课文给人的启示，抓住关键词句，体会词句的含义及表达效果。	在"给我启示的一件事"、"我喜爱的座右铭"中选择一个方面叙谈体会。
第五组	凭借综合性学习，遨游汉字王国，了解汉字知识，感受汉字奥秘。	在多种形式的趣味活动中，了解汉字，感受汉字，享受汉字。	谈综合性学习的收获，通过手抄报展示自己的成果。
第六组	感受父母之爱的深沉与宽广。	把握主要内容，弄清楚作者是怎样借助人物的外貌、语言和动作表现父母之爱的。	讲讲自己与父母之间的故事，并谈谈自己的看法。
第七组	了解中华民族的屈辱史和中华儿女的抗争史。	用心感受语言情感，通过多种途径搜集并运用资料，促进阅读感受的深入。	以"不忘国耻，振兴中华"为主题组织演讲活动。
第八组	走近毛泽东，感受他伟人的风采和凡人的情怀。	体会作者的思想感情，领会描写人物的一些基本方法。	从自己看过的有关毛泽东或其他革命领袖、英雄人物的电影、电视作品中，选一部印象最深的作品推荐给大家。

2. 巧析教材，注意双向性

导语一般侧重于指导阅读，可根据读写相关的特点，据此确定和把握读写知识点，通过巧妙挖掘，使每个知识点发挥指导读写的双重职能。如人教版五年级上册教材第六组课文的读写结合点是"把握主要内容，弄清楚作者是怎样借助人物的外貌、语言和动作表现父母之爱的"，这是指导阅读的。对此，可通过剖析形成下列读写结合点：读写人的文章，要弄清作者写什么事，是怎样借助人物的外貌、语言和动作的描写表达人物情感、突出人物特点的；写写人的文章，要根据自己所写事情，通过人物外貌、语言和动作的描写，表达人物情感，突出人物的特点。这样处理教材，可体现学法知识的双向性，以最大限度地利用教材，提高学法指导效果。

3. 教好例文，体现渗透性

这里所说的例文，是每一组课文中的重点课文，它是学法指导的主要依据。由于没有专门的学法指导课，因此必须重视例文的阅读指导，加强学法渗透。如：人教版课标本五年级上册第六组课文，可选择《地震中的父与子》作为重点，精心指导阅读，进行学法引领：

第一步：初读，整体感知。引导初读课文，弄清课文写什么事，从这件事中感受到了什么，以整体把握内容，理清段落层次。

第二步：细读，把握细节。要学生细读课文，画出写人物外貌、动作、语言的句子，并及时交流，使其把握课文重点：父亲在废墟前的哭喊、人们在废墟前的劝说、父亲在废墟前的挖掘、父亲在废墟中的样子、父子在废墟中的对话。

第三步：精读，理解中心。抓住上述重点，以假设引导充当角色，进入情境，理解内容，体会文章的思想感情：父亲在废墟前的哭喊——感受父亲的伤心；人们在废墟前的劝说——感受现场人们的无奈、救助孩子的无望；父亲在废墟前的挖掘——感受父亲心中的希望；父亲在废墟中的样子——感受父亲为儿子的付出；父子在废墟中的对话——感受父亲的惊喜、儿子的谦让、父子的伟大。

第四步：回读，强化效果。引导阅读全文，讨论下列问题：课文写什么事，写了哪些细节，告诉我们什么？本文的写作目的是什么，为表达中心作者是如何确定和描写细节的，如果你是作者，这样写的目的是什么？上述问题初看相似，实际角度不同，前者是由内容到中心悟读法，后者是由中心到内容悟写法。这样指导阅读，能在引导学生理解内容的同时渗透读写方法的指导。

4. 清晰学法，重视提挈性

为使学法给学生清晰的印象，遵循"实践—认识—再实践—再认识"的认识规律，在重点课文阅读中渗透学法后，可引导学生结合课文内容，回忆学习过程，总结学习方法。如阅读《地震中的父与子》后，可引导得出如下学习方法：一是感知内容，理清层次，初步了解中心；二是围绕中心，梳理比较，把握文章要点；三是抓住重点，细读深究，深度感悟中心；四是整体回顾，品读发现，领悟读写方法。

5. 引导运用，注意实践性

让学生运用上述方法自学阅读课文，弄清每篇课文写谁，写他什么事，是怎样通过人物的外貌、语言、动作展示人物形象，表达人物情感，凸显人物特点的，这样写有什么好处。自学交流中，教者根据自学情况，进行针对性指导，安排对应性训练。这样，紧扣读写结合点进行学法指导，能使每个读写训练点落到实处，也能使学生受到系统的学法训练。

二、扣常规学法线，在假设导读中把握读写基本规律

常规学法是指读写一篇文章的基本方法。从教材编排体系看，虽然围绕读写训练总体目标安排了一个个读写训练重点，但其最终目的还在于使学生把握一篇文章的基本读写程序和方法，并形成相应的能力，做到：读文章能读之有序，读之有法，读之有效；写文章能言之有序，言之有物，言之有理。另外，根据教材的编排特点和学生的认识能力，常规学法指导须有机地穿插于以重点学法为主线的学法指导之中，通过有目的、有层次、有重点的指导，使学生把握方法，形成能力。

1. 合理分解，把握学法要点

常规学法包含内容甚广，根据读写间的联系，可将其分解为"解题与审题"、"解词与用词"、"释句与造句"、"划分段落与安排顺序"等一系列对应点，把握了这些对应点，就能保证学法指导的目的性、双向性，以提高学法指导效果。

2. 相机点拨，渗透学习方法

为突出教材的读写训练重点，教者一般以重点学法为线索组织教学、指导学法的，读写常规指导须在教学中见缝插针，随机进行。如"解题与审题"这一知识点的落实，目的在于让学生把握课题的阅读功能和文题的写作功能，可在揭题时通过角色变换进行学法指导。

对于《第一场雪》，教者可以这样引导：看了题目，你知道课文可能写什么？为什么写？如果你写，准备写什么？为什么写？按什么顺序写？学生知道：从课题可知课文是写第一场雪的，可写雪中的景，可写雪中的人，也可写雪中的事。通过尝试写作，大家还知道，从内容和中心看，可以写雪景，突出雪景的美丽，抒发自己的喜悦之情；可以写雪景，突出雪给世间的人和物带来的诸多不利，抒发对雪的厌恶之情；可以写雪中的人，通过雪景突出人的某个品质；可以写雪后孩子们玩雪的情景，突出雪给孩子们带来的快乐。就叙述顺序而言，可按时间顺序（下雪前、下雪时、下雪后）安排纵向思路，每一个纵向段落又可按各自特点，按观察内容、方位的变化安排横向思路。

这样引导，不仅可让学生了解解题和审题的基本方法，还能发挥课题的阅读功能，让学生透过课题这一窗口，了解内容，揣摩思路，把握中心。

再如"解词和用词"，这一学法点就在于让学生把握阅读中解词和作文中用词的方法。教学中，可以假设变更法渗透学法指导。如阅读《草原》，理解"到处翠色欲流，轻轻流入云际"中的"翠色欲流"，教者可以这样引导：理解这一词语可抓住哪几个字（翠、欲），由此你知道解词可用什么方法？（由词突破）联系课文你知道"翠色欲流"是什么意思吗？由此你知道解词可用什么方法？（联系语境）形容颜色绿的词语还有哪些？将翠色欲流换成这些词可以吗？为什么？这告诉我们什么？（比较品味）学生知道：虽然不少词语也能形容颜色绿，但不及翠色欲流，翠色欲流运用夸张的手法将静止的草原写活了，使其给人以动感。这就使学生明白：在阅读中必须认真揣摩词语，在作文中必须精心选用词语。如果每个学法点都这样有机渗透，就能使常规学法指导落到实处。

3. 综合归纳，形成学法体系

为使学生系统把握学法，可在读写知识全面渗透的基础上引导复习整理，综合归纳。如为让学生把握"解题与审题"这一知识点，教者可引导对高年级课文目录逐一分析，搞清命题方法，课题与内容、中心、思路间的关系，课题对课文阅读的作用。通过综合，学生便能把握一般的命题方法（时间式、人名式、事情式、物名式、语言式、中心式）、课题的阅读功能（了解内容、揣摩思路、把握中心、把握重点、迁移学法）以及作文的审题方法（据题定内容、定中心、定思路、定重点）。这样，学法知识点就给了学生整体的印象。

4. 运用强化，形成自学能力

在系统掌握某一学法后，可安排相关练习，进行系统训练，并提醒学生在此后的阅读写作中反复运用，以逐步形成自我选择学法、运用学法的能力。

三、扣特殊学法线，在假设导读中把握读写特殊知识

特殊学法是指读写一些文章的特殊方法。小学语文教材中的课文虽内容不同，写法各异，但就体裁而言不外乎记叙文、说明文、议论文、应用文等。这些类型的课文，除具有学法的共性外，还有它们自身的特点。根据不同体裁的课文采取不同的方法进行阅读，引导学生把握特殊的学习方法，这是特殊学法中的一个方面。这类方法的指导可分三步进行。

第一步：渗透。即在教学中根据不同体裁的课文有目的地渗透教学法。如写事的课文可以这样引导阅读：首先是初读感知，了解课文写什么事，事情发生在什么时候、什么地方，弄清事情的大致内容；其次，引导了解事情的叙述顺序，通过比较分清主要内容和次要内容；再次，抓住重点引导细读深究，理解内容，把握课文中心；最后，引导通过次要内容的分析和主次内容间的联系，以深入理解中心，探究写作方法。

第二步：总结。学生对有关特殊学法有了一定的感性了解后，可通过同类课文学习方法的回忆，引导学生对该类课文阅读和写作方法进行提炼。如写事的课文可这样提炼读法：初读，了解事情；梳理，理清顺序；比较，分清主次；剖析，理解重点；联系，把握中心；总结，探究写法。另外，可这样提炼写法：审题，定好内容和中心；析材，弄清前因和后果；梳理，确定顺序和重点。

第三步：运用。在学生把握了有关学法后，可加强读和写的运用，以使其通过不断实践而形成技能。各种体裁的文章，都可采取上述方法指导学法，但寓言、童话、诗歌等不必涉及写作术语，其写作练习可让学生尝试。

课文除了体裁的特殊性外，还有结构的特殊性，据此进行学法指导，可让学生形成根据文章结构选用学法的能力。如课文对比强烈，可采取比较阅读法，如课文段落结构相似，可采取举一反三法，如课文以人物对话为主，可采取朗读表演法，如课文人物较多，可采取人物关系法。为发挥假设在学法指导中的作用，对结构特殊的课文，可在引导初读感知课文时把握课文结构，再让学生以教者的角色通过设计教法进而设计学法。

毫无疑问，只要把学习能力的培养作为假设导读的重要目标，灵活而有效地发挥假设在学法指导中的重要功能，拓展自主学习的空间，创造自主学习的机会，丰富自主学习的内容，学生所收获的就不仅有自主读书、自主写作的能力，而且有自信心的增强和独立人格的完善。

让情境促语文与生活接轨

语文教学中常有这样的现象，无论课文描述的景色怎么迷人，叙述的事情怎么感人，可学生无动于衷。其重要原因是学生角色模式的定式，使得他们在阅读课文时多把自己置于文外，语言内容难以引起学生体验，语言情感难以激起学生共鸣。而假设导读中假设的合理运用，情境的有机创设，则可消除学生的角色模式定式，拉近他们与文本的距离，促使他们进入文本描述的境，走进文本叙述的事，亲近文本刻画的人，使他们产生身临其境、亲历其事、似见其人的感觉。这样，就能变旁观者为当事者，变阅读课文为经历生活，变感受人物情感为自我流露情感。如此一来，假设便成了沟通语文与生活的桥梁，文本就能多以生活的画面展现，从而最大限度地缩小学生与课文、与文中人物之间的情感差、心理差，促进学生真心地阅读，真实地感受，从而诱发情思，诱发语言。

一、把握假设时机，沟通情境与语言实践的联系

苏霍姆林斯基认为，通过阅读而激发起来的思维，好比是整理得很好的土地，只要把知识的种子撒上去，就会发芽，取得成效。小学语文教材中不少课文都有个性鲜明的人物，引导学生走进语境，亲近人物，设身处地地感受，能比较顺利地感悟语言情感。为此，教者要善于把握时机，引导学生全身心地融入课文，用情去感受，全方位地走进情境，用心去体会，以激起他们的情绪体验和情感体悟，诱发他们的表达欲望，从而让情感的感悟与表达融为一体。

《九色鹿》(苏教版国标本四年级上册)叙述的故事是:九色鹿救起落水人调达,调达发誓永远不说出九色鹿的住处,但在金钱面前,他却背信弃义,出卖了九色鹿,最后受到了惩罚。国王斥责和惩罚调达这一自然段,语言简洁而内涵丰富,为学生提供了想象的空间。对此,教者这样引导:如果你就是国王,听了九色鹿对调达的谴责,了解了事情的真相,知道了调达的面貌,你心中怎样的惭愧?面对忘恩负义的调达,你会怎样斥责?情境的创设,有效的引导,让学生扮演了国王的角色,角色的扮演使学生清晰了国王的内心。请看学生精彩的发言:

生:国王得知事情真相,真是气愤之极,他不禁怒火中烧,指着调达大声斥责:"调达,你这个见利忘义的家伙!当初九色鹿救了你,你竟然忘恩负义!你财迷心窍,良心真是让狗给吃了!我们的国家怎么会出你这样的败类?你真是说得漂亮,做得混账。来人啊,将这背信弃义、恩将仇报的家伙拖出去,重打50大板,永远驱逐出我们国家!传令下去,今后谁再伤害九色鹿,格杀勿论!"

生:国王弄清了事情的来龙去脉,惭愧万分,知道自己差点与这忘恩负义的家伙为伍。他一转身,见调达耷拉着脑袋站在那里,不禁怒火满腔。他指着调达痛骂道:"你这个狼心狗肺的家伙!我真是瞎了眼,相信你这种小人的话,差点滥杀无辜。幸好有九色鹿揭穿了你的丑恶嘴脸,让我看清了你的真面目。来人,将这灵魂肮脏的小人推出去斩首示众。我宣布,今后九色鹿可以在我们国家自由地生活,谁也不能伤害他。"

生:国王指着调达说道:"调达,你这个灵魂肮脏的小人,竟然出卖你的救命恩人!人们都说:受人滴水之恩,当以涌泉相报。可你呢?你到底知不知道什么叫忘恩负义?什么叫恩将仇报?想不到你竟然是这样的小人。卑鄙无耻!来人啊,将调达重打一百军棍,发配边疆终身服役,让他用自己的余生赎罪吧!昭告天下,九色鹿是神鹿,从今往后就是我国的国宝,任何人都不得伤害!"

这样，在学生把握内容、感悟情感后，教者抓住结尾有机引导，让学生充当角色，借助心理显化国王的惭愧，外化国王的气愤，从而让学生深刻地理解了课文中心。

教学《第八次》（苏教版国标本三年级上册），教者抓住王子躺在磨坊里唉声叹气时、看到蜘蛛结网时、想办法重整旗鼓时，让学生扮演王子，进入语言情境，诱发想象表达。学生想王子所想，说王子所说，领悟了布鲁斯复杂的内心世界、激烈的思想斗争、蜘蛛给予的鼓舞。这样，学生自然融入了课文情境之中，而情境也因学生的加入变活了，达到了人境融合的理想境界。

可见，学生的想象是丰富的，如果无法创设一种情境让他们尽情发散，无疑会抑制他们想象力的发展。因此，教者可把握时机，运用假设，创设情境，让学生把自己当成文中的人物来思考、来做动作，使他们全身心地投入，使情境成了激发学生创新思维的最佳土壤，从而激发学生阅读的兴趣，加深对课文的理解，培养他们的语言实践能力。

二、优化假设形式，沟通情境与语言实践的联系

学生的情感是粗线条的，他们往往不容易进入课文的情感世界，进入了往往又会因教师一时不在意而离情远去。只有学生的情感与文本的情感融合在一起，他们对课文情感的感悟才是真切的。为了让学生动真情，教者要创造条件，促使学生情感与文本情感相融合。为此，除了教者动情外，可让学生充当文中角色，尽量使他们忘记课堂，忘记学习，从而淡化他们的课堂意识、学习意识，强化他们的生活意识、主体意识。这样，他们全身心地参与课文生活，全身心地投入课文情境，就会在情感上与作者、与文中人物想法相近，感受相似。

为此，可围绕教学目标，以一定的教学形式，让其随机充当各种角色：充当编者，促其居高临下地审视教材；充当作者，促其高屋建瓴地探究写法；充当教者，促其设身处地地设计学法；充当文中人物，促其身临

其境地体会感情……这样，就能以课堂教学的生动性和趣味性激发学生的学习主动性和积极性，形成兴趣盎然、感知敏锐、思维活跃、想象丰富的学习氛围，以强化语言实践。

1. **现场采访**

可抓住教学重点，创设采访情境，让学生充当角色，或接受采访，或采访别人，在采访中加深情境感受，促进情感感悟和语言发展。如阅读《李时珍夜宿古寺》（苏教版国标本四年级上册），随着教学进程的推进，教者可让学生扮作李时珍，自己则以"记者"的角色巡回行间随机"采访"：①李时珍啊，这么苦，饭都吃不饱，何苦呢？有必要吗？②李时珍啊，天这么晚了，月光这么微弱，你不能留到明天再写吗？③李时珍啊，以前你为尝曼陀罗已经中过毒了，为什么还敢尝呢？为什么不让你徒弟尝呢？这样，让学生充当角色，表述内心，外化感受，能有效地活化内容，动化教材，趣化教程，以强化学生对内容和中心的理解，促使学生深切感受李时珍为完成《本草纲目》，造福百姓，不怕吃苦，严谨认真的精神。

2. **课堂表演**

可借助课堂表演，让学生在语言情境的想象、展示、介入中，揣摩人物的动作、神情、心理和语言，加深对情境的感受和情感的感悟，促进语言的理解和内化。请看《小稻秧脱险记》（苏教版国标本三年级上册）的教学片段：

　　师：谁知道"团团围住、气势汹汹"是什么意思？

　　（老师喊了几位举手的学生到前面）

　　师：这几位同学都懂了，没有懂的同学请看我们表演。你们看了是会懂的。现在，我当小稻秧，你们几个当杂草。杂草把小稻秧团团围住，你们应该怎样站？

　　（学生从四面把老师团团围住。笑声）

　　师：你们要干什么？

　　生：快把营养交出来。

师："气势汹汹"这个词你们没有懂。你们应该怎么说？做什么动作？想一想。要凶，声音要大，手要叉着腰。

生：（叉腰，大声、凶恶地）快把营养交出来！

师：我们搬到大田来不久，正需要营养，怎么能交给你们呢？（学生不知所措）

师：（面向全体同学）他们应该干什么？

生：他们应该去抢营养。

师：对！要抢。营养在地上，快——（"杂草们"一拥而上，抢起了营养。"稻身"没精打采地垂下了头。下面的同学哈哈大笑）

师：杂草厉害不厉害？凶不凶？

生：杂草野蛮。

师：讲理不讲理？

生：不讲理。

师：这就叫蛮不讲理。杂草让稻秧发言吗？（生齐：不让），这就是不由分说。各位杂草请回去。（笑声）

在这里，教者让学生表演杂草，自己充当小稻秧，通过动作的指点、语言的点拨，师生共同表演了"稻秧据理力争，杂草气势汹汹抢营养"的情境。有了这鲜活的情境，学生不仅具体理解了"团团围住、气势汹汹、不由分说、一拥而上"等词语的形象内涵，而且还真切地感受了它们的情感内涵。

当然，阅读教学中假设的形式甚多，不管使用怎样的形式，都在于为学生创设语言实践的机会，促使学生对语境有真切感受，对语情有深切感悟，对语言有有效内化，以提升学生语言阅读理解和运用表达的能力。

三、展示假设过程，沟通情境与语言实践的联系

假设导读中的假设是一种形式，更是一个过程。无论是阅读角度的变

换，还是阅读角色的变更，无论是阅读目标的调整，还是思维方向的变通，无论是阅读难点的突破，还是阅读疑点的清晰……都是较为复杂的心理转换过程，匆忙不行，简单不得，需让学生在参与中享受语言实践的过程，享受语言实践的快乐。

阅读《普罗米修斯盗火》（苏教版国标本四年级上册），为引导学生从语言情境中具体感受到普罗米修斯为民造福的精神，一位教师先后多次运用假设，帮助学生拓宽思路，促进形象构建，引领心灵对话。

首先，以假设感受无火的痛苦。

师：请同学们自由朗读第一自然段，把描写人类没有火种时困苦的句子画出来，自己读一读，感受一下，没有火是什么样的？

（生相互交流）

师：在那个没有火的蛮荒时代，山高林密，野兽出没，毒虫遍布。假如你生活在那个年代，夜晚来临了，周围漆黑一片，伸手不见五指，你会遇到哪些困难？

生：我怕脚一跨就碰到石头摔倒或踩上毒虫毒蛇。

生：我听见不远处有狮子的吼声，那声音真令人毛骨悚然。

生：我看见黑暗中有几双绿色的眼睛，自己不由得哆嗦起来，生怕它发现我。

师：漆黑的夜晚，会碰到许多意想不到的困难；阳光初升时，你们要耕作的时候，又会遇到哪些困难？

生：我们只能用石制的工具，既费力又费时间。

生：我们用石制的工具开垦荒地，很难挖开土地。

生：我们用石制的工具根本无法砍断树枝。

……

师：劳动结束，需要吃饭时，又会面临什么困难？

生：我们只好吃生的，血淋淋的，特别难吃。

生：由于没有捕猎工具，很多时候，我们连血淋淋的肉也吃不上，只好摘野果子吃，又苦又涩……

师：在寒冬腊月，没有火，又会遇到什么困难？

生：冰天雪地里我们只好喝寒冷的泉水。

生：我们只好吃又冷又硬的食物，要用好大的劲才咬开……

师：既然没有火，生活中面临着这样那样的困难，你能仿照课本中"……只好……"的句式说一说吗？

生：没有火来取暖，只好忍受冰天雪地的寒冷。

生：没有火来炼制工具，只好用简陋的石制工具……

师：这样的生活你还愿意过吗？（生齐：不愿意！）如果你就是极富同情心的普罗米修斯，看到人们生活在严寒和黑暗中，会怎么想？怎么说？

生：人类生活太困苦了，我一定要帮他们盗到火种，让他们幸福地生活。

生：哪怕我受到主神的惩罚，也要为人类做一点贡献。

生：人类整天吃生的，还要忍受野兽的侵袭，我要帮助他们。

……

只有将生活实际和语言文字联系在一起，才能与文中人物产生共鸣，才能体会到火种到来时是怎样一种激动，眼前也才能呈现出激动时刻的鲜活场景。在上述案例中，教者巧妙地挖掘课文空白点，以假设让学生联系生活，合理想象，体会无火情况下人们生活的艰难，为阅读下文，体会火种来到时人们的欣喜若狂埋下了伏笔，也为感受普罗米修斯的形象做好了铺垫。

其次，以假设感受有火的幸福。

师：普罗米修斯小心翼翼地把火种带到人间，长期生活在黑暗中的人们见到了火种该是怎样一种心情啊？能用合适的成语来概括吗？

（学生先后列举了"欣喜若狂、兴高采烈、激动万分、眉飞色舞"等成语）

师：人们听说这天大的喜讯，会怎样奔走相告？又可能怎样来庆祝这一历史性时刻呢？

生：一大早，从各地赶来的男男女女将村口的高台围得水泄不通，村里的一位德高望重的长老郑重地从普罗米修斯的手中接过了火种。

师：如果你就是他们中的一员，看到了怎样的场景？

生：人们围着普罗米修斯，把他团团围住，在向他表示感谢。

生：人们生起了篝火，男男女女围着篝火载歌载舞。

生：大家叫普罗米修斯为"火神"。

师：如果当时你就是他们中的一个，你会怎样赞美普罗米修斯？

生：火神啊，真是太谢谢你了，你是我们的大救星啊！

生：普罗米修斯叔叔，太感谢你了，有了火，我就不用害怕大灰狼了。

师：人们得到火种后，生活得到了哪些改变呢？

生：用火烧烤食物。

生：用火打造工具。

生：用火驱赶野兽。

师：火改变了人们的生活，使得人类文明向前迈进了一大步。你能以"火种来了"为题写一段话，具体描述普罗米修斯带着火种来到人间以后的情景吗？

（生练笔后朗读交流）

生：普罗米修斯把天火带到了人间，还把火的用途介绍给了人类。看，人类多么欢畅，在庆祝呢！他们把普罗米修斯抛向了天空，希望他能永留人间，还尊敬地称他为"火神"；年轻的姑娘小伙三个一群，五个一伙，纵情歌唱，翩翩起舞；熊熊的火焰上，烧烤着喷香的野猪、野牛、野兔……

生：普罗米修斯把火种带到了人间，人们欣喜若狂，欢天喜地。男人们杀猪宰羊，将一头头猪羊串在木棍上放在火堆上烤；妇女们从山中取来了一捆捆树枝，不断地往火堆上添柴；小孩们拿着火把，你追我赶，不时凑到火旁闻闻那一股股诱人的香味。大家围着火堆，唱呀，跳呀，多开心啊！

生：火给人类带来了光明，漆黑的夜晚，人类举着火把，走路、干活；火给人类带来了快乐，人们燃起篝火，唱歌、跳舞、欢庆；火给人类带来了文明，猎物可以烧烤，水可以煮开，工具可以打造……

为让学生感受普罗米修斯甘愿为人类受苦的精神，教者以假设创设情境，引导想象火种来到人间后人们欢欣鼓舞、载歌载舞的场面，还引导学生设身处地，放飞想象，拓展画面，从而具体感受了普罗米修斯对人类做出的重大贡献，同时也为下文的阅读奠定了基础。

再次，以假设感受人物的伟大。

师：大家想象一下，日复一日，年复一年，如果你是主神宙斯，或者你是普罗米修斯的妻子，目睹着被锁在悬崖绝壁上受尽折磨的普罗米修斯，你会与普罗米修斯有一番怎样的对话呢？（生同桌练说）

师：下面让我们听听宙斯等与普罗米修斯的心灵对话。

（同桌自由选择角色，进行练习）

◆一组：

生1（宙斯）：火是专给我们神用的，你明明知道盗取天火要受到惩罚，为什么还执意要去盗火呢？

生2（普罗米修斯）：人们没有火，生活是多么困苦呀！作为万物之主的你，怎么忍心呢？

◆二组：

生3（宙斯）：如果你现在向我认个错，收回那些火种，我就赦免你！

生4（普罗米修斯）：我没错！

生3（宙斯恼羞成怒）：鹫鹰，给我上，狠狠地啄！

生4（普罗米修斯惨痛地呻吟。片刻，起身）：你再怎么折磨我，我也不会向你屈服的！

　　◆三组：

　　生5（普罗米修斯的妻子）：亲爱的，看你瘦的……你身上一定很疼吧？

　　生6（普罗米修斯）：我没关系！

　　生5（普罗米修斯的妻子）：你丢下我们几个去盗火，怎么忍心呢？

　　生6（普罗米修斯）：唉！我也是没办法，没有火，人类的生活多么痛苦呀！为了让他们早日脱离寒冷、黑暗、血腥和落后，我们受点委屈也值得，只能请你多多照顾孩子们了。

　　事实表明，让学生走进文本，与人物进行深度交流和思想碰撞，就能让他们获得语言发展与精神提升。上述片段中，教者让学生自选角色，跨越时空与英雄对话。这种角色体验和人物对话，能变旁观者为当事人，使学生成为普罗米修斯的代言人。学生的"代言"，将普罗米修斯的坚强、无私具体而充分地表达了出来。在心灵与心灵的对话中，我们似乎能听到学生生命成长的拔节声。

　　以上三个片段，既相互独立又紧密相连。如果没有片段一的艰难困苦，怎么会有片段二的欢欣鼓舞和片段三的坚强无私？可见，假设过程的体现，指向的是"提升精神、发展语言"的阅读目标，体现的是"前后呼应、整体联系"的阅读境界。在情境参与、真情对话中，学生的语言库存与眼前的情境产生了联系，原有的语言积累成了新的语言活动的自由元素，成为新的语言作品的重要组成部分。

　　其实，学生以往接触的语言为什么难以在语言活动中得到自然而充分地运用呢？重要原因之一，是他们的语言积累难以与语言活动构成有机的联系，内存的语言难以盘活，因而心中的"库存"多处于休眠状态，结果出现了如此的尴尬：一方面，心中的话语无法用准确的词句来表达，一方面心中词句难以有合适的场所去运用。

　　可见，情境创设还有助于构成学生心中"库存"与语言活动之间自然而有效的联系。诸多假设情境，使得学生心中的语言被眼前的情境激活，学生眼前的情境将原有语言接纳，教学情境生成的语言作品既赋予了语言积累新的生命，又促进了语言积累的有效增值。

让提问成为语言活动的催化剂

在阅读教学中，课堂提问是激奇引趣、激疑引思的重要方法。它不仅是教师围绕教学目标传递指令性信息、反馈学生学习信息的有效手段，还是处理信息、实行教学调控的必要方法。在假设导读中，教学情境的创设，各种角色的扮演，诸多信息的处理，往往通过提问这一手段来达到。为此，须重视假设导读中课堂提问的研究，以发挥提问在阅读教学中提示目标，引领方向，转化角度，变通思路，沟通联系，平缓坡度，追问点拨，寻求效度等功能，借助假设运用，使提问成为语言活动的催化剂。

一、精心选点，讲究提问的准确性

就一篇课文而言，大到篇章结构，小到字词标点，可提的问题很多。如没有选择，想啥问啥，有啥问啥，课堂教学便会成为师生间的随兴表演，表面热闹，实质无论是对课文内容的理解、情感的体会、语言的品味，还是对学生兴趣的引发、思维的发展、能力的培养，均无益处。因此，实施假设导读，须注重用假设导问，以寻求提问的准确性。

1. 把握"六点"，注意图文提问

为保证提问效果，须根据教材特点、重点精心设问，以使每个问题都集中指向教学目标。

一是兴趣点。即抓住课文中能够激发兴趣的知识点提问，以促使学生以旺盛的精力、浓厚的兴趣参与学习。如《沙漠里的"船"》（教科版三年级上册）导入中可这样提问：知道船是干什么的吗？（板书：船）它在

什么地方行走呢？你对沙漠有所了解吗？（板书：沙漠）如果有人告诉你，船能在沙漠里走（将课题板书完整），你感到奇怪吗？为什么？这样设问，不仅激发了兴趣，而且暗示了目标。

二是疑难点。对学生阅读中的难点，可通过假设设问或者指示方向，或者指点思路，或者做好铺垫，从而突破难点。如阅读《穷人》，理解"温暖而舒适"是个难点。为此，在学生初读课文，了解了桑娜家的情况后这样发问：真奇怪啊，不是穷人吗？为什么家里温暖而舒适呢？如果我们将课文中的描写改成"桑娜家的小屋到处漏风，屋里又阴冷又潮湿，地上满是垃圾，帐子破破烂烂"，不是更能反衬渔夫和桑娜的可贵品质吗？你们说是不是？经过讨论，学生明白：这样虽能突出她家的贫穷，但叫人难以相信，而且很有可能使人们认为他们懒惰。而文中描写真实可信，富有真情实感。因为文中的"温暖而舒适"是穷人靠勤劳所能做到的。这样引导，学生则能顺利地理解课文内容，体会课文叙事的真实可信。

三是发散点。即抓住教材重点，以假设提问，引导发散，扩大理解空间，拓展探究背景，加深学生对语言内容的理解和语言情感的感悟。如阅读《粜米》这样设问：如果你是旧毡帽朋友，手拿一叠或多或少的钞票，会想些什么？学生有的说："想到平时披星戴月，日夜苦干的情景，再看看手上的这点钞票，心里别提有多难受了，我们的命运真惨啊！"有的说："想到装米上船的情景，想到摇船犹如赛龙船的情景，再看看手中这点钞票，真不理解啊！这世道怎么这么不公平啊！"有的说："这点钱连还债也不够，以后的日子还怎么过哇？"……这就使学生深入理解了中心。

四是聚合点。即抓住集中反映中心的内容设问，引导辐散全文，以体现教学的整体性。如阅读《金色的鱼钩》，教者直奔结尾，据此设问：这是一把什么样的鱼钩？它是怎么来的？起到了什么作用？为什么它闪烁着灿烂的金色光芒？如果你知道了它的来历，面对这把鱼钩会想些什么？这样设问，能有效地沟通全文，提高学生整体理解、整体驾驭课文的能力。

五是模糊点。清晰是美，模糊也是美。小学语文教材中，模糊的语言司空见惯。这些语言，是能确切而模糊，还是无法确切而模糊，有时难以分辨。不加追究，只能有雾里看花的混沌；细心揣摩，必然有雾里看花的境界。前者是真的模糊，是语言理解的浅近；后者是现象的模糊，是语言理解的升华。教学中，要抓住朦胧的语言引导探究，让学生在朦胧中看清晰，在清晰后再看朦胧，从而理解语言内涵，领悟语言魅力。请看《广玉兰》的教学片段：

师：课文是怎样描写广玉兰的色彩和质感的，大家把句子认真读读，看看能从中感受到什么？

（学生认真阅读后谈感受，但都难以深切感受花儿的美，难以感受语言的美）

师：（出示句子）大家把文中的句子和老师设计的句子比较一下，你从中能感受到什么？

【课文句子】花朵是那样的洁净、高雅。我无法用文字准确形容那花瓣的色彩，说它纯白吧，又似乎有一种淡淡的青绿色渗透出来；我也无法用文字准确形容那花瓣的质感，说它冰雕玉刻吧，它又显得那样柔韧而有弹性。

【设计句子】花朵是那样的洁净、高雅。我就能用文字准确形容那花瓣的色彩，它不是纯白的，因为花瓣上有淡淡的青绿色渗透出来；我也能用文字准确形容那花瓣的质感，它不像冰雕玉刻的，因为它显得那样柔韧而有弹性。

（生朗读比较后引导交流）

生：我认为重新设计的句子好，因为无论花的质感怎样，怎么会没有什么形容词来描写呢？何况是作家呢！

生：我也认为老师的设计好，因为把花儿的色彩和质感清楚地写了出来，而文中的句子虽写了色彩和质感，但到底怎样别人并不清楚。

生：我不这样认为，看起来作者没有把色彩和质感写清楚，实际写得很清楚，他要读者在读的时候思考思考，品味品味。

生：我想作者这样写，是跟我们卖关子，使语言更加含蓄，读起来更加有韵味。作者说没有什么形容词来准确描述花的色彩和质感，实际上却写得非常到位。而老师设计的句子直来直去，没有味道。所以我认为还是作者写得好。

作者笔下的广玉兰何等之美，但这种美是朦胧的，到底是什么颜色、什么质感，作者说难用准确的语言描述，而事实上又对花儿进行了准确描述。通过比较品味，学生具体感受了花儿美的色彩和质感，真切地感受了作者运用语言准确描述事物、凸显事物特点的技巧。

六是空白点。即抓住内容空白点（省略部分）和艺术空白点（供读者想象部分）设问，以培养学生的想象能力，加深对课文的理解。如阅读《枭米》，教者抓住"刚才出力摇船犹如赛龙船似的一股劲儿，现在在每个人的身体里松懈下来了"一句设问：如果你就是旧毡帽朋友，能把刚才摇船的情景具体描述一下吗？通过想象描述，学生就对旧毡帽朋友摇船时的急切、问价时的惊讶、知价后的失望、枭米后的懊丧有了进一步理解。

2. 体现"三性"，注意因人设问

小学生的年龄特征、知识基础、思维特点有共性，也有个性。因此，提问除了要考虑它们的共性外，还要根据其差异，随教学进程穿插下列形式的提问：

一是"专利"性提问。即瞄准学困生，把问题的难度降到最低限度，使其能独立作答，且提问后多让学困生回答，而让其他人纠错、补充、完善。

二是"通用"性提问。即面向全体，使每个学生对问题均有所回答。如对《灯光》一文，教者这样提问：如果你是郝副营长，看到图书上那孩子在灯下学习的情景，会想些什么？对这一问题，学生均能回答，只是思维的深浅、思路的宽窄上有些差异。

三是"代讲"式提问。为深化课文理解，可增加问题难度，以问代讲，让优生为他人引路。如《田忌赛马》读后这样引导：田忌用了孙膑的办法，结果还是失败了，这是为什么？虽有些难度，但通过引导学生则明白：原因就在于齐威王看破了田忌的对策，对马出场的顺序也做了相应调整，从而使学生进一步明白：巧妙的方法必须建立于从实际出发的基础之上。

二、巧用假设，注重提问的灵活性

准确把握了设问点，还须根据学生实际，围绕教学目标，灵活变换提问角度，从而引导学生依据思维目标，寻求探究方向，确定探究角度，从而最大限度地发挥提问对引领方向、拓宽思路、拓展深度、寻求效度的功能。

1. 文字表白型

在阅读教学中，理解句子是重点也是难点，有些句子让学生直接说出意思有一定难度。为此，可抓住重点词语引导探究，让文字做假设表白，以降低难度，增加趣度，促进理解。如《大仓老师》（沪教版四年级下册）中"大仓老师根本没有去理会春美，他若无其事地在黑板上添了个'俺'字，好像比别的字显得更大一些"的意思，学生难以理解，教者这样引导：如果"俺"字会说话，它会对春美、对市太、对全班同学分别说些什么？通过"俺"的自我表白，学生很快明白：这句话表现了大仓老师对春美的不满、对市太的支持、对全班同学的责备，反映了他"正直无私、毫无偏见"的可贵品质。

2. 假设自述型

由人物外表体会人物内心，这是读写人文章的重要方法，而这对小学生来说往往有一定难度的。为此，可运用假设，让学生充当角色，进入情境，变体会人物内心为自我表述内心。如理解《金色的鱼钩》中老班长吃草根、鱼骨头时的内心时，可这样引导：如果你就是老班长，这时心里会说些什么？学生有的说："虽然鱼骨头难吃，但我要硬吃下去，好支撑着身子带战士们走出草地。"有的说："鱼太少了，我要全让给战士们吃，自己吃草根和鱼骨头，好让战士们走出草地。"有的说："吃这个算个啥，为了完成党交给的任务，我就是牺牲也是心甘情愿的。"……这样让学生设身处地，揣摩内心，有效地缩小了学生与课文的时间差、空间差，促进学生与文章人物情感的相融，其效果不言而喻。

3. 自我感受型

小学语文教材中借事说理的课文不少，有些课文直接让学生归纳事理比较困难，可让学生进境悟理，自我感受，自我表述。如为让学生体会《滥竽充数》（苏教版国标本五年级上册《成语故事》）的寓意，并由中心拓展开去，加深对事理的理解，可让学生扮作南郭先生、齐宣王、南郭先生的同事和家里人，在学生整体把握内容后随机接受采访：①南郭先生，离开了乐队，你现在有什么想说呢？你打算怎么办呢？②齐宣王，南郭先生混在乐队中这么久，你竟然没有发现，你知道应该承担什么责任呢？③你是南郭先生的同事，这么久竟然没有及时提醒他，这是不是有些说不过去呢？有什么想对南郭先生说的吗？④你是南郭先生的父亲，自己的儿子对乐器一窍不通，竟然混到乐队里去，你不觉得应该承担责任吗？这样，学生就能较为顺利地领悟事理了。

4. 顺逆转换型

有些问题如学生难以理解，可变换思维方向，变顺向思维为逆向思维（或反之）。如阅读《穷人》，对"桑娜家温暖而舒适说明了什么"这一问题，不少学生错误地认为说明桑娜家并不穷。为此可这样引导：她家怎样"温暖而舒适"？为什么会这样？你看到这些会怎么想？这样变由"温暖而舒适"体会人物品质的顺向思维为由"温暖而舒适"探究原因进而体会人物品质的逆向思维，使学生很快体会到了桑娜的勤劳能干。

5. 以此及彼型

有些问题，如学生难以理解，可暂缓一步，让其解答类似问题，再巧妙引渡，以此及彼。如阅读《草船借箭》时教者问：这箭不是借来的，为什么以"草船借箭"为题呢？学生一时答不到点子上，教者便让学生回答下列问题：你们平时借东西有何特点？学生知道借东西方便，借东西要还。接着追问：课文中的箭有这样的特点吗？学生明白：这十万支箭不用造就到手了，这无异于借；这些箭与曹操交战时又要回到他那儿去，这又类似于还。以"草船借箭"为题，既合情合理，又耐人寻味。

6. 条件排除型

事物的发展变化是受多方面因素影响和制约的，某一因素发生变化，事情的发展就会发生变化。因此，如学生难以理解，可有目的地排除某一条件，引导推理事情的发展，让其在联系变化中理解。如阅读《我的战友邱少云》时，可问：如果邱少云不能纹丝不动，事情结果如何？学生知道：如果这样，结果将不堪设想。这就从反面深入理解了邱少云牺牲的重大意义。

7. 条件变更型

根据事物发展与事物所处时间、空间、环境等相关特点，一旦学生遇到难点，可变更文中某个因素，让学生推理由此而对整个事情产生的影响，以加深对课文的理解。如阅读《粜米》时，可问：如果旧毡帽朋友是在今天粜米，结果如何？为什么？这就能使学生在推理比较中进一步认识了旧社会的黑暗。

8. 事物表述型

可引导变换角度，揣摩和描述相关事物的"语言"，以促进学生对内容的灵活理解。如阅读《自相矛盾》（苏教版国标本五年级上册《成语故事》），教者问：听到楚国人在那里夸口，那矛会对他说些什么？那盾又会对他说些什么呢？这样，借助矛和盾的叙述，楚国人语言矛盾闹出的笑话就一清二楚了。

三、巧妙引渡，体现提问的层次性

很多时候，教者提问虽然从学生实际出发，但具体实施中学生往往难以便捷地达到预定目标。为此，设计问题一定要考虑周密，充分预设，根据学生的知识水平和认识能力，讲究问题设置的层次性，重视过渡，引导学生凭借阶梯迈向目标。

1. 由具体到抽象

由具体形象思维向抽象逻辑思维过渡，是小学生思维发展的重要特点。因此，提问要体现由具体到抽象的层次性，在引导学生对事物充分感受的基础上进行提炼归纳，抽象概括。如阅读《幸福是什么》（人教版课标本四年级上册）中，为使学生理解幸福的含义，可这样引导：在智慧女儿的引导下，十年中三个牧童分别干了什么？为什么他们感到幸福？如果你去实践，准备干什么？你知道怎样才能获得幸福吗？这样一步一阶，能使学生拾级而上。

2. 由特殊到一般

小学生理解问题往往就事论事，难以由特殊向一般推广。因此，提问要注意强调特殊，加强感受，再巧妙引渡，认识一般。如为引导理解《田忌赛马》的寓意，可这样设问：为什么还是原来的马，还是原来的人，田忌能反败为胜？这说明要取得赛马的胜利必须怎样？如果是体育比赛如何？其他比赛呢？干其他事情呢？这样，就能使学生借助"赛马—体育比赛—其他比赛—其他事情"的思维阶梯顺利理解寓意。

3. 由现象到本质

小学生认识事物易被现象所迷惑，难以透过现象看其本质。因此，如果是以引导认识事物为目的的提问，可先引导学生对事物的表象进行分析，进而通过点拨诱导，让其透过现象看本质。

为理解《凡卡》以"梦"结尾的含义，教者先这样设问：①凡卡在梦中见到了什么？他的希望能实现吗？为什么？——引导学生从事情的现象认识凡卡的希望是不能实现的，因为信封上地址不详，又未贴邮票，爷爷不能收到信，因而不能把他带回家。接着追问：②如果信封上地址详细且贴了邮票，希望能实现吗？为什么？——引导学生通过变更比较，透过现象看其实质：即使这样，凡卡的希望也不能实现，因为爷爷是老爷家的守夜人，是无力带他回去的。这说明，在凡卡所处的社会里，穷人想过上好日子是不可能的。

4. 由己知到未知

教学中，须把学生新知识的获取建立在原有知识的基础之上。因此，提问须注意引导学生借助已知探究未知。如阅读《黄河象》，为让学生根据黄河象骨架的样子推测它的来历，教者这样引导：如果你面对着黄河象的骨架，能根据它的样子想象它是怎样一步步形成的吗？学生感到为难，教者便追问道：以前学过了《琥珀》，回忆一下，科学家是怎样根据琥珀的样子推测它的来历的呢？这样，问题就能比较顺利地得到解决了。

5. 由发散到集中

发散思维是阅读教学中常用的思维训练方法。为强化训练效果，培养学生良好的思维习惯，须把发散思维训练与集中思维训练结合起来。如阅读《卖火柴的小女孩》，为让学生理解"她不敢回家，因为她没有卖掉一根火柴，没有挣到一个钱，她爸爸一定会打她的"这句话的意思，教者这样引导：卖不掉火柴爸爸就要打她，爸爸不疼爱她吗？那可能是什么原因呢？学生有的说家里有人重病在身，等钱回去治病；有的说家中分文没有，等钱回去过年；有的说家中欠财主的钱等钱回去还债……最后教者引导：由此可以看出什么呢？从而引导学生联系小女孩家中的境况，深入理解了小女孩悲惨的命运。

四、追问点拨，寻求提问的有效性

小学生答问出现卡壳或出错的现象不足为怪，根据学生答问情况，以假设追问点拨，可充分发挥假设的诱导作用，以保证设问的有效性。

1. 迷惑时：平缓解惑

如面对提问学生迷惑不解，可有的放矢，巧指迷津，平缓解惑。如问题难度大，学生力不从心，可追加问题，巧妙铺垫，帮助接通思路，或者迂回设问，让学生回答类似的问题，借助原型启发，再接触正题。如因目标不明显学生茫然，可提示目标，促其思维指向目标。如因对课文内容不甚了解而跨度太大，可以退为进，及时引导阅读课文，待时机成熟再回故途。如因背景不了解而思维受阻，则直接交代背景。这样处理，能有效地帮助解惑，以训练学生思维的变通性。

2. 矛盾时：引辩启思

如提问后出现截然不通的矛盾答案，可提挈矛盾，引辩启思，以统一认识。如阅读《卖火柴的小女孩》，在讨论"'小女孩被奶奶带走'这一自然段该用什么感情读"这一问题时，学生中出现了两种意见：一种认为该用愉快的心情读，因为小女孩被奶奶带到幸福的地方去了；一种认为要用悲痛的心情读，因为这只是小女孩的幻想。教者不置可否，投石激浪，促其争辩：到底该怎么读呢？请联系课文内容加以说明，从而引起了一场有理有据的争辩。通过争辩，大家就能统一认识。

3. 反向时：归谬促悟

有时，学生答题与正确答案背道而驰，其时，师生信息落差大，简单交代答案，学生则难以接受。为此，可将错就错，以归谬法引起碰壁，促其领悟。如阅读《一分试验田》，教者这设问：彭总这样认真种植，目的是什么？有学生认为：目的是要提高产量，以达到亩产几千斤，上万斤。显然，这样理解是错误的。为此，教者追问道：结果亩产只有九百来斤，这就说明彭总种植试验田的目的没有达到了。此时，学生恍然大悟：彭总的目的就是要用事实证明：无论如何亩产也不能达到浮夸风所说的产量。这样理解就准确了。

4. 出岔时：疏导引正

教学中，学生常会提出与教学目标无关的问题，对此，置之不理或过多纠缠都不行，有效的方法是把学生思路引正。如问题简单，则当即给予答复并及时转入正题；如问题复杂，课堂不便答复，可告诉学生课后再帮助解决；也可捕捉时机，巧妙运用。如阅读《诚实与信任》（苏教版国标本四年级上册），学生突然提出：我觉得文中的"我"不完全信任小红车的主人？如果信任，为什么要让他寄购货单据呢？教者钻研教材确实没有考虑这样的问题，简单思考后并没有形成满意的答案，于是灵机一动，把问题抛给学生。请看下列教学片段：

师：能提出这么有价值问题，不简单！这能不能说明"我"对对方不信任呢？还请大家发表看法。

　　生：我认为不是文中的"我"不信任小红车的主人，可能西方国家有这个习惯，以购货单据作为付款依据。

　　师：有道理，西方文化与我们国家许多地方就是不同，这可能就是其中的一点吧！

　　生："我"驾驶的可能不是私家车，赔偿是要报销的。口说无凭，因此要向对方要单据。

　　生：我想汽车肯定投了保险，虽问题不大，但保险公司要按规矩赔付。因此，要对方把单据寄来。

　　生：我觉得不是"我"不信任对方，与小红车的主人一通电话，"我"就感受到了对方的通情达理，"我"担心对方不肯把真实的价钱告诉我，而随便说一个比实际价钱低的数字。如果这样，"我"心里一定很不好受。因此，"我"要对方把单据寄来。（热烈的掌声）

　　这样引导，就能把学生个性化的解读变成有效的教学资源。可见，在充满活力、富有张力的课堂上，只要我们重视诱发，学生便能时时迸发出思维的火花，课堂就能不断生发意外的精彩。

　　5. 肤浅时：追问求深

　　如学生思考浮于表面，可追问点拨，引导深入理解。《"番茄太阳"》（苏教版国标本四年级下册）这样结尾："那个正午我坐在窗口，看满街的车来车往，眼前总浮现出明明天使般的笑脸。红红的'番茄太阳'一直挂在我的心中，温暖着我的心。"阅读中，对"红红的'番茄太阳'为什么一直挂在'我'的心中，温暖着'我'的心"的问题，一名学生这样理解："番茄太阳"指的是明明可爱的笑脸，想到她可爱的模样，"我"心里就温暖。面对学生理解的浅近，教者这样引导：如果你就是作者卫宣利，回忆与明明相处的这段美好的时光，你能说说"番茄太阳"到底指什么，为什么会一直温暖着你的心吗？请看学生的发言：

"'番茄太阳'指的是明明的笑脸，看着她那纯真可爱的笑脸，我心中就涌起一股暖流，让我忘记烦恼，忘记忧愁。我觉得，她的笑脸像太阳一样，温暖着我的心。"

"'番茄太阳'指的是明明那颗知恩图报的心，她知道自己的眼睛是好心人给的，就也想为别人做点儿事情。说长大了，要把自己的腿给我。天真而真诚的话语，让我感受到了她那颗纯洁的心，它就像太阳一样，悬挂在我的心上，温暖着我的心，照亮着我的路。一个孩子都能做到，我不更应该这样吗？虽然自己腿脚不便，但我的亲人、我的朋友，都在关心着我，我要学会感恩，用自己的坚强来回报他们。"

"'番茄太阳'指的是明明乐观的心态。虽然她是个不幸的孩子，生下来眼睛就看不见，但从我见到她的第一天起，她留给我的总是笑脸，总是笑声，总是快乐。而我自己腿不能走路，就唉声叹气，看看自己，比比明明，真感到愧疚。因此，我觉得明明的乐观是我心中的'番茄太阳'，给我温暖，给我希望，将鼓舞我走出阴影，走向明天。"

……

围绕"番茄太阳"的探究，给了学生广阔的探究空间，学生的发言已经超乎了教者的预料。这样引导，学生就在思路的拓展、形象的透视中，走进了语言的深层，涉及了事情的本质，合理而灵活地理解了内容，深刻而真切地感悟了情感。

6. 呆板时：点拨求活

如学生理解问题就事论事，可以设问发散的方法点拨，以引导学生灵活理解。请看《穷人》的教学片段：

生：我真不明白，既然桑娜是一个"宁可自己吃苦，也要帮助别人"的人，为什么抱回孩子后神色那么慌张，心里那么害怕呢？

师（先是一愣，但很快便冷静下来，并来了个将计就计）：善于思考，善于发现问题，不错。是啊，老师也觉得这时的态度不是那么坚决。你们认为桑娜帮助西蒙到底坚决不坚决？为什么？请联系课文谈谈自己的理解。

生：我也觉得她好像不是十分愿意把孩子抱回家。要是我，既然抱回来了，应该坦然自若，高高兴兴。

生：我不这样认为，我认为她的态度是坚决的。她点亮马灯去看丈夫时想到了生病的女邻居，便随即去看；当她发现西蒙死了，随即"用头巾裹住睡着的孩子，把他们抱回家"；虽然她"不知道为什么要这样做，但是她觉得非这样做不可"。

生：既然这样，她为什么要那么慌慌张张呢？我看，你既然知道自己做了一件值得做的事，就应该从容地面对一切，为什么还要这样惊慌呢？

生：我觉得你是站着说话不腰疼。（笑声）你想想看，桑娜家生活那么艰难，这么恶劣的天气，丈夫竟然要冒着生命危险出海打鱼，他们的生计是那么艰难。自己家中有5个孩子，吃的只有菜和鱼，孩子不论冬夏都光着脚。再加上两个孩子，这生活怎么过？她难道不要考虑吗？因此，我觉得她态度是坚决的，只是生活所迫，她不可能那样理直气壮。

生：我觉得不至于吧！（笑声）孩子已经抱了回来，你慌张有什么用呢？我看与其这样慌张，还不如镇静地面对现实。她这么慌张是担心自己挨打。

生：话不能这么说。（笑声）孩子抱回来了，虽然她担心丈夫可能会揍她，但她认为"我自作自受"，"揍我一顿也好！"为什么桑娜神色慌张、心里害怕呢？这是因为她想到：家里有五个孩子时生活就很艰辛，再抱回两个孩子能养得活吗？她真是担心，况且，这么大的事儿，她事先没有征得丈夫的同意。

生：我认为，桑娜虽然是慌张的，但态度是坚决的，虽然生活艰难，但她把孩子抱回来了，而且宁可挨丈夫的打也要把孩子留下。课文这样描写，具体而真实、形象而逼真地再现了桑娜抱回孩子后的心理，突现了她"宁可自己吃苦，也要帮助别人"的可贵品质。

读着上面的案例，我们好像置身于大学生辩论赛的赛场，孩子们那流畅的语言，如同汩汩流水；那严密的说理，叫人深信不疑；那热烈的气氛，令人心情振奋……如果多来些类似的争辩，语文教学就不会让学生感到"味同嚼蜡"，而会让他们"乐此不疲"，学生从语文学习中所得到的，就不再是抽象的意义，而是丰富的情感，浓浓的情趣，学生得到的就不仅是语言文字的训练，而且有精神境界的提升和个性品质的发展。可见，教者有效的引导，激活了学生的思维，拓展了思维空间，掘进了思维深度，促进了语言的深刻理解和情感的深切感悟。

可想而知，当我们把提问作为假设导读的重要环节进行研究，赋予其更多的内容、更深的内涵、更广的空间、更新的形式时，提问在阅读教学中的功能似乎难以估量，它带给教师的肯定是目标传递、过程展示、效果凸显的一幕幕精彩，带给学生的肯定是语文学习、语言发展、精神提升的一次次享受！

以矛盾创设助力教学曲径通幽

阅读教学过程，是以教材为凭借，以培养学生的语文综合素质为目标的师生共同参与的动态过程。在其过程中，教者须借助学生与教材、学生与教师之间的差异和不平衡，通过诱导、点拨、释疑，以逐步缩小差异、寻求平衡。一旦平衡形成，则再通过设问、激疑、创设，以形成新的差异和不平衡，从而使课堂教学如波逐浪，高潮迭起，一步步地达到预定目标。

这样的阅读教学，才富有张力，具有魅力。而假设导读所追求的，正是这种张力与魅力共存的教学境界。事实表明，矛盾是课堂教学中突现教学差异、创设教学高潮、激发学生兴趣、突出教学重点的重要条件，实施假设导读，就在于通过与教学目标相关的各种矛盾因素的捕捉和运用、各种矛盾时机的把握和处理，让学生在矛盾冲突中感受语境，理解语言，体会感情，从而助力教学进入曲径通幽的佳境。

一、矛盾创设的效应

1. 强化语言训练

充分有效地创设和运用语言情境，引导学生进行多种形式的语言活动，培养学生理解和运用语言的能力，这是阅读教学的重要目标。在教学过程中，以假设创设和运用矛盾，不仅可以充分挖掘教材的语言因素，而且能增加语言训练的生动性和趣味性、具体性和形象性，以强化语言训练效果。

首先，借助矛盾可以准确理解语言。教材中的"矛盾"有时是显而易见的，其"矛盾"多凝聚着作者谋篇布局、遣词造句的良苦用心。对此，引导发现和剖析，可促使学生准确理解语言。如《草原》有这样一句："鄂温克的姑娘们既大方又有点儿羞涩……"教者这样引导："羞涩"何义？这与"大方"不是矛盾吗？如果把"大方"去掉行吗？把"羞涩"去掉呢？为什么？这样写有什么好处？学生根据问题的引导知道：大方，说明鄂温克姑娘见到"我们"像见到亲人一样无拘无束，自由自在。但她们与"我们"毕竟是第一次见面，而且是年轻的姑娘，因而又必然有点儿羞涩。这样一对矛盾着的词语准确而传神地写出了鄂温克姑娘为"我们"表演时的神态，突出了她们对汉族朋友的一片深情。

其次，借助矛盾可以深刻理解语言。教材中的"矛盾"，有的暗含其中，"矛盾"中蕴涵丰富，引导发现并剖析，可促使学生深刻理解语言。如《在仙台》第一自然段中的"颇受优待"是课文情感表达和语言艺术的聚焦点，而其情感表达和语言艺术都是体现于"颇受优待"的矛盾描写之中。为让学生深刻理解，教者这样引导：

一是初读，发现矛盾。要学生自学课文，画出写"颇受优待"的句子并思考：鲁迅在仙台受到了什么优待？这能算是优待吗？——引导发现"实际"与"优待"间的矛盾。

二是剖析，理解矛盾。抓住"优待"引导剖析：①为什么说鲁迅得到的"待遇"算不上优待？这说明什么？——鲁迅搬家前住处"蚊子颇多"，搬家后喝的芋梗汤"难以下咽"，所以算不上优待。而改变这一状况，是几个职员无能为力的，这说明日本政府对鲁迅的歧视。②既然如此，鲁迅为什么又说"颇受优待"呢？这说明什么？——当时清政府腐败，留学生在国外受人歧视，在这样的情况下，鲁迅能得到"学校不收学费，几个职员为他的食宿操心"的待遇，应该算是优待，这说明日本人民对鲁迅的友好。③既然鲁迅认为自己受到了优待，为什么他又说这是"物希为贵"的优待呢？——虽然关心的是生活，从鲁迅个人着眼；但与藤野先生给予的真诚关心则有区别，职员关心的是生活，从鲁迅个人着眼；藤野关心的是学生，为中国人民着想。这样描写，就进一步从侧面突出了藤野先生"正直无私、豪无民族偏见"的品质。无疑，有了上述过程，学生就准确、深刻、具体地理解了"颇受优待"的内涵。

再则，借助矛盾可以灵活理解语言。教学中，通过课文内容间的联系创设矛盾，可激活思维，发散思路，以引导灵活理解语言，如阅读《将相和》，为让学生由"这块璧有点儿小毛病，让我指点给您看"和"我看您并不想交付十五个城，所以把和氏璧拿了回来。您要强逼我，我的脑袋就和璧一块儿撞碎在这柱子上"两句理解蔺相如的特点，教者这样引导：①蔺相如来秦国前曾许下诺言，如果秦王不肯交城，便使璧归赵，而现在又要撞璧，如果把璧撞碎了，他不是要自食其言吗？——前后联系，发现矛盾。②如果是你，会用什么方法要回宝玉？要回宝玉后会怎么办？——设身处地，寻求办法。③你们这样能要回宝玉吗？要回宝玉后能保住吗？为什么？——比较剖析，理解特点。这样学生便能明白：他可直接抢回宝玉，但这样做有失体面。可直接说明原因，要回宝玉，但这样难以如愿。因为秦王对璧爱不释手，决不肯轻易放手。而说璧有毛病，可乘其不意，攻其不备。可见，相如并非真要撞璧，而是抓住秦王爱璧的弱点，吓唬秦王，迫其答应条件，以拖延时间，派人送回宝玉。这样引导，能促使学生灵活地理解语言。

2. 创设教学高潮

戏剧理论家贝克认为：高潮不论用动作、对话、手势或思想（直接表达或暗示）表现出来，它总是在观众中产生一场、一幕或全剧的最强烈的感情。高明的戏剧家总是善于精心设计戏剧中的高潮情节，有经验的教师也总是精心设计教学中的高潮环节，这样可使课堂教学跌宕多姿，有张有弛，以激发兴趣，唤起注意，强化效果。在阅读教学中，根据教材特点，围绕教学目标，巧用假设创设矛盾，可不断形成教学波澜，创设教学高潮。

首先，在欲扬先抑的矛盾创设中形成教学高潮。在阅读教学中，可根据教学需要暂对文中某个人物（或事情）给以贬低，以形成差势，为最终褒扬而蓄势。一旦蓄势成功再行褒扬，课堂便顿起波澜。

阅读《跳水》，为引导学生理解船长的特点，教者引导：孩子爬上横木时，船长用什么办法逼孩子跳水？（用要开枪的方法）船长竟然用枪逼孩子跳水，这也太狠心了，你们说是吗？——创设矛盾。学生大都赞成，教者接着追问：如果是你，会用什么可靠的方法救小孩？——引导发散。学生有说垫棉被的，有说围人墙的，有说用帆布的，有说让孩子蹲下抓紧横木的……此刻教者猛地一转：大家想一想，如果运用上述方法，结果如何？——回文验证。这样，自己认为的好方法却得到了不好的结果，自己认为不好的方法反而使孩子安全脱险，其矛盾一下凸显了出来，课堂气氛顿时活跃起来。通过讨论，大家具体而真切地理解了船长机智果断的特点。

其次，在妙珠串问的矛盾创设中形成教学高潮。运用假设妙珠串问，创设连环矛盾，可使课堂教学波澜起伏，高潮迭起。

阅读《草船借箭》，揭题时以矛盾初设波澜。在简单介绍东汉末年孙、刘联合抗曹，刘备派诸葛亮配合孙权作战的史实后教者设问：如果你是诸葛亮，你是来帮助孙权抗曹的，你会去向曹操借箭吗？为什么？而诸葛亮为何又这样呢？学生顿生疑团，课堂波澜初起。初读后以矛盾再设波澜。学生初读课文，了解周瑜要诸葛亮十天交十万支箭，以应抗曹之用，教者问：如果你是周瑜，你急着等箭与曹军交战，你该如何与诸葛亮配合，而周瑜的表现如何？奇怪吗？这样课堂波澜又起，学生便开始了对课文的深入探究，从而理解了周瑜的真正目的和其特点。

再则，在推波助澜的矛盾创设中形成教学高潮。教学中常有这样的现象，微波初起又稍纵即逝。我们可察微观细，把握契机，一旦微波兴起，则兴风助浪，推波助澜，以促使教学高潮的形成。

《第一朵杏花》中有这么一句："竺爷爷顷刻间像年轻了几十岁，立即兴冲冲地快步走到前院。阳光下的杏树，捧出了第一朵盛开的杏花。"自由朗读后，教者让学生说感受，以体会竺可桢看到第一朵杏花开放后的激动和兴奋。一名学生说："我觉得这时候的杏花树，正捧着第一朵盛开

的杏花在对竺可桢说话呢?"教者心中一喜,随即顺势引导,催生了教学精彩。请看下列教学片段:

师:是啊,阳光下的杏树,捧出了第一朵盛开的杏花。对竺可桢爷爷来说,这是来之不易的杏花呀!如果你是杏树,捧着这朵盛开的杏花会对竺可桢说什么呢?

生:竺可桢爷爷啊,还记得吧,去年春天你让邻家的小孩注意观察,弄清第一朵杏花开放的时间。经过一年的等待,这朵杏花终于开放了,你一定很高兴吧!

生:竺爷爷啊,盼星星,盼月亮,终于盼来了第一朵杏花的开放。我知道第一朵杏花开放的时间对你很有用处,赶紧把它记下来吧!真要好好地谢谢您,您对我们花儿这么关注。

(其他学生发言略)

师:看到开放了的第一朵杏花,如果你是竺爷爷,可能会对杏花、对小孩儿说什么呢?

生:杏花呀,我早出晚归,难有专门的时间来恭候你,我就把任务交给邻家的小孩子。这孩子还真的守信用!

生:杏花呀,谢谢你!等了一年,终于与你见面了,我得赶紧把时间记下来。

生:小朋友啊,竺爷爷事情多,没有专门的时间观察,为了等候这朵杏花的开放,你辛苦了!谢谢你!

(其他学生发言略)

上述案例中,教者对学生的话题顺手牵羊,着意运用,引导联系语言背景,以杏花树和竺可桢爷爷的口吻,显化语言的丰富内涵,展示竺可桢的激动和兴奋。联系语境,学生对第一朵杏花开放时间的来之不易和重要意义就有了更具体的理解,对竺可桢爷爷的兴奋和激动也有了更形象、更具体的理解。

二、矛盾创设的方法

在阅读教学中，可借助假设创设和运用矛盾，以促使学生深入理解课文内容，体会思想感情，品味重点词语，把握语言规律。

1. 在知识的狭窄处创设

小学生知识面狭窄，就某一知识而言，"已知的"与"未知的"有时候往往大相径庭。为激发其求知欲望，可抓住其知识的狭窄点，通过知识介绍，形成矛盾，激其生疑，以引发其探究欲望。

如：对灰尘学生虽为熟悉，但这方面的知识了解却并不全面。为此，对《假如没有灰尘》（人教版课标本五年级上册）一课，教者这样导入：揭题后，让学生在括号里填上合适的关联词：灰尘（　　）我们的朋友，（　　）我们的敌人。所有的学生都不假思索地填写了"不是……而是……"。教者随即设问：如果在括号里填上"既是……又是……"，你同意吗？为什么？此刻，矛盾顿起，学生一个个迷惑不解，表示反对。教者接着引导："大家一定感到奇怪，灰尘怎么会是我们的朋友呢？既然这样，为什么又是我们的敌人呢？学了这篇课文你们就知道了。"这样引导，既诱发了学生的学习兴趣，又明确了学习目标。

2. 在理解的片面处创设

由于水平能力的限制，对有些问题学生的理解往往是片面的。我们可根据教学经验，抓住学生易于片面理解的知识点，创设矛盾，设疑促思，引导其全面正确地理解课文。

阅读《穷人》，学生对"温暖而舒适"的理解多是片面的，教学中教者便主动出击。阅读第一自然段时，让学生找出与题目相矛盾的一个词语，并说明原因。学生很快找出了"温暖而舒适"并自我发问：既然桑娜家是穷人，家里怎么会"温暖而舒适"呢？教者佯装同意且加以强调：是啊，穷人家中怎么会"温暖而舒适"呢？我们来看看她家到底怎样"温暖而舒适"。学生找出写"温暖而舒适"的句子，在此基础上，教者巧妙反问：真怪啊，一个穷人，家中火炉怎会不熄，食具怎么会发亮，地面怎么会干净，帐子怎么会发白，孩子怎么会安稳地睡着呢？此时学生恍然大悟，不仅准确理解了"温暖而舒适"的内容，而且理解了课文遣词造句的准确和感情表达的真实。

3. 在认识的偏差处创设

由于诸多方面的原因，小学生阅读中出现认识上的偏差不足为怪。对此，教者可巧妙捕捉，利用"偏差"，创设矛盾，引导学生在矛盾的剖析中形成正确的认识。

阅读《小音乐家扬科》，为让学生看清管家的本质，教者这样引导：处置扬科时，管家认为"他太小了"，"几乎站也站不稳"，而不"送他去监狱"，决定"打他一顿算了"，可见管家是什么样的人？——故意将学生思路引上"斜路"。多数学生轻易上当，认为管家同情扬科，并说明了理由。接着，教者引导：事情的结果如何？（扬科悲惨地死去）如果不是管家会这样吗？（当然不会）既而引出矛盾：真奇怪呀，既然管家同情扬科，为什么说没有他扬科又不会悲惨地死去呢？这不是自相矛盾吗？管家真的同情扬科吗？此刻学生豁然开朗：既然扬科"太小"、"几乎站也站不稳"，又怎能挨一顿打呢？更何况扬科已经挨了一顿毒打呢！另外，扬科被毒打致死，这是管家能够料及的。可见，管家对扬科没有丝毫的同情，只有百般的摧残。

4. 在语言的模糊处创设

教材中模糊语言的使用，丰富了语言的蕴涵，为发展学生思维创设了条件，可抓住稍加变更便能形成矛盾的模糊语言，合理点拨，创设矛盾，引导学生据理力争，求得对问题的深入理解。

阅读《三人行》（冀教版六年级下册），为引导正确理解师长的"命令"，教者由"似乎"一词设问："似乎"何义？到底师长的命令近不近情理呢？如果你在场，看到王吉文的处境会如何说？看到师长的处境又会如何说？知道了他们二人的处境后，又会如何说？这不仅自然引出了"近情理"与"不近情理"两种观点，而且引出了一场有理有据的争辩。通过争辩大家统一了认识：表面看来，师长的"命令"不近情理，因为王吉文身负重伤，饥饿疲劳，而且又背了一个战士，再让他背黄元庆能行吗？其实，师长的"命令"是近情理的：其一，师长的马上有个战士，手上扶着个战士，肩上背着枪支和干粮袋，要他再背黄元庆是力不从心了。其二，王吉文虽伤势很重，但师长可能不知道，至少不知道他伤得那么严重，因为当时部队伤员太多，且王吉文意志坚强，他不可能让师长知道。其三，我们是革命队伍，决不能置任何掉队的战士于不顾。这样引导，不仅能使学生深入理解内容，而且能培养学生的论证能力。

5. 在作者的潜心处创设

有些课文，作者潜心安排了矛盾，且其矛盾中蕴涵丰富，如不加重视，不仅难使学生理解内容，而且使其失去思维发展的良机。为此，可捕捉矛盾点，通过点拨加大落差，使其激化，再通过矛盾探究，引导学生深入理解。如《十里长街送总理》对老奶奶"焦急而耐心"的描写是作者潜心之笔，教者可分三步引导理解。

第一步，发现矛盾：读读这段话，找出句中一对矛盾的词，说说为什么矛盾。学生都顺利地找出了"焦急"和"耐心"，且说明了原因。

第二步，探究矛盾：为什么老奶奶焦急呢？如果是你，你焦急什么呢？（因为年岁大了，身体又不好，怕坚持不住而不能与总理告别）为什么又耐心呢？如果是你，会如何耐心呢？（无论如何也要等下去，与总理见上最后一面）

第三步，消除矛盾：焦急也好，耐心也好，都说明了什么？以引导统一矛盾：这样描写，集中表现了老奶奶对总理的忠心爱戴和深切怀念，从而使学生深入理解课文内容，深切感受课文情感。

追求读与写的自然融合

当前，作为语文教学传统经验的读写结合似乎渐被淡忘，无论观摩课还是研究课，经典课还是常态课，能给读写结合一席之地已是凤毛麟角。读写油水分离，甚至互不往来，仍然是当前作文教学的通病：阅读课就一门心思指导读，学生难以得到写作的启示和机会；作文课则心无旁骛引导写，学生难以得到阅读的启示和支撑。

20世纪八九十年代，人教版小学语文教材以"习作例文"和"读写例话"来贯彻读写要求，这对读写结合起到了很好的引领作用。新一轮课改中，各种版本的教材相继问世。可有些版本的教材，教材整体的联系难以把握，条块组合的规律难以琢磨，读写目标的确定颇费心思，加上教材内容频繁调整，使得不少教师或者是雾里看花，或者是无所适从。而教材中的作文设计，注意了与生活的联系，似乎又忽视了与阅读的关联。加上教参对教材读写要求的分析也是"犹抱琵琶半遮面"，使得原本就潜藏于教材之中的读写结合要求难以捉摸。可见，读写结合是课程改革必须破译的密码，想方设法让读写结合这一传统教学经验在新形势下发扬光大，这是课程改革必须直面并亟待解决的重要问题。

事实上，教材中的课文，都是文质兼优的佳作，它既是阅读吸收的经典，也是习作表达的范例。因此，须重视读中学写，发挥例文对习作的引领作用；须注意写中深读，发挥习作对阅读的促进作用。

实施假设导读，可发挥假设的特殊功能，在紧扣教学目标、把握文本特质的前提下，确定读写结合重点，拓展读写结合空间，丰富读写结合内容，创新读写结合形式，瞄准读写结合时机，从而达到读与写的自然结合，有效融合，使读写结合进入崭新的天地。

一、让学生带新词走向运动场

词语，是组合句子、表情达意的最小语言单位。阅读教学中的重要任务，就是要使教材提供的词语成为学生的语言库存，使其成为学生自主读（解读语言）、写（表情达意）的活的要素。事实上，每篇课文的学习，学生总能接触不少新的词语，但能在之后语言活动中进行自主能动地运用的不多。虽然语言学习有个循序渐进、厚积薄发的过程，但如果有目的、有意识地引导，让学生带着新词参与语言活动，使词语进入语言活动的运动场，就能加快词语理解到运用的进程。因此，阅读教学中，须精择使用频率较高的词语，让学生带着它们走进语言活动的运动场，让词语在运动中理解，在理解中运用，以促进词语的内化。

1. 让新词在内容的概括中运动起来

对课文出现的新词，引导学生深刻理解、灵活运用，并最终成为他们语言仓库中活的"库存"，成为语言活动中"招之即来，来之能用"的自由元素，这是阅读教学的重要目的。不少老师对文中的词语虽比较关注，但整体性和系统性不够，一篇课文一般选择一两个词语引导运用，其余词语则多以学生能力有限、教学时间有限等为由而置之脑后。因此，相当多的词语，学生阅读中虽经常接触，但语言活动中总难以寻觅。当然，由于诸方面的原因，要学生对课文中出现的新词都能掌握也许难以做到，但是想方设法地让尽可能多的词语运用起来还是必要和可能的。

在学生初读课文，对内容有了初步感受，对词语有了初步了解后，可借助重点词语对课文内容引导梳理概括。这样，词语就成了把握内容的凭借，内容就成了理解词语的背景。如《轮椅上的霍金》中的许多新词，对表现人物有着举足轻重的作用，为让学生在理解中运用，运用中理解，教者这样引导：

师：（出示词语）通过预习，你们已经初步知道了课文内容，如果让你向别人介绍课文内容，请选择下列词语（出示词语），简单地说一说。

悲悯　折服　禁锢　神秘莫测

由衷　尖锐　震颤　顶礼膜拜

唐突　跻身　景仰　众星捧月

生：轮椅上的霍金能对神秘莫测的宇宙进行探索，真令人折服。由于他科学研究中的突出成就，他受到了人们众星捧月般的顶礼膜拜，面对女记者唐突而尖锐的问题，他非常坦然，以真诚的回答给了人们心灵的震颤。

生：在科学研究上取得突出成就的霍金，不愿意去接受人们众星捧月般的顶礼膜拜，而宁愿独自一人静静思考宇宙的命运，真令人敬佩。

生：虽然霍金被禁锢在轮椅上，但他的思维却走进了神秘莫测的宇宙空间，真令人不可思议。一位女记者在深深景仰之余向他提出了唐突而尖锐的问题，但霍金却依然露出恬静的微笑，他的回答更是出人意料，人们在心灵震撼之余，纷纷向他表示由衷的敬意。

……

上述所列词语，比较冷僻，学生难以理解，不采取有效措施，他们是难以自主运用的。而借助词语陈述内容，既促进了内容的把握，又促进了词语的理解，还促进了情感的感悟。这种运用，比起简单地选一两个词语，让学生说说意思，不仅有效，而且高效。有了这一过程，学生对词语的理解就不是抽象的，而是具体形象的；学生对语言的运用就不是单调的，而是充满情感的；学生对内容的把握就不是零散的，而是整体联系的。

2. 让新词在中心的升华中运动起来

对词语，没有深刻而灵活的理解，就难有准确而自如的运用；没有灵活而自如的运用，就难说有深刻而灵活的理解。因此，要使所学新词"化为己有"，须融理解、运用于一体，让课文阅读的过程，作为引领学生运用词语的过程；让词语运用的过程，作为引导学生阅读感悟的过程，让学生不断地盘活词语，让词语不断地运用起来。因此，在整体理解内容、深刻感悟情感的基础上，可依据课文，创设情境，引领学生运用课文中的重点词语，想象描述，以促进内容理解的深入，促进情感感悟的升华。如《轮椅上的霍金》，在学生对语言内容有了深刻理解、对语言情感有了深切感悟后，教者又接着引导：

> **师**：霍金简单的语言、恬静的微笑，给了人们心灵的震撼。此时此刻，如果你在场，亲自感受了那感人的一幕，你心中会想些什么呢？能选用上述词语，谈谈自己的感受吗？
>
> **生**：霍金回答了女记者的问题后，人们受到了心灵的震撼和灵魂的洗礼，虽然霍金不愿意接受人们众星捧月般的顶礼膜拜，但人们还是真诚地把这样的待遇给了他。
>
> **生**：霍金的回答，给了人们心灵的震颤，我想那个提出尖锐而唐突问题的女记者更是受到了深深的震撼，她对霍金一定更加景仰，更加佩服。
>
> **生**：轮椅上的霍金以他惊人的毅力，成为世界公认的宇宙之王，成为跻身卢卡逊数学讲座的教授，受到了人们众星捧月般的顶礼膜拜，令人景仰。而更叫人敬佩的是他的宽容，他的善良，他的知恩图报。虽然女记者的问题唐突而尖锐，但霍金依然是那样坦然，女记者说霍金失去很多，而他说自己拥有很多，他想到了感恩。他的话语，动人心魄；他的行动，撼人心灵。
>
> ……

这里，教者通过情境创设，引学生走进文本，走近人物，让学生运用词语，叙谈感受，借助词语的运用和内化，促进情感的感悟和升华。可见，读写结合的着力点之一，是要精选重点词语，提供语境，促其运动，促进运用，让它们内化为学生的财富。

3. 让新词在情境的拓展中运动起来

课文是学生理解和运用新词的重要语言场，但仅凭课文要使课文中出现的新词为学生所有，有时还比较困难。因为课文呈现的语言场不仅有限，而且有些与学生生活有一定距离。也许，有些词语简单地让学生以课文内容为依据进行运用并不困难，但离开了课文的特定背景，他们运用起来往往会有新的陌生感。因此，须想法拓展词语运用背景，让词语的运动场开阔起来，从而把词语引进无限广阔的生活天地，使生活与课文有效连接。这样，一旦阅读中出现类似的词语，他们就能凭借现实生活中的相关画面，进行形象的联系，内涵的感受；一旦生活中出现类似的画面，他们就能凭借语言仓库中的有关词语，进行情境的描述、情感的表达。《轮椅上的霍金》阅读后，教者这样引导：

> **师**：同学们，学习词语不仅在于把它们贮存于自己的语言仓库之中，而且在于让它们成为我们描述生活、表达情感的有效元素。你能选择下面的词语，联系生活实际说一段话吗？（让学生选择练笔后交流）
>
> 悲悯　折服　禁锢　神秘莫测
> 由衷　尖锐　震颤　顶礼膜拜
> 唐突　跻身　景仰　众星捧月
>
> **生**：我们身边的一些追星族，对影星、歌星简直是顶礼膜拜，一旦遇到这些"星"，便众星捧月般地把"星"围个水泄不通，又是要签名，又是要合影，简直到了狂热的程度。我觉得，追星可以，但不能轻重倒置，我们应该把重点放了解他们是怎样借助自己的努力，成为令人敬佩的"星"的，这样才有价值。那些依靠自己的"身价"捞取钱财的"星"根本不值得我们去追。
>
> **生**：鞠萍姐姐是我们景仰的节目主持人。那天，她来我校向我们介绍了自己成长的故事，她那刻苦学习、不断进取的精神得到了老师

和同学们的由衷赞叹。一个普通的孩子，能够跻身名主持的行列，这不仅出于她的智慧，更凝聚了她的汗水和心血。

    生：邻居张爷爷，坚持20多年，义务负责我们小区的清洁卫生，从来不要报酬，而且谁要是说谢谢，他也很生气。对他而言，他一辈子也不可能得到众星捧月、顶礼膜拜的待遇，但是他的精神令人景仰，他的行为给我们深深的震撼。我由衷地为我们小区有这样的好爷爷而感到自豪。

当然，阅读中接触的新词，要真正成为听从学生自由调遣的语言元素，除了刚刚接触时给他们运用的天地，让词语运用给他们深刻的印象外，还须不断地寻找机会，创造条件，促进这些词语与语言活动的结合，促进词语与现实生活的结合。

二、让词语在盘活中不断增值

培养学生的语言能力，须引导学生准确而灵活地运用语言仓库的词语"库存"，让它们进入语言活动中，成为听从学生调遣，进行形象描述、事情叙述、人物刻画的自由元素。我们知道，随着学生阅读量的不断增加，学生的词语积累也不断增多，但一个不争的事实是，学生见识的许多词语往往难以自主、自如地运用于自己的语言活动。原因固然是多方面的，而语言"库存"难与现实生活的语言活动发生联系，是其主要原因之一。因此，进行读写结合，除了以有效的方法，引导学生将刚刚接触的新词尽快地转化为积极"库存"外，还须想方设法为学生提供盘活语言"库存"、强化语言实践的机会，让他们心中贮存的词语不断地进入语言活动，使其在不断运动中盘活，在反复运用中增值。

1. 拓展画面，提供词语运用背景

阅读教学中，如孤立地引导用词造句，缺乏与课文自然而必然的联系，这样的语言活动不仅是枯燥的，而且是低效的。有效的办法是借助课

文的阅读感悟，为学生提供激活和运用词语的机会，借助词语的激活和运用促进阅读感悟，让学生带着库存的词语进入语言活动的运动场。

《滴水穿石的启示》一文，对滴水穿石的过程只有简单的概述，没有具体的描述，仅此学生往往难以感受水滴锲而不舍、不屈不挠的精神。为此，可通过画面想象，形象拓展，为学生提供情境感受、情感感悟、词语运用的凭借。在引导想象、构建形象的基础上，教者对形象进行梳理，让学生完成以下习题：在小括号中填成语、中括号中填名言、横线上填一般词语：

水滴不紧不慢地滴着，可石头（纹丝不动），它好不得意，区区水滴要把我滴穿，真是［蚍蜉撼大树——可笑不自量］。水滴明白，虽然自己（微不足道），但是［有志者事竟成］，只要（持之以恒），就没有蹚不过的河流，翻不过的高山，越不过的坎坷。简而言之，就没有穿不过的石块。寒来暑往，斗转星移，世纪更替。几百年、几千年、几万年过去了，凭借（锲而不舍）的精神，（百折不挠）的毅力，水滴终于滴穿了石头。此时此刻，石头不得不（俯首称臣）。（不是唯一答案）

这样引导，简单的语言变成了具体情境，抽象的叙述变成了形象画面，从而有效地激活了学生的词语"库存"，引发了学生的情感参与，加深了学生对水滴情境的感受和水滴精神的感悟，促进了语言与精神的同构共生。

2. 梳理思路，提供词语运用凭借

不少教师认为学生能力有限，对思路梳理，或置之不理，不加关注，使思路教学退出课堂；或越俎代庖，简单从事，使思路教学缺乏实效，从而在一定程度上影响了学生对语言的深刻理解和情感的深度感悟。事实上，梳理思路的方法很多，对小学生而言，须让思路形象地呈现，具体地推进，让他们在鲜活的材料中感悟语言运用的魅力。为此，可融思路展示与语境创设于一体：以思路呈现，促进学生对课文的深度理解；以语境创

设，促进学生对语言的灵活运用。

在《滴水穿石的启示》一文中，作者具体叙述了李时珍、爱迪生、齐白石等人物锲而不舍的过程。为引导理解课文思路，教者设计了以下练习：

> 括号里填成语，横线上填词语：李时珍、爱迪生、齐白石是（古今中外）成功者的杰出代表。用医学为民造福，是李时珍的毕生追求。他（翻山越岭），足迹遍布（五湖四海）。访名医，他吃尽（千辛万苦）；尝药草，他可谓（舍生忘死）。经过二十几年的努力，终于编成了《本草纲目》。用发明为民造福，是爱迪生的矢志追求。他毕生（孜孜以求），对电学研究（如痴如醉），使他成了（举世闻名）的发明家。以艺术为民造福，是齐白石的终生目标。他成名前锲而不舍也许（不足为奇），成名后坚持不懈便显得（难能可贵），而在晚年依然如此简直叫人（不可思议）。由此可见，不管是谁，只要认定目标，持之以恒，就一定能成功。（括号里学生可灵活填写）

经过梳理，学生不仅对课文说明的道理有了深刻透彻的理解，而且对"有理有据"的说明方法也有了初步认识。在此基础上，还可设计如下练习：

> 由滴水穿石的奇观，作者想到：（微不足道）的水滴能穿透石头，在于它目标专一，（持之以恒）。如果我们也像水滴那样，就没有什么事情做不成。接着便以李时珍、爱迪生、齐白石的事例加以证明。因为他们的名字几乎（众所周知），他们的事迹几乎（家喻户晓），他们都是靠（滴水穿石）的精神取得成就的。这样说理，（有理有据），叫人（心悦诚服），毋庸置疑。否则，别人便可能难以置信，也可能（将信将疑）。接着，作者又以人们（司空见惯）、有目共睹的雨点从反面证明，使说理更加严密，（无懈可击），让人深信不疑。至此，作者得出结论便（水到渠成），瓜熟蒂落。（括号里学生可灵活填写）

这样的习题，聚焦的是情感，关注的是语言，不仅能引导学生灵活而深刻地感悟课文说明的道理，而且能具体而真切地感悟作者有理有据的叙述方法，以使语言系统的丰富与精神世界的完善同向同步，真正让学生感受语言文字的魅力，感受语文学习的乐趣。

3. 构筑情境，突破阅读感悟难点

由于缺乏必要的形象支撑，学生阅读往往会遇到难点，或者难以感受语言情境，或者难以理解语言意义，或者难以感悟语言情感。为此，可通过情境构筑，让语言以形象凸显，以促使学生的具体感悟；让形象为词语运用留白，以促使学生对词语的灵活运用。

课文《日月潭的传说》，对大尖哥和水社姐奋不顾身拯救日月，为乡亲们惩治恶龙的情景叙述简单，没有具体细节，学生对他俩勇往直前、舍生忘死的精神难以深切感悟。为此，教者设计了如下习题，要学生认真阅读，想象情境，并在括号里填上合适的成语（或词组）：

> 恶龙甩起尾巴朝大尖哥和水社姐（劈头盖脸）地打来，他们躲过了；恶龙张开大嘴发出（震耳欲聋）的吼叫，他们忍住了；恶龙伸出爪子想来个（饿虎扑食），他们闪过了……凶猛无比的恶龙见自己竟然敌不过两个年轻人，不禁（恼羞成怒），都来围攻大尖哥。说时迟，那时快，大尖哥以（迅雷不及掩耳）之势，挥舞砍刀，砍死恶龙；水社姐（眼疾手快），用剪刀剖开龙肚子，救出了太阳和月亮。这真是一场（惊心动魄）的战斗！（括号里由学生灵活填写）

上述习题，充分地展示了语言隐含的情境，合理地提供了语言运用的背景。完成了上述习题，学生则能清晰而具体地感受到，面对战恶龙过程中的刀光剑影，兄妹俩无所畏惧，奋不顾身。这样，借助情境凸显语言重点，显示语言形象，提供运用凭借，能让阅读理解、内化吸收与写作运用、外化表达融合一体，情境构筑就既促进了情感的感悟，保证了阅读感悟的具体性和形象性，又促进了情感的表达，坚持了语言运用的情境性和随机性，促进了阅读教学效率的提高。

三、让新的句式在模仿中内化

阅读教学中，学生在不断接触新词的同时，对新句式的了解也日益增多。词语须在运动中吸收，句式须在模仿中内化。一篇课文，新的句式不是很多，对学生司空见惯的句式，无须大动干戈，需要关注的是描述形象、阐述意义、表达情感的典型句式。对此，既要善于捕捉，还要着意引导；既要引导理解，还要指导运用。这样，一旦学生对一些新的句式能够正确地把握、灵活地运用，他们的语言能力便能有长足的发展。

1. 借助句式训练，促进阅读感悟

如今，句式训练虽得到不少老师的重视，但容易出现这样的现象，突然间中断了内容理解和情感感悟，穿插进某个句式训练。这样油水分离，语言感悟缺乏连贯性，情感感悟缺乏整体性。为此，可挖掘课文内容的训练因素。这样，既能以句式训练促进内容的理解、情感的感悟，又能以阅读感悟促进句式的运用、语言的内化。如《爱如茉莉》（苏教版国标本五年级下册）一文，借助妈妈住院一事的叙述，反映了亲人之间浓浓的真爱。为引导学生感受其中的"爱"，教者这样引导：

师：同学们，亲人间的"真爱"，渗透于课文的字里行间，你从哪些细节中感受到了这种浓浓的爱呢？请你用"爱是……"的句型说一说。

（生阅读体会，画出细节后引导交流）

生：爱是妈妈在病榻上的叮咛。妈妈虽然生病了，但她再三叮嘱"我"为爸爸买好馄饨，免得他过早地知道妈妈生病的事；爱是妈妈手脚的麻木，为了能让爸爸安静地睡一会儿，妈妈一动不动，连手脚都麻木了。

生：爱是爸爸急切的奔跑，虽然我照妈妈的话去做，但爸爸凭着自己的直觉，很快地从我看似镇静的外表上，读懂了"我"心中的不

安，他没有吃我买的饺子，也没听我花尽心思编的谎话，而是直奔医院。由此，可以看出他对妈妈的爱。

生：爱是爸爸再三的叮嘱。爸爸知道妈妈很爱茉莉，就嘱咐我一定要买一束茉莉放在妈妈的床头。爱是爸爸轻轻的脚步，为了不惊动妈妈，爸爸走路是那样小心翼翼，而且要我走路不要发出声音。

生：爱是爸爸特殊的睡姿，为了能及时了解到妈妈是不是醒了，爸爸坐在床前的椅子上，一只手紧握着妈妈的手，头伏在床沿边睡着。爱是爸爸布满血丝的眼睛，为了照顾妈妈，爸爸整日整夜地睡不好觉。

生：爱是"我"精心编织的谎言，为了让爸爸安心地吃上"我"买的馄饨，"我"想方设法地骗爸爸，虽然最终被爸爸识破了，但从中也看出"我"对爸爸、对妈妈的爱。爱是"我"采摘的一大把美丽的茉莉，这是爸爸的吩咐，是妈妈的喜爱，"我"把它插在瓶里，好让妈妈在花香中欣然醒来。

……

上述教学片段，教者以"爱是……"的句式，引导学生梳理内容，透视内涵，叙谈感受。这样，学生既整体地把握了语言内容，又深刻地感悟了语言情感；既促进了语言的理解，又促进了语言的表达。

2. 借助句式训练，拓展阅读背景

由于篇幅的限制，也由于表述的需要，课文在内容叙述中，往往给读者留下了一些空白，它给了人们想象驰骋的空间。借助句式训练，引导学生填补这些空白，充实这些空间，可有效地将阅读宽度的拓展、阅读深度的掘进与语言运用的训练融合一起，以促进学生读写能力的同步提高。如句子"苹果嚷着冷了，要穿红袄；葡萄嚷着冷了，要披紫袍。"（《秋天》，苏教版国标本四年级上册）以拟人的手法，具体描述了秋天给果实带来的喜人变化，描述了喜人的丰收景色，表达了作者对大自然的赞美之情。这样叙述，生动形象，活泼跳跃，富有情趣。为引导由课文拓展开去，教者

先要学生模仿上述句式，描述自己眼中秋天的景物，一名学生这样描述：

> 黄豆嚷着凉了，放起鞭炮；高粱嚷着凉了，燃起火苗；水稻嚷着凉了，低头弯腰；棉花嚷着凉了，缀满了棉桃；小草嚷着凉了，罩上了黄袍。

接着，教者又引导借助上述句式，自己选择某个季节进行描述，有学生这样描述春天：

> 小草嚷着暖了，跳起了欢乐的舞蹈；竹笋嚷着暖了，挣脱了妈妈的怀抱；花儿嚷着暖了，露出了亲切的微笑；小河嚷着暖了，开始了自由的奔跑。

有学生这样描述夏天：

> 大树嚷着热了，撑起绿色的大伞；小河嚷着热了，一路向前跳跃；蝉儿嚷着热了，在枝头上拼命直叫；小鱼嚷着热了，在荷叶下躲藏不敢乱跑。

这样的句式训练，开阔了阅读背景，深化了阅读感悟；促进了读写迁移，强化了语言实践，使学生既能具体地领略大自然的五彩缤纷，又能真切地描述大自然的神奇美妙。

3. 借助句式训练，促进语言转换

课文精彩的语言难以从学生的语言实践中寻觅，原因是多方面的，而忽视语言的转换和内化是其重要原因之一。因此，须想法让学生接触精彩语言，通过转换促进运用，借助运用促进内化。对语言精彩的课文，可借助句式训练，引导学生依据课文语言，或创造形象画面，或挖掘语言内涵，或进行情感表达。这样，文本语言就在新的语言作品的产生中逐步地内化为学生的"私有物"。

《春光染绿我们双脚》中有这样一段："我们走到哪里，哪里便披上绿袍，千年裸露的山岩，结束了烈日的煎熬。"为引导借助句式训练，把握人物行动与行动结果间的关系，理解植树造林的意思，教者这样引导：

师：老师对这段话做了改写（出示：我们用勤劳的双手，为无边的秃岭披上了绿袍，让千年裸露的山岩，结束了烈日的煎熬），请你们结合课文内容，仿照上面句式写写句子，感受植树造林的意义。（生仿写后交流）

生：我们用勤劳的双手，让寂寞多年的荒山变得枝繁叶茂，每当风儿吹过的时候，便涌起阵阵林涛；我们用勤劳的双手，让无家可归的小鸟有了美好家园，每当日出日落的时候，就传来阵阵欢笑。

生：我们用灵巧的双手，为小巧玲珑的松鼠建起了美好的家园，使它快活得叽叽直叫；我们用灵巧的双手，为小兔撑起了绿色的大伞，使它从此不怕天上的老雕；我们用勤劳的双手，为小猴准备了嬉戏的秋千，使它在茂密的树丛中开心得又蹦又跳。

生：我们用勤劳的双手，让山下的河流改变了面貌，它再也不浑浊咆哮，荡漾的碧波轻抚着河畔的小草；我们用勤劳的双手，让荒山秃岭变成了果园，待到金色的秋天，我们把丰收的果园拥抱。

这样的训练，既是形象的构建，又是情感的表达；既是形象的梳理，又是内涵的显现；既有词语的锤炼，又有修辞的运用；既有句式的模仿，更有独立的创造，这对促进语言的深刻理解和自主表达，促进语言的深度感悟和灵活转换颇为有益。

4. 借助句式训练，描述生活情境

进行句式训练，既在于促进语言的深度理解和深度感悟，还在于让学生建立起语言内容与语言形式的联系，把握运用语言表情达意的基本规律，用以指导自己的语言活动。为此，要善于捕捉经典句式，引导把握规律，进行实际操练，从而使学生逐步形成借助文本句式，描述生活，表达情感的能力。

如："那像小提琴一样轻柔的，是在草丛中流淌的小溪的声音；那像琵琶一样清脆的，是在石缝间跌落的涧水的声音；那像大提琴一样厚重回

响的，是无数道细流汇聚于空谷的声音；那像铜管齐鸣一样雄浑磅礴的，是飞瀑急流跌入深潭的声音……"（《鼎湖山听泉》）这是很具个性的排比句，分句先用比喻描述事物情态，再交代事物。

为让学生掌握这种句式，教者先引导朗读想象，描述从画面看到的形象、听到的声音，建立起"形"与"声"的联系。接着这样引导：如果寂静的夜晚徜徉山间，你边看边听，会如何描述刚才的情景？学生都顺利做了转换：

> 那在草丛中流淌的小溪，像小提琴一样轻柔；那在石缝间跌落的涧水，像琵琶一样清脆；那无数道细流汇聚于空谷，像大提琴一样厚重回响；那飞瀑急流跌入深潭的声音，像铜管齐鸣一样雄浑磅礴……

再接着，要学生保持基本安静，各做其事，进而让学生用上述句式描述情境。一名学生这样描述：

> 那"沙沙沙沙"像春雨淅沥的，是同学们写字的声音；那"叮咚叮咚"像溪流流淌的，是同学们在饮水机前倒茶的声音；那"咯咯咯咯"像银铃一般清脆的，是女孩子的笑声；那轻声絮语犹如春蚕啃叶的，是老师与同学交谈的声音……

最后，又让学生运用上述句式自选内容写片段，一名学生这样叙述：

> 雾真大，走在上学路上，耳边传来各种声响，就是看不见丝毫影像：那"丁零丁零"的，是自行车清脆的铃声；那"叽叽喳喳"的，是小鸟在枝头鸣叫；那"扑通扑通"的，是鸭子在水中嬉戏；那"啪啪啪啪"的，是人们在河边漂洗衣服……

可见，捕捉典型句式，坚持语言内容与形式的融合，进行相关、相似、相近内容的句式模仿，这是读写结合的另一个着力点，它能有效地凸显语文教学的本质特征，让各种类型的句式最终成为学生语言"仓库"中的重要资源，并转化为他们语文学习的重要能源。

四、让微型训练彰显读写魅力

这里所说的微型训练，是就"读写结合"中写的训练而言。"微型"主要表现在写的篇幅简短，内容简单，语言简洁，形式简便。由于阅读教学承载着指导读与写的双重任务，也由于课堂教学时间有限，读写结合中的写，除了篇和片段的训练外，还必须青睐"三言两语"的微型训练。在阅读教学中，坚持围绕教学目标，依据文本特点，结合学生实际，相机安排微型训练，随机穿插写的练习，对于促使学生深刻地感悟、灵活地表达颇为有效。

1. 引导挑战名言，诱发真情表达

小学生对名言都有一种神秘感，似乎只有名人说出来的充满哲理、蕴涵深刻的话语才是名言。而事实上，每个人对事物都有自己独特的认识和感受，这些独特的认识和感受用精练的语言表达出来，就是他（她）的名言。而小学生，由于他们的纯真，他们对事物的认识更有令人信服的力量。为此，可在细读课文、理解内容、感悟情感的基础上，鼓励学生以名言的形式写下心中涌动的话语，以促使语言理解的深入和情感感悟的深化。

阅读《"蚁国英雄"》（苏教版国标本四年级下册《生命的壮歌》），学生被蚂蚁舍生忘死的精神深深地震撼了。为了深化理解，促进感悟，教者这样引导：外层蚂蚁的舍生忘死，换来了其他蚂蚁的新生，当到了对岸的时候，他们将采取什么方式哀悼为他们捐躯的英雄们？——引导想象表述。接着这样引导：小小的蚂蚁，具有这种团结协作和勇于献身的精神，这对我们来讲简直是不可思议。同学们，面对这些小小的蚂蚁，面对这群可爱的生灵，如果你要为他们立碑，你会写怎样的碑文呢？学生饱含深情地写下了充满激情的话语：

团结协作、舍生忘死的蚁国英雄们永垂不朽！

是谁，把生的希望给了别人？是谁，把死的危险留给自己？是蚁国英雄。他们的精神将永垂不朽，浩气长存！

在我们蚂蚁王国遭遇火灾时，成千上万的蚁民无私奉献出自己年轻的生命。虽然他们已经牺牲了，但它们的精神将永垂不朽！

蚁国的英雄们在一次意外的火灾中，为了自己的同胞免受更大的伤亡，他们致死不松动、致死不放弃，任大火烧得自己肝胆俱裂，最后英勇牺牲，他们的精神将与世长存！

这样的碑文，既折射着学生道德和情感的光芒，又反映出学生思维和语言的智慧，是语言和精神同构的成果。

2. 走进颁奖现场，表达真诚赞颂

中央电视台"感动中国"年度人物颁奖晚会上，那情感真挚、语意深刻、语言精练、个性鲜明的颁奖词，简直令人叹为观止。三言两语，就把人物独特的风采、感人的事迹、高尚的情怀刻画得淋漓尽致。而小学语文教材中，写人的课文不少，这些课文多是对人物进行赞颂的。阅读这类课文，可把学生带进颁奖现场，让学生结合课文内容，设计颁奖词。请看《最佳路径》的教学片段：

> **师：**靠了勤奋，靠了智慧，格罗培斯设计的路径获得了最佳设计奖。提到最佳，老师就想到了中国的许多最佳。大家知道，从2002年开始，中央电视台每年都要举行"感动中国"十大人物的评选，颁奖大会上不仅给获奖者颁奖，而且要朗读颁奖词，下面就是你们非常熟悉的人物的颁奖词，请谁读一读，大家猜一猜，是谁？（出示并指名朗读：他实现了一次伟大的跨越，100年来的纪录成了身后的历史，十重栏杆不再是东方人的障碍，因为中国有____，亚洲有____！这个风一样的年轻人，他不断超越，永不言败，代表着一个正在加速的民族。他身披国旗，一跃站在世界面前。）
>
> **生：**一看颁奖词，我就知道是刘翔。这段颁奖词，语言精练简

洁，突出了人物特点。

生：从颁奖词，人们可以很快地知道是刘翔。这颁奖词最大的特点是语言简洁，写出了人物的个性，突出了人物的主要事迹。

师：如果让你为格罗培斯举行一个颁奖仪式，你准备怎样为他设计颁奖词呢？请你用最精练的语言、最真切的情感来设计自己心中的颁奖词。

（学生设计后交流）

生：一个建筑大师，竟会为微不足道的路径设计大伤脑筋，竟会在50多次修改后也没有最满意的方案，竟会把卖出葡萄与设计路径联系起来。他，就是杰出的格罗培斯。

生：路径是最佳的，而设计路径的方法则更佳。

生：走在别具一格的路径上，你将感受到无穷的惬意。而这看似简单又很特殊的路径，浸透了一个建筑大师的心血和智慧。他就是格罗培斯。

上述训练，能促使学生走进文本，亲近人物，从课文对人物的描述中，透视人物的精神生活，走进人物的心灵世界，以培养学生深刻的感悟能力和灵活的表达能力。

3. 运用广告设计，传达心灵之声

如今的广告可谓铺天盖地，它是学生感受生活、学习语文的重要渠道。把广告设计引进阅读教学，引导学生依据课文内容，根据生活需要，学习运用精练的语言，叙述真切的感受，表达自己的心声，可有效地促进学生读写能力的提高。如阅读《地球万岁》（人教版四年级下册）后，教者有机延伸，引导交流课前搜集的广告语，通过综合分析，初步把握广告语的基本特点，既而这样引导：

师：为唤起人们的环保意识，我们可设计公益广告，提醒人们保护环境，保护地球，让我们所处的环境永远美好，让我们赖以生存的地球永远美好。可从哪些方面设计环保广告呢？（引导讨论，明确专

题，然后四人小组选择专题设计)

生：我们设计的广告是提醒人们不要随地吐痰：你肯定不愿别人把痰随便吐在地上！——地上不是吐痰的地方！——吐痰时请看一看，地上干净吗？

生：我们设计的广告是提醒人们不要攀折树木：树枝是树的肢体！——让每一根树枝尽情地舒展！——树枝是树木身体的重要组成部分！——枝条，树木的肢体，你的朋友。

生：对随地倒垃圾的现象，我们小组设计了下面的广告：地上是多么干净，让它永远干净下去！——垃圾自有它的去路！——垃圾最怕在干净的地方停留！——多跑一步，干净十里！——勤快，换来的是舒适的环境！

生：有少数人喜欢从草坪上走过，我们认为可在草坪边立个广告牌，写上这些广告语：草坪永远不是地毯，只能看，不能走！——草坪是那么软，但是只能用我们的眼睛去感受她！——绿色的草坪，多么诱人！——请让她永远那么美好！——你看，草坪是多么美好，你一定不忍心从她身上走过！

这样的语文教学，充满了生活气息和生命活力，它带给学生的是语文学习的无穷乐趣，语言实践的无穷快乐。在贴近生活的语言实践中，学生能逐步形成敏锐的发现能力、深入的探究能力、灵活的表达能力，形成运用语言服务于实践、服务于生活、服务于社会的能力，并能逐步培养他们的社会责任感。

五、用好文本这块神奇的跳板

叶圣陶老先生曾经说过："国文教学的目标，在养成阅读书籍的习惯，培植欣赏文学的能力，训练写作文字的技能。这些事不能凭空着手，都得有所凭借。凭借什么？就是课本或选文。有了课本或选文，然后养成、培植、训练的工作得以着手。"① 可见，教材是教师教学、学生学习的重要凭借，是指导读写训练、提升读写能力的主要依据。为此，精心钻研教材，定准读写目标，把握读写联系，选择读写方法，使文本成为神奇的跳板，引领学生沿着它走进无限广阔的语言活动天地。

1. 换个镜头：变更表述内容

作者写作，犹如摄像师摄像，在整体把握眼前的人物和景物，确定了摄像目标后，总要再三权衡，依据目标，选准角度，把握时机。可见，在阅读教学中，在引领学生跟随作者欣赏景色、见识事物、认识人物、体会情感时，我们总时时感受到作者借助语言写人、叙事、状物的方法。此刻，可引导借助作者的语言方法，换个镜头，变个内容，尝试写作。

《大江保卫战》（苏教版国标本五年级下册）具体描述了 1998 年夏天，人民解放军战士面对罕见的暴雨、肆虐的洪水，和人民群众一道打响大江保卫战的事，其间的感人故事远非一篇数百字的文章所能涵盖。叙述中，作者对画面做了灵活切换，"护江堤"描述群体形象，"抗洪水"描述个体形象，"救群众"描述组合形象，从而将那气壮山河的保卫战全方位地呈现在人们眼前。

阅读中可引导迁移，让学生到生活中寻找镜头，进行此种方法的运用。可叙述课间活动，一部分写某活动中诸多同学的不同表现，一部分写某活动中三两个同学的具体形象，一部分写课间活动的整体扫描。还可叙述校运会、大扫除、野炊，只要人物较多、视野比较开阔的场景，都可运用这种方法叙述。掌握了上述方法，面对复杂场景、复杂画面，学生就能进行有条不紊的叙述。

2. 换个视角：转换表达方法

不同的人，面对同样的事、同样的人、同样的景，都有自己不同的感受。世界原本是丰富多彩的，而到了人们眼中就更加五彩缤纷。随着认识能力的不断提高，学生眼中的世界总是丰富多彩、绚丽多姿的。在阅读教

① 叶圣陶. 叶圣陶语文教育论集 [M]. 北京：教育科学出版社，1980：65.

学中，我们既要引导学生学习作者认识世界的方法，对作者刻画的人、叙述的事、描述的景，还可以引导学生换个视角看一看，变个方法写一写，即借用课文素材，重新谋篇写作，表达独特感受。

《黄山奇松》（苏教版国标本五年级上册）一文，作者通过对黄山奇松的具体叙述，表达了对大自然的赞美和喜爱之情。在感受奇松之奇后，教者这样引导：黄山以迎客松、陪客松、送客松为代表的黄山松非常奇特，享誉世界，作者通过对黄山奇松的描述，表达了自己对大自然的赞美。我想，作者写这篇文章的目的，也许是吸引人们前来黄山旅游观光，享受大自然的恩赐。除了直接对奇松进行叙述外，我们还可用什么方法展示它的独特魅力呢？——让学生自由选择方法练习写作。

学生有的从游客的角度，依据自己行进的路径，具体形象地向人们介绍他们眼中的奇松，尤其对迎客松、陪客松、送客松描述更加生动具体。有的以导游的角色，向人们介绍自己眼中的奇松。有的竟然编写了下列有趣的故事：

黄山奇松

很久很久以前，黄山景色秀丽，尤其是遍布山野的松树更是奇特无比，吸引着许许多多的游客。可是，由于山高路险，加上云雾缭绕，游客经常迷路，难以走出深山，甚至经常有人在山间失踪。

山下住着兄弟仨，看到如此情景，心中真不是滋味。他们商量决定，每天上山为游人引路。他们一个在上山路口迎接客人，指点客人上山的路，为客人介绍上山的景；一人在山上，陪着客人游览，不时为游客指指点点，介绍介绍，对地势险要之处也及时提醒；待游客在山上尽兴地游够了，另一个人又护送游客下山。从此以后，黄山游人如织，变得更为热闹。

可不幸的是，有一天，当兄弟仨人上山时，山洪暴发，他们不幸遇难，人们听到这一消息，都纷纷来到山前悼念他们。可奇怪的是，当人们来到山前一看，在兄弟仨活动的地方出现了三棵奇特的松树。

无疑，这是兄弟仨的化身。为了纪念他们仨，人们分别把这三棵松树叫作迎客松、陪客松、送客松……

这类训练，对激发学生的读写兴趣，提升学生的认识能力，培养学生多角度地运用材料，全方位地表达自己的独特情感是非常有效的。

3. 换个读法：学习选材方法

虽然生活丰富多彩，但不少学生从生活中却难以捕捉到写作材料，其重要原因是我们未能把学生的眼光引向真实的生活。而教材中的不少课文，叙述的正是生活中的细小事情，这些事情往往不为人们关注，而作者却捕捉到了。学生缺乏对生活的感受能力，对生活中的典型材料总是熟视无睹，重要原因便是：阅读中只注重文本的"读"，即仅从"读"的角度解读文本；而忽视文本的"写"，即不从"写"的角度运用教材。为此，可引导学生从教材中学习捕捉生活、认识生活、表述生活的方法，进而借助这些方法去发现生活，开掘生活，表现生活。

《师恩难忘》（苏教版国标本五年级上册）一文，作者回忆了小时候的国文老师，以讲故事的形式为自己所上的一节国文课，以及这节课对自己成长产生的影响，表达了作者对老师的衷心感激。学生成天与老师在一起，而要他们写有关老师的文章，有的竟无话可说。为此，可引导换个方法读课文，从课文中学习选材方法。

课文阅读前，可让学生以"我的老师"为题尝试写作，教者浏览学生习作，从"选材的真实、叙述的真切"两方面找出问题。课文阅读中，采用"比较式评点"，引导学生把习作与课文比较，使其明白：课文所以读来亲切感人，重要原因就在于作者选择的是真事，表达的是真情。可见，要写好作文，必须关注生活，从中攫取真实的材料；提炼生活，借助表达真切的情感。此后，再让学生修改或重写，学生的习作一定会有本质的提升。

4. 换个角色：变更叙述角度

学生读书不少，但无论是口语表达还是书面表达，书中规范语言、精彩句子往往难以寻觅，缺乏运用环节的中转，消极的语言难以转化为积极的语言，是重要原因之一。为此，对精彩的语言，除引导背诵外，还要有针对性地让学生操练起来，让语言运动起来。而根据课文特点，变换角色，可以有效地激活语言，促进运用。

《大自然的文字》一文，作者以第三人称有选择地介绍了"砧状云"、"石灰石"、"花岗岩"等文字的内涵。可采取自读思考、了解内容，显化文字、清晰内涵，设身处地、讲述故事的方法，学习介绍"云"、"石灰石"、"花岗岩"的内容，把重点放在显化文字内涵上。显化文字可让学生在"砧状云"、"石灰石"、"花岗岩"三方面自由选择一点，充当其中角色，进行自我介绍。请看下列片段：

> 我是积雨云，多出现在炎热的夏天。我样子像铁匠的铁砧，所以人们又叫我砧状云。也许从表面看，你难以看出我的变化，实际我内部的气流在剧烈地运动，上升气流每秒通常为30米左右，甚至达60米，下沉速度每秒也有10~15米。云中的湍流就像平静的大海下湍急的旋涡，看到我，飞行员应立即调转方向，绕道而行，否则很容易机毁人亡。

> 你一定以为我很普通，只是一块灰色的石头。其实，我是石灰石，是由碎贝壳造成的。这就怪了，贝壳不是海洋的居民吗，怎么到了建筑工地？是的，在遥远的古代我就生活在大海里，而我今天躺的这地方很久以前正是汪洋大海。随着时间的流逝，大地的变化，我竟然躺到陆地上来了，你说怪不怪？这就是"沧海桑田"啊！

这样引导，既是叙述角色的变更，也是语言角度的转换；既是语言内涵的解读，也是语言内涵的外显，能有效地促进学生阅读能力和写作能力的同步提高。

当我们用假设导读的思想研究读写结合的时候，破译读写结合经验传承的密码就显得轻而易举，读写结合就将在我们面前展开一条开阔的道路。这样，让学生勤动笔，巧动笔，就能为学生作文铺就一条平坦的道路，架设一座通畅的桥梁。

后　记

　　走过了崎岖，经历了坎坷，一本小书就要如愿以偿地与读者见面了。此刻，我心中涌起的，不知是甜蜜还是苦涩，是兴奋还是忧虑。

　　弹指间，师范毕业走上钟爱的教育岗位已 30 多年。在教育的园地里，我洒下了汗水；在语文的天地里，我倾注了心血。仅仅为眼前这本颇显稚气的小书，我就苦心经营了 20 多个年头。

　　早在 20 世纪 80 年代，初涉讲坛不久的我遇到了这样的困惑：小学语文教材中的课文，有不少远离学生生活，且学生阅读又多立于文外，时空差、情感差和情理差，给他们的阅读理解带来难以逾越的障碍。我苦苦寻找着缩小这种差异的方法。有一天，翻阅杂志，"假设"二字映入我的眼帘。多少次目睹假设的运用，但都只在数学教学中，难道它是数学的专利？在数学教学中，有些情境可以靠假设来创设，有些难点可以靠假设来突破，有些鸿沟可以靠假设来填平，语文教学能否运用此法学习呢？

　　一次，我教《草原》，学生虽然多没去过草原，但影视的普及，阅读量的增加，使他们对草原的景象均有"虽未经历，似曾见过"的印象。为唤起回忆，构筑形象，我这样导入："同学们，草原是很美的，如果你现在到了草原，出现在你面前的是怎样的画面呢？"学生闭目遐想，一个个张开了想象的翅膀，好像真的来到了草原，他们从草原的广阔说到了草原的碧绿，从蓝天白云说到绿草红花，从牛羊马群说到蒙古包，从飞鸣的小鸟说到高歌的牧童……

回味着上述教学片段，我久久地感受着阅读教学中运用假设的快乐，似乎是猛然间，假设导读的专题萌生了。

一个个不眠之夜过去，我从教育心理学、哲学著作中找到了理论根据，形成了假设导读的基本框架。假设导读，就是根据学生好奇、好趣和其认识能力欠缺的特点，围绕教学目标，挖掘教材中的假设因素，以假设这一特殊的形式，引导学生跳出旁观者的身份，随时随地充当角色（作者、编者、文中人物或事物），进入语言情境，参与语言实践，从而在生动活泼的气氛中理解语言内容，体会语言情感，感悟语言魅力，以提升学生的语言能力，提升学生的精神境界。

随着我的不断尝试，假设在阅读教学中的运用渐渐走向自然，走向成熟。有一次，我为泰兴市小学语文教师上了《琥珀》一课，我运用假设，由题设疑，直奔课尾，搞清琥珀的样子，让学生对着琥珀细看慢瞧；再让学生充当科学家的角色逆向推理琥珀的形成过程；最后，引导阅读进行验证。听罢，老师们无不称道，许多老师说："'假设'不仅把学生引进了情境，连我们也好像进入了情境之中。"

此后，我又多次在各种不同的场合，以假设导读法为老师们上了《卖火柴的小女孩》《一夜的工作》《黄河象》等许多课文的公开课，每次公开课都得到了老师们的好评。

在课堂尝试取得初步成功、框架构建有了基本雏形后，我又对此进行了综合探索、纵横沟通、开阔拓展、系统梳理，形成了第一组（14 篇）系列文章，从 1997 年起在《河北教育》连载。而运用假设导读的教学设计和论文也不断在各类教育杂志上发表。新一轮课改启动后，为了以新课程的理念为假设导读注入新的活力，我又开始了新的探索，整体提升，全面总结，第二组（9 篇）系列文章，从 2013 年第 11 期开始在《新课程研究》连载。而与此同时，这本小书也终于成形。

书稿形成后，心中的喜悦自不必说，但诸多苦恼也接踵而至。当我充满着期待，把书稿发往出版社时，诸多出版社多是还没看书稿，就说自费出版；还未知内容，就说自己销售。这不仅让我感受到了当下出版市场的严峻，更让我感受到一个普通教师出书的艰难！

自费出版对普通教师而言，其费用之高，深感囊中羞涩；自己销售，对普通教师来说，其难度之大，深感力不从心。而我想得更多的则是，如果自己的书稿粗制滥造，还尽财力印刷成书，那又何苦？如果所谓的成果毫无价值，还招摇过市招揽读者，那又何必？

"书稿质量再好，没有市场，也不可能出版"，一名出版社编辑的心语，可真让我凉透了心。

最后，我怀着一丝希望把书稿发往教育科学出版社。不为别的，看到其中的"教育"二字，我就感到了几分亲切。这是国家级别的正式出版社，也许正是我们一线普通教师需要的出版社吧！也不知是自我安慰，还是期待奇迹。

书稿发出不久，我便试探着与谭文明编辑联系。电话一通，我马上感受到了他的热情。于是，我把自己假设导读法的探究经历简单地向他做了介绍。此时，他对书稿还没有来得及浏览，然而听我一说，他便很感兴趣。他并没有向我提出任何要求，只是说要细看书稿后才能定夺。

那天下午，我正在上课，他来电与我谈了稿子的情况，对书稿结构的调整提出了自己的意见。因为急着安排学生放学，我不得不请谭编辑原谅，说晚上与他联系。晚上的电话如期接通，从电话中我得知，归家途中他将书稿带在了身边，且一直在车上翻阅，思考着各个部分的联系。那晚的电话通了半个多小时，他对书稿的修改提出了独到而又中肯的意见。临别，谭编辑告诉我，两周后，就把书稿修改的意见整理给我。

没想到，第二天上午，谭编辑就发信息给我，说修改的初步意见已发至我的邮箱。我简直难以置信！真不知为了这修改意见，那晚他是什么时候休息的。

看着修改意见，我一下有了登高望远的感觉。而其中的一个细节，则让我在内疚中感动。由于自己的疏忽，书稿的目录与内文的目录有多处不一致，其中一处词语的变动，他也看出来了。而发我的目录，都是他从内文中整理出来的。仅仅这一点，该花费他不少的时间。他的严谨、真诚，真令人敬佩。

没有编辑的厚爱，没有编辑的扶持，我这本小书肯定难与读者谋面。在此，要真诚地说一声："谭编辑，辛苦了！衷心地谢谢你！"是啊，一个普通的小学教师，能够遇到这样热情、热心、严谨、负责的编辑，是一件多么难得而又多么幸福的事啊！

在假设导读的研究中，我时时能从领导的支持、同事的帮助中，感受到那份朴素而真挚的情意。在乡镇小学——泰兴市新市小学工作期间，朱鸣校长、唐晨五校长，一直支持着假设导读的研究，我十多次对全市语文教师上的假设导读的展示课，都是在他们的支持和关心下成功的。这样，就使我这个普通的乡村小学教师，登上了全市教学的舞台，使假设导读法渐渐从乡村走向了县城。

后来，我调至市实验小学——江苏省泰兴市襟江小学工作，假设导读的研究便进入了更加开阔的空间。泰兴市教育局朱留荣局长、襟江小学杨金林校长、曹扬武校长、黄敬统校长、乔新校长，时时关心并指导着我研究的进程，鼓励我将这一课题申报江苏省"十一五"规划课题，并最终获得成功，使假设导读法又从县城走向了省城。他们工作繁忙，可一直关注着这一课题的研究，关注着成果的梳理。

我真心感受到，能够潜心地研究，静心地思考，认真地总结，与领导和老师们无私的关心、大力的支持关系密切。在此，我要向我的领导和我的同事们，由衷地道一声感谢！

我要感谢《河北教育》编辑的厚爱。还在20世纪90年代末，在假设导读研究取得初步成果时，他们就辟出专门版面，用14期连载了我7万多字的《"假设导读法"研究》。可以肯定，没有那个系列的连载，就没有眼前的这本小书。

我要感谢《新课程研究》《小学语文教学》《江苏教育》《湖北教育》《山东教育》《福建教育》《教学月刊》《云南教育》等很多杂志的编辑，

这些年来，假设导读研究的成果，不断地在这些杂志上刊载，这既是他们对我研究成果的展示和肯定，更是他们对我教研工作的指导和激励，我要真诚地向这些编辑老师们道一声感谢！

看着眼前的书稿，虽有成就感，但内心的惶恐也随之而来。虽竭尽全力，但因功力不够，在高度提升、深度掘进上，总感力不从心。如果小书能引发一线老师对阅读教学一点点的思考，我也就心满意足了。

一本书，是一个简单的总结；一本书，是一个全新的开始。回首，走来的路并不平坦；向前，面前的路仍然崎岖。作为在教学一线工作、研究了30多年的老教师，我想对年轻的老师们说一句：在教学研究的道路上走下去，定能享受研究带来的精神愉悦，这是任何的物质享受都难以比拟的！

出 版 人　所广一
策划编辑　谭文明
责任编辑　谭文明　欧阳国焰
版式设计　孙欢欢
责任校对　贾静芳
责任印制　叶小峰

图书在版编目（CIP）数据

你可以这样教阅读：走进假设导读法／黄桂林著. —
北京：教育科学出版社，2015.9
ISBN 978-7-5041-9795-5

Ⅰ.①你…　Ⅱ.①黄…　Ⅲ.①阅读课—教学研究—小
学　Ⅳ.①G623.232

中国版本图书馆CIP数据核字（2015）第158288号

你可以这样教阅读——走进假设导读法
NI KEYI ZHEYANG JIAO YUEDU——ZOUJIN JIASHE DAODU FA

出版发行	**教育科学出版社**		
社　　址	北京·朝阳区安慧北里安园甲9号	市场部电话	010-64989009
邮　　编	100101	编辑部电话	010-64981277
传　　真	010-64891796	网　　址	http://www.esph.com.cn
经　　销	各地新华书店		
制　　作	北京金奥都图文制作中心		
印　　刷	保定市中画美凯印刷有限公司	版　次	2015年9月第1版
开　　本	169毫米×239毫米　16开	印　次	2015年9月第1次印刷
印　　张	21	印　数	1—3 000册
字　　数	278千	定　价	49.80元

如有印装质量问题，请到所购图书销售部门联系调换。